Psicometria Genética

Sara Paín

Psicometria Genética

Tradução:
Iraí Cristina Boccato Alves

Casa do Psicólogo®

Do original:
Psicometria Genética

© 1992 Casa do Psicólogo Livraria e Editora Ltda.
© 1985 por Ediciones Nueva Visión - Argentina

Reservados os direitos de publicação em língua portuguesa à
Casa do Psicólogo Livraria e Editora Ltda.
Rua Alves Guimarães, 436 - 05410-000 - São Paulo - SP
Fone: (011)852-4633   Fax: (011)64-5392

Composição Gráfica: MCT - Produções Gráficas - Fone: (011)549-8116

É proibida a reprodução total ou parcial desta publicação para qualquer
finalidade, sem autorização por escrito dos editores.

Impresso no Brasil / Printed in Brazil

Prólogo

A psicometria, como método de investigação estatística do comportamento, só pode encontrar sentido dentro de uma teoria mais ampla e compreensiva da conduta humana. As provas mentais constituem excelentes instrumentos para constatar tendências no rendimento dos sujeitos, mas não explicam por si mesmas o mecanismo dos processos envolvidos.

A teoria psicológica de Jean Piaget, base experimental de sua epistemologia genética, apresenta um modelo da inteligência ao mesmo tempo dialético e estruturalista, capaz de responder pelas diversas estratégias adaptativas em um sentido vertical ou histórico e em um sentido transversal de esquemas subjacentes. No entanto, seu método de trabalho recebeu mais de uma crítica pela falta de rigor estatístico na determinação e na manipulação dos dados experimentais.

A intenção desta obra é reunir a fecundidade do modelo piagetiano e a precisão do método dos testes. Desse modo acreditamos contribuir para a melhor interpretação das provas psicométricas ao dotá-las de um esqueleto teórico coerente e, conseqüentemente, para o diagnóstico do comportamento grupal e individual.

Este livro consta de três partes. A primeira, à qual são dedicados três capítulos, tem por objetivo resumir os fundamentos do modelo de análise que vamos utilizar, definindo e descobrindo as noções mais gerais. Na segunda parte procedemos à análise detalhada dos itens de diferentes provas, escolhidas pela variedade de seus critérios teóricos, estatísticos e práticos, oportunamente especificados. Finalmente dedicamos um apêndice à descrição de algumas provas clássicas de experimentação em psicologia genética que podem servir de referência comparativa. Na indicação bibliográfica nos limitamos somente aos textos da escola genética que tratam diretamente os temas teóricos abordados; os livros de consulta sobre os diferentes testes aparecem profusamente na edição de cada um deles em particular.

Se este livro se concretizou é graças à salutar exigência de alunos e colaboradores e à ajuda da Lic. Dora Laino Martinez, a quem agradeço profundamente.

Sara Paín
Buenos Aires, fevereiro de 1971.

Sumário

Capítulo 1
Justificação da análise genética do conteúdo
das provas psicométricas 1

Capítulo 2
Fundamentos de psicologia genética 11

Capítulo 3
Aspecto figurativo da função cognitiva:
percepção, imagem e memória 43

Capítulo 4
Diagnóstico do desenvolvimento de Arnold Gesell 53

Capítulo 5
O teste visomotor de Lauretta Bender 71

Capítulo 6
O desenho da figura humana.
A prova de Goodenough 103

Capítulo 7
A medida da inteligência na criança:
revisão Terman das provas de Binet 119

Capítulo 8
Medida multifatorial das habilidades primárias:
O SRA de Thurstone 143

Capítulo 9
A inteligência no adulto:
Análise da bateria de provas Wechsler-Bellevue 161

Capítulo 10
A medida de uma inteligência "G":
o Teste de Matrizes Progressivas de Raven 189

Capítulo 11
A diferenciação das aptidões individuais:
os Testes do D.A.T. 211

Apêndice 229

Capítulo 1

Justificação da análise genética do conteúdo das provas psicométricas

As provas psicométricas propõem ao sujeito uma série de situações para cuja resolução este atua com certa estratégia e cumpre processos específicos que se traduzem em uma adequada adaptação ao problema proposto.

A construção das provas psicométricas depende de uma série de técnicas elaboradas pelo método dos testes, subsidiário da psicologia experimental, cujo objetivo é manter constantes as condições materiais da situação de prova e observar as variáveis no rendimento dos sujeitos. Quando se procura medir uma destas variáveis, como a maturidade, o nível de inteligência ou certas aptidões, controlam-se as variáveis intervenientes que poderiam alterar a homogeneidade da amostra, tais como o nível socioeconômico, a idade, o grau de educação, etc. e, certamente, as normas resultantes do tratamento estatístico da distribuição das pontuações obtidas só poderão ser aplicadas a populações definidas pelas mesmas condições que as que caracterizam a amostra.

As provas de nível mental, que interessam particularmente para uma análise genética, devem caracterizar-se obviamente por ter determinado suas respectivas amostras conforme um critério obrigatório de homogeneização, que é o da idade cronológica dos sujeitos que as compõem. A evolução dos comportamentos, que no começo da vida envolve intervalos de idade muito curtos, vai se tornando cada vez mais lenta, até que finalmente o rendimento deixa de ser um indicador que define uma idade determinada . Neste ponto, a observação dos resultados obtidos nos permite comparar sujeitos de uma mesma idade cronológica, entendendo por "mesma" o intervalo de idade no qual a distribuição normalizada dos pontos não mostra diferenças significativas em sua distribuição.

Elaborados nas melhores condições de laboratório, os itens das provas psicométricas, sobretudo daquelas interessadas nos comportamentos inteligentes, proporcionam uma ocasião privilegiada para a análise genética, que permitirá uma interpretação mais rica dos processos e das estruturas mentais as quais supõem, ao mesmo tempo que encontrará, ela mesma, os argumentos estatísticos de sua justificação.

Portanto, o método usado por Piaget não foi psicométrico, mas fundamentalmente clínico. Sua intenção constante foi determinar a estratégia, o desenvolvimento de cada raciocínio ao microscópio e suas possibilidades de evolução no transcurso da própria experiência. Assim, se o método dos testes quer saber o que pensa um sujeito de determinada idade em condições estabelecidas, o método clínico quer saber como e por que pensa assim e, se é genético, que mudança estrutural lhe permite chegar a elaborar tal pensamento. Se quiséssemos transferir este método para a psicometria nos defrontaríamos com o obstáculo da condição especial desta disciplina experimental, que é um enquadre imóvel e idêntico para todos os sujeitos, única maneira de aplicar os recursos estatísticos.

Porém, em vez disso, podemos considerar que todo o comportamento que aparece em um nível de desenvolvimento cronológico supõe processos de tipo genético, isto é, subsidiários de uma estrutura que se constrói dentro de uma integração articulada de estádios desde os menos equilibrados até uma equilibração reversível e operatória. Por isso, em uma análise que procura, ela mesma, observar de forma reversível o tratamento dos fatos, tentaremos tomar cada um dos comportamentos evidenciados estatisticamente como características de uma idade interpretando-os a partir dos conhecimentos que a teoria genética de J. Piaget e seus colaboradores fornece a respeito da estrutura de tais comportamentos.

Como muito freqüentemente os testes psicométricos foram construídos com objetivos muito distintos e com pressupostos teóricos bastante distanciados, muitas vezes contrários aos sustentados pela teoria que vamos aplicar, procuraremos esclarecer superficialmente certos pontos que aparecem destacados com maior freqüência por seus autores. Em primeiro lugar, recordemos que as provas, sobretudo aquelas que se dedicam à infância, baseiam-se em noções mais ou menos implícitas de evolução. Será interessante, então, enfatizar o caráter peculiar que o evolucionismo adota na teoria piagetiana. Outra noção que preocupa notavelmente os construtores de provas psicométricas é o aspecto da influência da aprendizagem e, portanto, do meio sociocultural que atua sobre o sujeito. Também nesse aspecto os colaboradores da escola de Genebra mantêm uma acirrada polêmica, que embora tenha esclarecido pontos fundamentais, não parece esgotar a problemática que propõe. Relacionado a este aspecto, aparece um problema ainda mais árduo: o tema da influência do verbal nos processos inteligentes,

Justificação da análise genética 3

sobretudo porque o instrumento da linguagem possibilita certo tipo de respostas estereotipadas que nem sempre comportam a compreensão real das relações dos objetos em questão.

1 — Gênese e evolução

Entre as teorias biológicas evolucionistas Piaget distingue três correntes contrárias, ao mesmo tempo, a tantas outras posições não evolucionistas e, conseqüentemente, solidárias com posições gnosiológicas[1] bastante definidas:

a) Em primeiro lugar, aquelas que explicam as variações específicas como tentativas de adaptação dos indivíduos ante a pressão de um meio em mudança. Esta posição, notavelmente desenvolvida por Lamarck, enfatiza o papel preponderante das condições ambientais nas tranformações fenotípicas, que modificariam o órgão para fazê-lo funcionar nas novas condições.

Ao lamarckismo biológico corresponde a filosofia do empirismo, que na psicologia se manifestou como associacionismo, atualmente puro apenas entre os reflexólogos mecanicistas norte-americanos e, de forma menos rígida, em um Spearman, por exemplo, o qual considera que as operações inteligentes obedecem sempre a uma mesma estrutura de regras, e que sua evolução se deve à variação em complexidade que a realidade exterior impõe ao indivíduo. Pensemos que Lamarck foi contemporâneo de Hume, e este também considerou o meio como capaz de produzir hábitos em um sujeito que presencie continuamente sucessões regulares, hábitos que finalmente se traduzem em idéias subjetivas, cuja "necessidade" seria uma ilusão atribuível à força das associações e não à realidade dos sucessos que a motivaram.

b) Em segundo lugar, Piaget faz alusão àquelas posições que em biologia são denominadas de mutacionismo, as quais recebem sua mais clara marca da obra de Darwin. Tal posição sublinha os caracteres endógenos das variações específicas, únicos capazes de serem herdados. Os fatores básicos de evolução não fazem alusão a nenhuma constância no meio estimulador, mas, de preferência, às características, aparecidas por acaso, dos indivíduos "selecionados" como mais aptos para sobreviver. Ao falar de acaso e seleção nos aproximamos rapidamente, no terreno da psicologia, das teorias de ensaio e erro. Assim como as respostas casualmente mais satisfatórias seriam selecionadas para constituir a experiência individual, também no plano da

---

1 N.T. Epistemológicas.

espécie integrariam um genótipo, como moldes impressos *a priori* no neonato.

A defesa deste apriorismo neokantiano levou Lorenz à postulação do convencionalismo epistemológico das "hipóteses de trabalho herdadas". Mais ingenuamente esta noção de evolução foi manipulada por Claparède, leitor de Poincaré e, mais próximo de nosso tema, pelo criador das provas evolutivas sistemáticas da inteligência: Alfredo Binet, para quem adaptar-se inteligentemente era discriminar a resposta correta por ensaio, seja este empírico ou por antecipação, produto de tateios interiorizados.

c) Chegamos finalmente à posição defendida por Piaget, que é, ao mesmo tempo, uma tentativa de integração das descritas anteriormente. Este rejeita as duas instâncias que supõem o indivíduo evoluindo exclusivamente, quer seja pelas modificações do meio ambiente, quer seja pela mera acumulação de experiência aleatória, e procura integrá-las dialeticamente, de modo que o desenvolvimento da vida a definiria como um sistema de auto-regulação progressiva que vai do morfogenético ao estrutural e deste ao funcional. Dentro deste esquema, as funções cognitivas seriam os órgãos especializados de auto-regulação dos intercâmbios no seio do comportamento.

No nível do indivíduo encontramos também um sistema evolutivo auto-regulador que lhe permite atuar com certas estruturas que não lhe são dadas previamente, mas que derivam da própria ação do sujeito sobre o meio. As estruturas mentais não são herdadas como tais, mas, simplesmente, como a possibilidade funcional de chegar a elaborá-las. Em resumo, a coordenação das ações seria a causa das transformações do desenvolvimento, e não as propriedades isoladas da realidade, que funcionariam, simplesmente, como ocasião para que tais ações se dessem.

Por outro lado poderíamos nos perguntar o que ocorre antes: é a estrutura, que configura um comportamento em um nível peculiar, ou é o comportamento através do qual essa estrutura se verifica. A relação entre comportamento e estrutura é de mútua dependência e suas mudanças concomitantes não poderiam ser explicadas sem a noção de equilibração, a qual determina o alcance de níveis cada vez mais estáveis passando da regulação para a reversibilidade das operações lógicas.

Assim, pois, ante os diversos comportamentos suscitados pela estimulação incluída na instrução de cada item, passaremos a indicar qual é o nível de equilíbrio que a resposta dada imprime ao sistema proposto e como a estrutura correspondente se articula na situação atual, isto é, mediante que operações específicas.

Justificação da análise genética

2 — *Estrutura e aprendizagem*

Dentro do quadro do evolucionismo genético é interessante destacar qual é o papel desempenhado pela aprendizagem, isto é, em que medida as diversas aquisições estão condicionadas à experiência, ao exercício ou à informação.

Quanto ao exercício, Piaget considera que nem sempre está ligado a uma necessidade imediata e que supõe algo mais do que um simples desencadeamento de atividade como reação frente a um estímulo. Na verdade, postula a existência de certos esquemas circulares no princípio da vida, já que supõem a repetição da mesma ação, que promovem sua própria alimentação por assimilação; assim, o bebê não suga só para mamar, mas também exercita a sucção com tudo o que se aproxima de sua boca e também sem objeto, o que lhe permite por sua vez a realimentação desse esquema e a sua transformação por acomodações sucessivas. Também nos fenômenos de condicionamento, nos quais pareceria que o sujeito se subordina passivamente às condições exteriores, haveria um esquema prévio (de funcionamento pupilar, salivar, etc.) ao qual esta "condição externa" é assimilada que constituiria uma condição interna necessária. Assim, pois, a programação inata da espécie, que lhe fornece estes esquemas, ao mesmo tempo dota-a obviamente de informação sobre o meio no qual se desenvolve.

Além dos conhecimentos inatos, encontramos os esquemas que constroem a inteligência de forma progressiva, através dos quais organizamos o mundo operando sobre ele, isto é, classificando-o, ordenando-o, quantificando-o, medindo-o, etc. Restaria abordar um terceiro tipo de conhecimento, o das formas adquiridas em função da experiência, como o conhecimento físico, por exemplo, o fato de que a água muda de estado em função de sua temperatura. É evidente que este conhecimento não pode reduzir-se ao anterior, mas tampouco pode dissociar-se de uma estrutura inteligente, no exemplo capaz de ordenar quantidades de calor, classificar os corpos por seu estado, conservar o objeto através de suas transformações, etc.

A diferença mais evidente entre os conhecimentos lógico-matemáticos e os físicos é que, partindo os dois da experiência como manipulação ativa sobre os objetos, manipulação desde então dirigida pela assimilação de tais objetos a esquemas prévios, enquanto estes derivam das propriedades das coisas (seu peso, sua temperatura, sua rapidez), aqueles são construídos a partir das próprias ações exercidas sobre as coisas, isto é, classificar, comparar, ordenar, etc., e as suas coordenações mútuas. Assim, por exemplo, se determino que o diamante é o mais duro dos elementos, é porque verifiquei fisicamente que risca os demais, mas a ordenação que determina a ação de "maior que", tem sentido quando faz parte de um sistema coordenado de ações de comparar, com características de "agrupamento". Portanto, nenhum conhecimento físico se realiza fora do referencial lógico-matemático; e o estudo da gênese das relações causais demonstra amplamente a importância desse quadro referencial para a leitura da realidade, tanto mais equilíbrio quanto maior for a criança.

Assim, pois, quer sejam conhecimentos inatos, condicionados, físicos ou lógico-matemáticos, a aprendizagem se verificou por assimilação a certas estruturas cognitivas, e o problema se reduz a esclarecer se as mencionadas estruturas são, por sua vez, produtos de uma aprendizagem. Se entendemos a aprendizagem no sentido amplo, como estruturação a partir da experiência, já por definição a elaboração de esquemas se realiza na própria ação. Porém se propomos o problema como a possibilidade de ensinar uma operação — a classificação por exemplo — tal como se ensina uma técnica para ser aplicada, esta aprendizagem não será obtida e perderá seu valor cada vez que se varie a abordagem do problema, ainda que suponha a mesma operação. Em resumo, as estruturas lógicas não são aprendidas; em vez disso, são construídas segundo uma cronologia mais ou menos estável em todos os indivíduos e uma ordem de aquisição constante para todos. Isto não tira a importância da experiência, pois a mesma cria as condições do desequilíbrio só remediável por certa mudança de perspectiva, de estratégia, que facilita a assimilação da situação ao novo esquema, que desta maneira se firma e realimenta. Assim, a aprendizagem entendida como oportunidade de aplicação é tanto mais útil. nos períodos de aparecimento das novas estruturas, época na qual a criança busca por si mesma a ocasião de exercitar seu novo instrumento de organização do real, fato que leva Piaget a dizer que cada esquema reclama seu alimento.

O tema da aprendizagem, que tem promovido discussões insolúveis entre os colaboradores da escola e seus visitantes neohullianos, sobretudo Berlyne, ficará claro contudo através da análise dos testes — já que alguns criticam o caráter artificial das experiências lógico-matemáticas — que apresentam situações comuns, e quase escolares, às crianças. A contemporaneidade da aquisição de comportamentos muito distintos, mas que pela análise mais detida revelam uma estrutura inteligente comum, tais como os que teremos oportunidade de estudar em detalhe na prova de Terman, corroboram a tese de que são os esquemas que configuram a aprendizagem e não esta que determina a aquisição de esquemas.

Justificação da análise genética

3 — *Pensamento e linguagem*

O problema da aprendizagem é solidário com outro, o do papel da linguagem, que preocupa a todo investigador do comportamento inteligente, seja em um enfoque psicométrico, seja em um enfoque clínico. Na verdade, conforme as relações postuladas entre o pensamento e a linguagem, esta será mais ou menos útil como material para a medida ou a análise da inteligência.

Tem havido tentativas, não somente do ponto de vista psicológico, de reduzir à linguagem todos os processos mentais que escapam à referência da imagem, tal como pode ser o comportamentalismo de Watson; também o empirismo positivista lógico, a partir de Carnap, sustentou que a lógica era uma sintática. Os estudos da semântica empreendidos por Tarski e da pragmática iniciados por Morris não superaram este ponto, no qual todo pensamento se esgota nas leis da linguagem que o expressa.

Os dados genéticos do comportamento inteligente levam a uma série de conclusões que contradizem a posição do empirismo lógico e abrem a porta para uma nova epistemologia científica.

a) Em primeiro lugar, que certas estruturas de classe e de relações aparecem esquematizadas num nível prático, em um período no qual a criança não tem acesso à linguagem. A simples conservação de um objeto permanente através de suas rotações, deslocamentos e ocultamentos parciais ou totais constitui um invariante de grupo inquestionável como esquema ativo. Quando, depois de um período no qual não aparece o caráter associativo dos deslocamentos, a criança vai buscar seu brinquedo no último lugar em que foi escondido, põe em evidência um esquema de ação que supõe um sistema de "grupo" de deslocamentos, e evidentemente o caráter associativo desse sistema não foi fornecido pela linguagem.

Inclusive as ações interiorizadas e coordenadas como operações não parecem provir da linguagem, no período concreto, pois se esta permanece idêntica para explicar a conservação da massa (sete anos), do peso (nove anos) e do volume (onze anos), quando a criança diz "se não se junta nada, nem se tira nada, tem que ficar igual", a diferença de nível entre as três aquisições, afetadas pelo mesmo argumento, tem que se dever às distintas condições da experiência que determinam uma dificuldade crescente para sua assimilação à estrutura operatória que a torna compreensível.

Assim, pois, Piaget conclui que as operações intelectuais não dependem da verbalização.

b) Talvez pudesse ser dito que isto ocorre no plano da ação, ou da determinação da ação, mas não em nível representativo. É certo que o nascimento do pensamento internalizado coincide com o aparecimento da linguagem, mas certamente porque ambos os processos têm a ver com a

8   Psicometria Genética

função semiótica geral, que compreende além disso o jogo e a imagem. O característico de todos esses comportamentos é que se constituem em um contexto de imitação, com uma etapa intermediária de imitações diferidas, que permite construir toda uma série de referências entre um significante (objeto símbolo, ou signo verbal, ou representação gráfica) e um significado ou esquema internalizado de coordenação de ações possíveis, que Piaget remete às imagens e aos pré-conceitos quase-simbólicos.

Em resumo, a linguagem constitui uma das funções semióticas, junto com a constituição de imagens e a atividade lúdica.

c) Quanto ao mais, é óbvio que a aquisição de um hábito linguístico não comporta em si a aplicação de uma estrutura peculiar. O fato de que uma criança saiba repetir a série numérica 1, 2, 3... não coincide sempre com sua possibilidade de contar objetos, quer seja porque não faz coincidir cada número com um objeto, quer seja porque não considera o último número da série como um signo do conjunto. Portanto, são precisamente estas ações que constroem a noção do número como integração dos comportamentos de classificação e de seriação, e nunca a simples nomeação seriada dos números.

No próprio âmbito da linguagem, diremos que não só a semiose [2] não comporta por si mesma a conceituação respectiva, mas que são precisamente as estruturas de pensamento que vão conferir aos mesmos signos ou palavras diferentes significados conforme o nível de evolução genética que consideramos. A definição sucessiva que as crianças dão a uma laranja, como "redonda", "para comer", "fruta", "fruta cítrica", não se deve principalmente à informação dada, mas sobretudo à possibilidade de passar das coleções figurais às não figurais, e depois às classificações hierárquicas da lógica operatória completa.

Contudo, é evidente o papel importante desempenhado pela linguagem na aquisição acabada das estruturas, dada a economia relevante e as possibilidades de coordenação que oferece justamente enquanto sistema de signos. Seria impossível uma análise interproposicional sem a linguagem, mas convém distinguir por um lado as estruturas formais de pensamento como um sistema combinatório, e as estruturas lingüísticas sobre as quais — mas não pelas quais — aquelas se elaboram na adolescência.

No prefácio da terceira edição de *Le jugement chez l'enfant* (1947), escrita por Piaget, vinte anos antes, é feita alusão à metodologia com que havia pensado abordar o problema, que é justamente a análise dos comportamentos verbais do uso das conjunções, e diz "o que se encontra nesta obra permanece exato e fácil de verificar, mas não adquire sua significação a não ser em

---

2   N.T. Semiose é o processo pelo qual algo funciona como signo. No original: *signalizacion.*

Justificação da análise genética

função de um estudo que ultrapasse o plano verbal e se remonte às fontes do pensamento na direção da ação..."

Por essa razão, o estudo que realizamos com as provas chamadas "verbais", não se baseará tanto em verificar se os estereótipos da linguagem foram adquiridos, como em determinar a presença de um sistema de organização de significados em hierarquias que supõem processos mais gerais de operação, como são a classificação, a inclusão etc., que, segundo Apostel, poderiam servir para a fundamentação experimental de uma lingüística científica.

Capítulo 2

Fundamentos de psicologia genética

Para compreender a fundamentação teórica da psicologia genética é conveniente colocá-la no quadro mais amplo da epistemologia, a cujo embasamento serve e de cujas conclusões extrai seu rigor.

Nada mais ilustrativo para esta finalidade do que a pequena autobiografia escrita pelo próprio Piaget. Em 1917 acabava de apresentar sua tese de doutorado em zoologia sobre o tema "A distribuição e a variabilidade dos moluscos terrestres nos Alpes Valencianos". A noção de espécie, que este trabalho supõe, levou-o à problemática do valor dos conceitos biológicos e às propostas da epistemologia clássica. Tais reflexões o conduziram ao terreno da especulação filosófica onde, muito rápido, produziu uma crise, já que sua formação científica exigia recusar toda produção intelectual que não estivesse submetida ou ao controle experimental ou ao controle dedutivo do cálculo lógico-matemático.

Superando então a dicotomia vocacional que dividia suas preocupações entre o laboratório e a especulação pura; seduzido pela problemática do conhecimento científico; inspirado na metodologia geral da disciplina biológica, Piaget decidiu investigar na criança as noções que são objeto de estudo da epistemologia, tais como a noção de tempo, espaço, causalidade, número, categorias, procurando explicar assim o nascimento da inteligência e o desenvolvimento das operações intelectuais, não só em benefício de uma psicologia científica, porém, principalmente, como base de uma epistemologia experimental.

Psicologia genética e epistemologia

A toda ciência interessa, por um lado, acrescentar os conhecimentos em seu campo de ação e, por outro lado, garantir a coerência interna de tais aquisições. Uma teoria das ciências deverá dedicar-se conseqüentemente ao estudo da dinâmica do desenvolvimento de cada disciplina e ao estudo das estruturas que a legitimam como sistema.

Haverá, assim, uma epistemologia genética baseada na psicologia e preocupada com as atividades cognitivas que explicam o desenvolvimento da ciência e a elaboração dos conceitos com os quais se manipula, e uma epistemologia nominativa, baseada na lógica e preocupada com a coerência interna do pensamento científico e o nível de axiomatização de suas estruturas.

Para uma investigação epistemológica centrada nos dados psicológicos, torna-se necessária uma disciplina que explique o papel do sujeito no conhecimento. Neste sentido convém distinguir dois aspectos em sua atividade cognitiva: por um lado a ação da consciência vista pelo sujeito de uma maneira sincrônica, estática e normativa, ou seja, com atribuições de verdade ou falsidade; por outro lado a ação do comportamento, visto pelo observador em função de todo o desenvolvimento, isto é, de uma maneira diacrônica ou genética.

A partir deste último ponto de vista a vida mental se constitui como um sistema de comportamentos elaborados pela própria atividade do sujeito e a coordenação paulatinamente melhor organizada de suas ações.

Assim a psicologia genética se propõe seguir passo a passo a conduta do sujeito para assistir a gênese de seus esquemas básicos de comportamento inteligente e verificar as leis que determinam sua complexidade crescente.

Uma psicologia baseada na atividade do sujeito servirá a uma epistemologia centrada nesta interação contínua pela qual o objeto não pode ser conhecido senão pelas ações que o sujeito exerce sobre ele e este não se conhecerá senão através das transformações que os objetos imponham à sua ação. Piaget preferiu percorrer metodicamente esta espiral em vez de saltar para o absoluto.

Psicologia genética e lógica

As relações entre uma epistemologia genética e uma epistemologia normativa são determinadas na medida em que se tornam mais claras as relações entre a psicologia e a lógica, isto é, entre as atividades mentais do

Fundamentos de psicologia genética 13

sujeito e a formalização das leis de seu pensamento. Trata-se de estabelecer o grau de isomorfismo entre a legalidade das estruturas lógicas e das estruturas psicológicas, ou seja, entre as normas do pensamento discriminadas pelo especialista lógico sem referência a nenhum dado psicológico e as normas cognitivas às quais se conforma o comportamento inteligente do sujeito, segundo o observador psicólogo as entende.

É importante destacar que, para Piaget, os dois domínios são independentes e autodeterminados, e não se pretende reduzir um ao outro, mas coordená-los em função de uma compreensão mais completa da realidade do conhecimento. Assim, por exemplo, a verdade de 2 + 2 = 4, é resolvida logicamente a partir da definição de 2, 4, + e de = e das leis de sua organização, sem intervenção do sujeito que soma, porém para resolver o problema epistemológico da validade de 2 + 2 = 4 é necessário recorrer aos dados reais, às operações mentais que tornam possível a adição.

Não se trata então de buscar o isomorfismo entre psicologia e lógica comparando um pensamento trazido como dado de uma consciência que raciocina, com sua tradução axiomática. O que se procura relacionar são as operações lógicas (agrupar, seriar, associar, quantificar, adicionar etc.) e suas leis de constituição, com as operações psicológicas (classificar, ordenar, numerar, somar, etc.) e sua gênese.

Fundamentos teóricos

A psicologia genética é uma ciência experimental. Seu método de trabalho, denominado "clínico" por Piaget, consiste na realização de uma experiência, que supõe um problema ou situação para resolver, administrada então a grupos distintos de diversas idades, com interrogatórios livres tendentes a elucidar os recursos mentais postos em jogo. Os dados sobre os quais se elabora a teoria surgem, então, de uma cuidadosa e controlada observação dos comportamentos inteligentes, tendo-se em conta, além disso, ao confeccionar as experiências, as diferentes variáveis em jogo, cujos efeitos são analisados sistematicamente.

As hipóteses de trabalho são determinadas segundo certos critérios teóricos — conceitos fundamentais e irredutíveis — que comportam a base compreensiva para elaboração dos dados; são eles o conceito de equilíbrio, que constitui a noção mais geral da hierarquia conceitual piagetiana; o conceito de estrutura, que permite à psicologia genética trocar informações com outras disciplinas estruturalistas; e o conceito de gênese, básico para a determinação dos estudos de desenvolvimento.

A noção de equilíbrio

Uma vez, ao participar de um debate, Piaget disse que se poderia reprová-lo ao falar de equilíbrio "a propósito de tudo e de nada"; na realidade ocorre que a noção de equilíbrio constitui o topo de sua hierarquia conceitual, pois não só explica os processos cognitivos, mas explica os comportamentos vitais e os movimentos mais amplos da realidade, pela qual permite determinar filiações entre os distintos domínios.

Na verdade, não se trata aqui do equilíbrio de um sistema fechado e estático como o apresentado pela física clássica, porém deve ser concebido de preferência como uma tendência equilibrante capaz de explicar o desencadeamento de um acontecimento, como seu estado de repouso. Assim, a perda constante de energia nos sistemas explicaria o movimento universal como uma busca permanente de compensação pelos sucessivos déficits sofridos. E no nível inteligente, a equilibração consiste também em uma busca de adaptação centrada em um processo de intercâmbio entre os esquemas do sujeito e a realidade.

Justamente o ser humano, dada a dependência absoluta à qual a sua falta de recursos próprios de adaptação o obriga, está submetido a uma contínua descompensação desde seu nascimento; contudo a fome, a sede, o frio, os estímulos não discriminados obrigam o bebê a um crescente esforço para propor respostas equilibrantes que constituem seu trabalho para viver. Porém para que tal esforço não seja inútil, é necessário que a experiência da criança a respeito do mundo seja estável, que se instale nela como conhecimento, que lhe forneça instrumentos que reforcem os vínculos entre ela e os objetos que a rodeiam.

Não se trata de conexões estáveis entre estímulos e respostas, mas de esquemas de ação, pois estes podem integrar-se e coordenar-se através da própria atividade da criança, que constrói uma realidade ao entender suas transformações através daquelas sofridas por seus esquemas de ação. Isto quer dizer que o sistema comportamental ao qual se refere Piaget não se centra em relações condicionantes que supõem, por um lado, acontecimentos fora do sujeito e acontecimentos no sujeito; o sistema piagetiano de comportamento é uma esquematização de ações virtuais, possíveis, às quais são assimilados os estímulos.

No nível do comportamento inteligente podemos considerar, então, que o equilíbrio é sinônimo de adaptação, esta entendida como a possibilidade do organismo para desenvolver suas possibilidades, ou seja, de funcionar de acordo com suas características genotípicas, porém, por sua vez, transformando essas características quando o meio ambiente o requeira. Este intercâmbio contínuo, que se dá com muito poucas variações nos organismos

Fundamentos de psicologia genética

inferiores, é muito dinâmico e complicado em organismos que, como o do ser humano, propõem-se continuamente a transformação do meio para melhorar suas condições, não apenas de subsistência mas de plena existência.

O equilíbrio adaptativo se dá primitivamente como um processo dialético, o qual compreende dois momentos que tendem a uma síntese aberta:

a) um momento de assimilação, no qual o sujeito transforma a realidade em função de seus possíveis esquemas de atuação sobre essa realidade; assim, por exemplo, para um bebê recém-nascido cujo único esquema é a sucção, os únicos "objetos" serão os chupáveis e, portanto, terão existência unicamente no espaço bucal. Analogamente, no plano da função simbólica, a criança assimilará o objeto ao seu esquema de ação virtual e, desta maneira, uma caixa de fósforos se converterá em um trenzinho, uma vez que é movimentada como tal e assimilada a toda uma seqüência imaginada;

b) um momento de acomodação, pelo qual a criança transforma seus esquemas em função das exigências da realidade. Assim, o esquema de sucção vai discriminar-se em vários esquemas pela diferenciação na atividade de sugar que provocam objetos tão distintos como a chupeta, o bico do seio, o bico da mamadeira, a colherinha, etc. A atividade, onde melhor se observam os processos de acomodação, é a imitação, na qual a criança procura repetir o gesto que observa adequando a direção de seus movimentos.

A atividade mental, para ser equilibrada, tende justamente à integração destes dois momentos tal como se dá no reconhecimento, quer seja pela imagem ou pela linguagem, que supõe assimilação a esquemas conhecidos e acomodação aos novos dados que o estímulo traz, cuja novidade contribui por sua vez para modificar o esquema anterior e criar um novo.

No entanto, a assimilação e a acomodação não se condicionam mutuamente até que as operações não se tornem reversíveis e a síntese dos dois momentos possa instalar-se definitivamente ao ser possível observar os processos em ambas as direções, recobrando o ponto de partida da ação mental.

Esta dialética aplicada às análises mentais nos permitirá discriminar a direção na descompensação de certos comportamentos que, por serem predominantemente assimilativos ou predominantemente acomodativos, não tornam possível a adaptação sadia do sujeito à realidade, quer seja porque a submete indiscriminadamente a seus esquemas ou porque se submete passivamente a ela, tornando-se personalidade dissociada, egocêntrica, estereotipada, passiva, etc.

A equilibração aparece segundo três formas básicas de adequação:

a) O ritmo, como repetição a intervalos constantes, ingressa no funcionamento do organismo para garantir a infra-estrutura harmônica do mesmo:

16 Psicometria Genética

assim o ritmo cardíaco, encefálico, respiratório, menstrual, etc. Nestes ritmos se observam dois momentos que, dispersando-se de uma linha média, encontrarão sua compensação mais ou menos ao redor desta linha. Por isso só uma profunda inspiração compensa a expiração do ar contida durante a respiração.

Em um terreno propriamente psicológico encontramos ritmo na base das sensações, da marcha e de certas reações cíclicas do organismo como a fome, o sono, etc. Porém principalmente em toda atividade exploratória do primeiro período da vida, que supõe um comportamento cíclico por repetição constante de um esquema.

b) A compensação básica garantida pelos ritmos se integra em sistemas mais dinâmicos e complexos que constituem uma forma de equilíbrio mais avançado, no sentido de que supõem, pelo menos no nível prático, a conservação dos objetos pelos seus invariantes.

Quando um objeto móvel se desloca ante a vista de uma criança de quatro meses, podemos observar toda uma série de atividades que compreendem não só as suas pupilas, mas também a cabeça, músculos do pescoço e faciais, dos braços e até das pernas. Parece que todo o bebê está comprometido em não deixar escapar o objeto no espaço, seguindo-o em sua trajetória por tateios sucessivos, dos quais alguns lhe devolvem o objeto e outros não. Os que o fazem determinam o sentido do deslocamento, até que em um momento dado a criança não só poderá seguir um objeto móvel, mas poderá se antecipar, sucessivamente, com a vista coincidindo em cada ponto do espaço com a passagem do objeto. Este tateio ainda não é rítmico, mesmo que suponha uma base rítmica, mas constitui uma regulação uma vez que desemboca em uma estruturação da atividade por articulação gradativa dos momentos do processo.

O equilíbrio por regulação é essencialmente compensatório e vai integrando uma série de ações em forma unidirecional para conseguir, assim, por aproximações, primeiro coordenar as percepções e depois, intuitivamente, as imagens. O interesse desta forma de equilíbrio reside em que, por seu próprio não completamento, obriga ao tateio e, portanto, à correção contínua, o qual não é necessário no caso dos processos reversíveis que constituem um sistema completo de "grupo" ou, psicologicamente falando, um "agrupamento".

A função da regulação consiste, então, em sincronizar as diferentes ações rítmicas para conseguir sistematizar em um conjunto os movimentos que, mantidos justamente em um esquema estável, podem garantir a conservação dos objetos através de suas transformações, posto que a regulação permitirá recobrar o objeto que passa, por exemplo, de uma aparência para outra. Assim, a noção de equilíbrio permite integrar o nível dos condicionamentos a sistemas mais dinâmicos de ação. Na verdade, o esquema reflexo de

Fundamentos de psicologia genética

condicionamento explica perfeitamente como estes são adquiridos, porém não fica tão claro como são conservados e utilizados em situações semelhantes, dada sua instabilidade temporal. A permanência da aquisição está garantida justamente por que a mesma regulação da ação se esquematiza, obtendo-se uma melhor adaptação por disponibilidade imediata dos recursos de uma ação efetiva.

c) O agrupamento é a qualidade do pensamento que conseguiu a equilibração completa e esse nome deriva da noção lógica de grupo, que descreveremos como estrutura. Do ponto de vista do equilíbrio diremos que se a regulação procedia por controle retroativo, conciliando relações sem poder integrá-las em um sistema único, as operações, em compensação, por sua reversibilidade, assumem a compensação simultânea e completa das relações em jogo. Em qualquer exemplo de conservação, como por exemplo o das bolas de massinha, ao deformar uma delas, em uma etapa pré-operatória, a criança afirma a conservação da massa "porque se alonga, mas fica mais fininha", porém chega um momento no qual passa desta conciliação ao completo equilíbrio quando afirma, aos seis anos, que são iguais porque "não se colocou, nem se tirou nada". Sem dúvida, no primeiro caso a igualdade é uma aproximação, uma compensação sucessiva e, portanto, retroativa; por outro lado, no caso da operação, fazendo referência ao zero ("nada"), a criança deixa de se basear na qualidade dos objetos ("longa, fininha"), para centrar-se na qualidade das próprias ações ("tirar nada"), que constituem sistemas reversíveis cujos invariantes surgem dessa reversibilidade. Piaget insiste neste ponto, ou seja, que é a reversibilidade do sistema que garante os invariantes e não a conservação que imprime reversibilidade ao sistema. Na verdade, a criança sabe há muito tempo que não se acrescenta nada de massa à inicial, mas isto não se constitui para ela em um dado de invariância, mesmo quando o examinador o verbalize expressamente; só quando a regulação se verifica em ambas as direções simultaneamente e a criança toma consciência não dos estados, mas da transformação contínua da bola em "salsicha" e desta na bola, a conservação da massa se tornará evidente para ela durante este processo e simultaneamente o agrupamento se constituirá como forma superior de equilíbrio mental. ·

A noção de estrutura

Piaget considera a estrutura como um sistema de transformações. O termo sistema aponta para a noção de legalidade e, portanto, todo sistema pode ser definido por um número de leis e axiomas (associatividade, comutatividade, presença de elemento neutro, etc.) que determinam relações estáveis entre seus elementos, partes ou funções.

Ao relacionar legalmente as propriedades dos elementos em jogo, a estrutura nos aparece como uma totalidade que não é nem *a priori,* nem global, nem intuitiva, mas resultante das múltiplas composições possíveis. Não seria adequado enunciar, então, "que as partes têm sentido pelo todo", mas que "a relação entre as partes tem sentido pelas leis de composição do todo". Assim, por exemplo, dizer que A (os gatos) são ou pertencem a B (felinos), é remontar-se a uma estrutura hierárquica, inclusiva, reversível, cujas leis de composição indicam uma estrutura de "agrupamento".

A estrutura se dá, então, em dois momentos dialéticos simultâneos; um em que, por composição de possíveis relações elementares, constitui-se a si mesma; e outro no qual organiza a experiência em função do sistema concluído. Este sistema estruturado-estruturante não é estático nem definitivo; consiste, pois, em um sistema de transformações no duplo sentido e modelo das mesmas.

Vamos determinar a legalidade das estruturas cujo estudo psicogenético preocupou Piaget e que têm um correlativo axiomático na álgebra de Boole, nas estruturas-mãe dos Bourbaki e no grupo de Klein de quatro transformações.

A fundamental entre elas é a estrutura de grupo, cuja simplicidade lhe permite abarcar um número muito amplo de processos, entre eles os psicológicos. É fundamental para a estrutura de grupo a permanência de um elemento (objeto, classe, propriedade) durante o processo de transformação. Esta conservação é fundamental na atividade de um sujeito que está construindo um mundo coerente, pois a perda do objeto através de suas mudanças faria com que sumisse no caos. Se o "gato" que é "felino" se transformasse ao passar a ser "animal", a criança não poderia dar a sua conceituação ou definição, ao passo que a ordenação de classes inclusivas lhe permite uma série de transformações sucessivas que vão contra a estabilidade da classe "gato".

No nível lógico-matemático, a conservação se define como igualdade: a = a, a qual pareceria como dada previamente, mas a variedade de experiências nos indica que a igualdade ou conservação deriva de uma cuidadosa construção operatória. Tomemos como exemplo a clássica experiência das bolas de massinha. Duas bolas idênticas são julgadas como iguais por uma criança de quatro anos, mas se uma delas é alongada como uma salsicha, a criança julga que há menos massinha porque é "mais fininha".

Por que esta mesma criança aos seis anos considera que a mudança de forma não incide na quantidade da massa? A mesma dá uma explicação lógica: "já que não se tira nada nem se coloca nada"... Eis aqui a inclusão

Fundamentos de psicologia genética 19

do elemento neutro, que define um grupo e tal que, adicionado a qualquer de seus elementos, não o modifica:

$$a + 0 = a; \; a - 0 = a$$

Poderia observar-se que se trata aqui da conservação de uma propriedade do objeto, isto é, a quantidade de massa, e não do próprio objeto; recordemos então experiências mais precoces nas quais o bebê de três meses procura reter, enfurecido, a chupeta que ele mesmo tira com a mão, enganchada por acaso no aro. A chupeta é para a boca o mesmo objeto que a chupeta para a mão? Evidentemente não. Só uma coordenação de esquemas poderá integrá-lo. O objeto é, então, produto de uma construção ativa e se organiza dentro de uma estrutura de grupo, o grupo prático de deslocamentos.

Além da identidade e da presença do elemento neutro, o grupo se define por seu caráter associativo:

$$(a + b) + c = a + (b + c)$$

Diante de um bebê de sete meses estendemos três mantinhas. Agitamos um objeto que lhe agrada e faremos com que percorra um caminho que vai ocultando-o e fazendo-o aparecer sucessivamente até ficar coberto pela terceira manta. Para encontrar o objeto a criança não se dirige para o final do percurso, mas volta a percorrer tudo desde o começo; com um ano, em vez disso, construído o grupo de deslocamentos, se tornará efetivo:

$$a \rightarrow b + b \rightarrow c + c \rightarrow d = a \rightarrow d$$

Algo muito parecido ocorre com a criança que começa a somar. Se tem três bolinhas e se lhe dão mais três, conta novamente todas as bolinhas desde a primeira, em vez de partir da terceira. Contudo não se verifica:

$$(1 + 1 + 1) + (1 + 1) = (1 + 1 + 1 + 1) + 1 \dots \text{etc.}$$
$$3 + 2 = (3 + 1) + 1 \dots \text{etc.}$$

Há uma propriedade que resume as já apontadas de associatividade, igualdade e presença de um elemento neutro: é a reversibilidade. Na verdade, definida uma operação, haverá outra contrária, tal que:

$$-a + a = 0$$
$$\rightarrow + \leftarrow = 0$$

Isto quer dizer que se uma criança coloca margaridas e rosas no grupo de flores determinará que as flores que não forem rosas serão margaridas. Recordemos que, antes dos seis anos, quando interrogada sobre se "todas as margaridas são flores", responde freqüentemente que não, "posto que também há rosas". Não se verifica ainda:

$$A + B = C; C - B = A$$

Assim, para a adição, a operação contrária será a subtração, e entre ambas determinarão uma estrutura móvel de transformações. No nível do grupo de deslocamentos há uma reversibilidade de sentido pela qual o objeto recupera o ponto de partida primitivo.

A importância de poder retornar ao ponto de partida anulando a transformação, possibilita ter em conta ao mesmo tempo vários pontos de vista, ou variáveis múltiplas, fazendo funcionar uma por vez. Isto se observa nas condutas de classificação: as crianças pequenas juntam um triângulo azul e um círculo azul como "azuis", acrescentando logo um círculo vermelho, como "redondo", ignorando o ponto de partida da classificação e colecionando objetos de um para o outro; depois dos seis anos a criança agrupa simultaneamente pela forma e cor, compondo até os oito anos uma verdadeira matriz vicariante (gráfico 1).

Em resumo, chamaremos comportamentos operatórios àqueles que suponham reversibilidade, entendendo como tal a possibilidade de o sujeito anular uma transformação por meio de uma operação contrária à que a produziu. Tais comportamentos supõem uma estrutura de grupo chamada "agrupamento", para a qual se define a identidade, a associatividade, o elemento neutro, a adição e a multiplicação.

Em termos dos Bourbaki, os grupos corresponderiam às estruturas algébricas, uma das três estruturas-mãe ou irredutíveis que postulam. As segundas, estruturas de ordem, corresponderiam em Piaget aos comportamentos de seriação, onde não se define a igualdade ou conservação, mas se define a constância de uma relação, seja de tamanho, de parentesco, de matiz, de cor, etc.

Os grupos definidos por uma relação podem ser transitivos quando a relação é de quantidade:

$$se\ A > B, e\ B > C,\ então\ A > C$$

e podem ser intransitivos, como ocorre com os parentescos:

se A é filho de B, e B é filho de C,
A não é filho de C, mas neto.

Fundamentos de psicologia genética

As seriações mais importantes por sua estrutura operatória são as assimétricas transitivas, para as quais a reversibilidade não se dá como uma inversão completa, mas como reciprocidade:

a A > B corresponde B < A

Também os comportamentos de seriação ou ordenação supõem o exercício da reversibilidade para constituir-se como operação completa e compensada. Dando-se à criança a tarefa de ordenar oito palitos de tamanho crescente, se ela é muito pequena não levará em conta a constância na linha de base; mais tarde considerará as relações uma a uma, contentando-se em pôr um maior ao lado de outro menor, mas não o único seguinte. Só ao redor

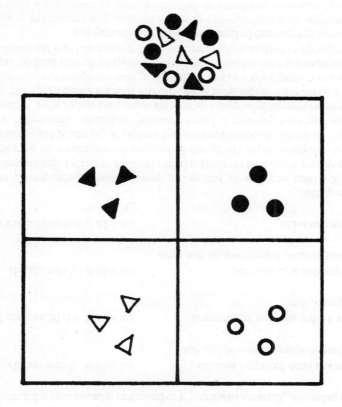

Gráfico 1

22   Psicometria Genética

dos sete anos, e uma vez que a criança compense a seriação A > B > C > D... etc. com sua recíproca ... D < C < B < A, torna-se evidente que a cada elemento corresponde um e apenas um seguinte, garantindo assim a conservação da série inteira.

Para completar o paralelo que Piaget faz entre suas reflexões e as conclusões dos Bourbaki, diremos que para a terceira estrutura-mãe que estes propõem, a estrutura topológica, Piaget inclui suas estruturas infralógicas. Estas se dão em dois níveis, um eminentemente topológico, onde se dão relações de proximidade, limite e continuidade e suas derivações claramente topológicas de pertinência inclusiva, ubiqüidade relativa, como acima, abaixo, etc., que Piaget considera pré-infralógicos, e outro onde aparece um tipo de classificação que, em vez de ser conceitual, deriva em relações de parte para todo, retendo as invariâncias formais nos processos de transformação contínua, nos casos de projeção e desdobramentos dos corpos. A possibilidade de axiomatização destas estruturas fica submetida, contudo, aos grupos algébricos, por intermédio da mensurabilidade.

A partir de experiências com adolescentes para observar a passagem dos comportamentos concretos aos hipotético-dedutivos, Piaget propõe, no ano de 1949, a consideração de um grupo INRC que coordena as inversões de classe e as reciprocidades de relações em um sistema único e fechado. Uma dessas experiências tem como tarefa determinar uma implicação: o material consiste em uma balança e peças grandes, pequenas, vermelhas, azuis, pesadas, leves, combinadas nas suas três variáveis. Só certas peças grandes, aquelas confeccionadas em chumbo, movem o contrapeso da balança. O sujeito deve antecipar se tal ou qual peça moverá a balança e determinar uma estratégia para verificar as leis de tal deslocamento. Suponhamos que o sujeito decide:

"grandes movem"   ou seja $p \supset q$ (p implica q)

deve verificar-se a falsidade de que haja
"grandes que não movem"   ou seja $p \cdot \bar{q}$ (p e não q)

e confirmar que
"todas as que movem são grandes"   ou seja $q \supset p$ (q implica p)

e portanto que não possa se dar que
"pequenas (não grandes) movem"   ou seja $\bar{p} \cdot q$ (p e não q)

Na hipótese "grandes movem", a experiência determinará a presença de grandes que não movem (de cortiça), e portanto será recusada.

Fundamentos de psicologia genética

A transformação que converte $p \supset q$ em $p \cdot \bar{q}$ chama-se operação inversa (N), ou seja, a negação da proposição básica. A transformação que converte $p \supset q$ em $q \supset p$ chama-se recíproca (R), e a que converte em $\bar{p} \cdot q$ chama-se correlativa (C).

Se indicamos com (1) verdadeiro e com (0) falso, obtemos a seguinte tabela de valores bivalentes:

para	então	$N (p \cdot \bar{q})$	$R (q \supset p)$	$C (\bar{p} \cdot q)$
p; q	$I (p \supset q)$			
1 1	1	0	1	0
1 0	0	1	1	0
0 1	1	0	0	1
0 0	1	0	1	0

Sendo I a transformação idêntica que não altera a proposição. As quatro transformações formam ainda um grupo comutativo:

	I	N	R	C
I	I	N	R	C
N	N	I	C	R
R	R	C	I	N
C	C	R	N	I

onde se lê: a inversa de uma negação é uma identidade:
$-(p \cdot \bar{q}) = p \supset q$ ou também: a recíproca de uma inversa é uma correlação.

$$R [- (p \cdot \bar{q})] = \bar{p} \cdot q, \text{ etc.}$$

Além disso, a negação da recíproca da correlação é uma identidade (NRCI), redução fundamental que permite a reconstrução de um conjunto

24 Psicometria Genética

de esquemas operatórios novos, desde os 12/14 anos, como as proporções, as matrizes, os sistemas de variáveis múltiplas, etc.

A noção de gênese

Ligada muito intimamente às noções de equilíbrio e estrutura, a teoria piagetiana procura um modelo preponderantemente genético para a interpretação dos processos mentais. Isto quer dizer fundamentalmente que as estruturas mentais não nos são dadas *a priori*, ou pelo menos que sua possibilidade de funcionamento não se inaugura com o próprio nascimento do ser humano. Pelo contrário, o desenvolvimento das noções tradicionalmente consideradas pela filosofia como inatas, como por exemplo a noção de objeto, espaço, tempo, etc., são construídas pela criança em sua própria ação sobre a realidade, mas não como pura experiência, toda vez que esta necessita articular-se segundo certos esquemas.

Aqui se estabelece então o problema da relação entre essa atividade sobre os objetos e os esquemas que regulamentam a própria atividade, como um problema de prioridade do tipo do ovo e a galinha. Piaget sugere a prioridade do esquema, mas poucos deles inatos, porém sucessivamente presentes, constituindo diversas etapas no desenvolvimento da inteligência. Dessa maneira, a estrutura operatória que aparece só aos seis anos não seria o produto da experiência acumulada em um período anterior, mas uma construção original surgida precisamente do esgotamento da estrutura preconceitual que, apesar das descentralizações de seu último período, não permite a equilibração completa das situações cognitivas. Voltando ao exemplo citado antes, não é a descentração cada vez mais aperfeiçoada que leva a criança à estrutura operatória, isto é, não é a conciliação da altura com a largura o que determina finalmente a referência a uma estrutura de grupo com um zero, mas este "agrupamento", que condiciona a conservação através da explicação de que não se tirou, nem se juntou nada, provém justamente da instabilidade e imprecisão dos julgamentos surgidos por simples descentração intuitiva.

Não podemos então separar a noção de gênese da noção de estrutura, porque o que se produz em cada caso é, precisamente, um modelo de análise da realidade, que é uma análise estruturante e não determinada exclusivamente pela lei do objeto.

Por isso Piaget insiste em que a criança constrói a realidade de tal maneira que ela não é a mesma quando a criança tem cinco anos do que quando tem dez, pois os modelos de interpretação que vai usar em ambos os níveis vão diferir no sentido de uma crescente mobilidade e reversibilidade. Contudo,

Fundamentos de psicologia genética

uma etapa ou gênese não destrói as aquisições prévias, mas as inclui em um nível mais alto de integração.

Em resumo, a gênese se dá como a passagem de uma estrutura para a formação de outra, que procurará a coordenação das relações adquiridas anteriormente em um nível mais alto de equilibração. As características dos estádios serão as seguintes:

a) A consistência na ordem de sucessão; isto é, ainda que não possamos dar para cada aquisição uma cronologia muito bem determinada, entretanto, a seqüência é constante para todos os sujeitos no aparecimento de comportamentos que supõem uma estrutura comum.

As idades relatadas na obra de Piaget são medianas relativas à população na qual as experiências foram feitas e a limitação geral das amostras respectivas não permite uma normalização, nem sequer para a população suíça. De qualquer forma, o método clínico usado durante as experiências não está apto para a derivação de medidas estáveis e fidedignas dos comportamentos descritos, já que muitos deles aparecem por sugestões feitas pelo examinador em função de cada caso, a partir das estratégias usadas pela criança. De qualquer maneira, sabemos que Piaget não teve em nenhum caso intenção de fazer psicometria, mas somente indicar o caráter genético e construtivo das noções usadas na ciência. Será tarefa dos psicólogos sistematizar as investigações descritas pelo epistemólogo de Genebra.

b) Outra característica que interessa para a definição de estádio é que nenhum deles nega as construções que ocorrem nos estádios prévios. Aquele objeto integrado em um plano sensório-motor servirá de elemento constitutivo quando se passa da conservação prática para a representada e para a concreta, e do mesmo modo as operações concretas se tornarão conteúdo das operações formais, definidas freqüentemente como aquelas que, em vez de manipular sobre os objetos, são efetuadas precisamente sobre essas operações. Isto é, o que em um nível é processo estruturante, em outro nível é reabsorvido em uma nova estrutura como conteúdo referencial.

c) Outra característica dos estádios, que definimos ao descrever a própria gênese, é que cada um deles não se define por uma série de comportamentos distintos, mas pelos esquemas básicos, que tais comportamentos supõem. Assim, o período operatório concreto não se define pela classificação, mas pela qualidade reversível dos processos operatórios dessa etapa que tornam viáveis as condutas de classificação e, portanto, da construção hierárquica dos conceitos concretos.

d) Em último lugar digamos que os estádios comportam dois níveis. Por um lado, um nível de preparação que nós vamos descrever como períodos de transição com o objetivo de determinar mais claramente a diferença de estrutura na passagem, de uma à outra, das coordenações sucessivas que podem se dar no enriquecimento de uma mesma estrutura. Por outro lado, um período de acabamento no qual a estrutura se aplica, de maneira plástica e dinâmica, a todos os processos que a supõem e, portanto, assimilam-se a ela. Vale a pena fazer dois esclarecimentos a respeito; em primeiro lugar, que existem diferenças horizontais de nível, isto é, que uma mesma operação pode encontrar seu acabamento com uma diferença cronológica notável, segundo a diferença dos conteúdos sobre os quais se aplica a operação. Assim, por exemplo, a experiência de conservação na qual se usam duas bolas de plasticina uma das quais se corta em pedaços ou se deforma, mostra que embora a criança confirme a conservação da massa apesar das transformações visíveis, só aos nove anos isso se tornará evidente para o peso das mesmas, e só aos onze anos considerará que o volume, em termos de água desalojada, permanece idêntico no curso da experiência.

Em segundo lugar, que existem diferenças verticais de nível, pelas quais podemos encontrar estruturas muito similares atuando em níveis muito distintos. O grupo de deslocamento, que a criança chega a construir precocemente no período sensório-motor e que lhe serve para toda a sua atividade prática de orientação no espaço, pode ser equiparado ao "agrupamento" característico da operação concreta pela presença de um elemento nulo — associatividade, comutatividade, reversibilidade, etc. — com uma diferença cronológica de mais de quatro anos, durante os quais aquela aquisição estritamente prática não pode ainda se interiorizar para permitir a equilibração operatória.

Piaget distingue três grandes estádios que compreendem na realidade quatro períodos bem determinados. O primeiro período vai desde o nascimento até os dois anos e se denomina estádio da inteligência sensório-motora. Um segundo período é o das representações, no qual se consolidam as funções semióticas, que se estende até os sete anos; este costuma ser considerado como o período pré-operatório do estádio operatório. O período das operações lógico-concretas abrange até aproximadamente os doze anos; a partir dessa idade é possível o pensamento hipotético-dedutivo, característico das operações formais do adolescente e do adulto.

Para uma melhor compreensão distinguiremos sucessivamente estádios de consolidação das estruturas e períodos de transição, nos quais se formam os esquemas respectivos:

A. Estádio sensório-motor no qual os comportamentos se dão exclusivamente no nível prático.

Ab. Comportamento de transição para o estádio representativo, como os de imitação diferida e os jogos funcionais.

B. Período representativo no qual se verifica a função semiótica na atividade lúdica, na linguagem e na construção de imagens.

Fundamentos de psicologia genética

27

Bc. Comportamentos de transição para as operações reversíveis por meio das descentrações reguladas intuitivamente, que determinam uma conservação pré-lógica.

C. Estádio das operações concretas, que se dão no nível conceitual por coordenação das ações sobre os objetos em um sistema reversível.

Cd. Comportamentos característicos do púbere, que vai se desprendendo progressivamente das ações concretas para começar a coordenar as próprias operações.

D. Estádio das operações formais, durante o qual aparece a possibilidade de combinar os sistemas reversíveis em um grupo chamado das quatro transformações, capaz de garantir a marcha do método hipotético-dedutivo do pensamento.

A. O primeiro estádio se divide em cinco períodos:

A1. Só em sentido figurado se pode falar de um começo deste estádio, pois é evidente que no momento do nascimento, o bebê não está no ponto zero de sua evolução, não só porque já tem uma história pessoal de nove meses de vida intra-uterina, mas porque sua bagagem reflexa se introduz em um processo muito vasto no âmbito da própria organicidade.

Contamos então com uma série de reflexos, sendo o mais notável o da sucção, que dá ao bebê a oportunidade de criar seu primeiro universo, que será o do espaço bucal. Na verdade, é com a boca que a criança exercita seu esquema de sucção assimilando a ele os objetos, e começando a reconhecê-los (como sugáveis, moles, duros, etc.) e a generalizar os comportamentos que lhe facilitam a aplicação do esquema (posição da cabeça, adequação da força de sucção, etc.). Assim, pois, no primeiro mês de vida se ativa a assimilação tanto quanto a acomodação, mas uma vez que não haja coordenações originais nos esquemas não podemos falar de conhecimento.

Uma característica importante da atividade do recém-nascido é a repetição das suas próprias ações a partir de uma relação casual com o objeto. Esta circularidade do comportamento se insere na base rítmica do organismo tal qual se dá naturalmente na cadência peculiar da sucção de cada criança.

A2. A partir de um mês até os quatro meses, a criança vai atuar sobre seu próprio corpo segundo um tipo de ação circular que Baldwin chamou primária. Exemplo de tal comportamento é a sucção do polegar que, encontrado por acaso, é abandonado e reencontrado, desta vez intencionalmente, várias vezes; inaugura-se assim o jogo funcional, no qual não há antecipação, mas simplesmente exercício.

As tentativas progressivas para coordenar os movimentos do corpo, especialmente os das mãos e da boca, assim como os tateios oculares, por meio dos quais a criança procura recobrar o objeto no espaço, pertencem ao mesmo nível comportamental. Os esquemas de ação se enriquecem notavelmente uma vez que a criança arranha, bate, apalpa, etc., sem coordenar ainda os objetos orais e os tocados, como o demonstra a reação de perplexidade ou raiva do bebê, que se esforça ao mesmo tempo para reter a chupeta na boca, enquanto a retira dela trabalhosamente com a mão.

A3. Com o começo das reações circulares secundárias podemos dizer que a criança se abre realmente para a vida inteligente, pois a repetição de um ato não será um simples exercício funcional, mas tenderá a prolongar a experiência para torná-la proveitosa no sentido de constituir novos esquemas coordenados. Os objetos serão dotados aqui de certa permanência uma vez que os diversos esquemas se integram aos que foram assimilados anteriormente, sobretudo pela coordenação da visão, do tato, da mobilização dos objetos agarrados e da ação de chupar.

A4. Depois de oito meses, a criança atua os objetos para ver o que acontece com eles. Atira-os, sacode-os, esfrega-os e consegue deformá-los ante seus olhos, por seu afastamento, queda, rotação, etc. Assim, quando a criança faz girar a mamadeira para recobrar o bico — até os oito meses não distingue "partes" nos objetos — na realidade reverte o movimento que ela mesma tem que imprimir à sua cabeça para não perder de vista seu objetivo; é então na própria ação que vemos funcionar um sistema reversível de esquemas eficientes.

A5. Uma vez que a criança vai firmando seus esquemas, começa a coordená-los intencionalmente procurando manobrar a realidade para usar os objetos. Não poderíamos falar aqui em antecipação no sentido de que pudesse haver uma representação prévia de meio para fim, mas um e outro se assimilam contemporaneamente ao mesmo esquema prático, móvel o bastante para observar uma ação intermediária. Desta maneira o bebê puxará uma manta que se apóia sobre um objeto desejado e moverá o anteparo que o oculta.

Aparecem então as reações circulares terciárias e a intenção perseverante de mudar parte das condições exteriores com o objetivo de aplicar-lhes um mesmo esquema coordenado e verificar sua eficácia ou, inversamente, reproduzir uma mesma situação aplicando-lhe outra coordenação de esquemas. O bebê que experimenta poderá alcançar um nível de integração com maior mobilidade que o das coordenações entre esquemas, pois se no período das reações circulares secundárias atirava a bola para construir um sistema hierárquico inclusivo de invariância objetiva do tamanho, agora poderá verificar, por exemplo, que quando a atira com mais força, pula mais alto.

Fundamentos de psicologia genética

Como vemos, em todo este período que abrange até os dezoito meses de idade todo tipo de construção se faz sobre a própria ação, isto é, tanto os objetos como suas relações e os deslocamentos a que são submetidos são compreendidos uma vez que podem ser controlados no próprio ato da experiência presente. E se a criança vai buscar um brinquedo em uma caixa definida é porque o brinquedo e a caixa que o contém estão assimilados a uma única situação, sempre em relação com a estimulação presente. Porém esta conservação do objeto, ainda que seja muito precária por tratar-se apenas do objeto individual e concreto, tem sentido pela construção de um sistema de deslocamento eminentemente reversível e com estrutura de grupo que garante a identidade apesar das deformações sofridas pelo afastamento, ocultamento, rotações, etc.

A aquisição de um objeto permanente está em íntima relação com as primeiras noções de causalidade. No princípio não se determina antecedente nem conseqüente, e menos ainda causa e efeito. Assim, no princípio o bebê não determina que parte de seu próprio corpo provoca uma ação determinada e reage em bloco, agitando todos os seus membros para conseguir casualmente um resultado. Através das reações circulares secundárias começa a dar-se certa discriminação entre objeto e sujeito, já que a mão funciona como meio de ação. Paralelamente a criança determina quais são as condições de sua ação e quais permanecem invariantes sobre ela. Com as reações circulares terciárias o mundo acaba por objetivar-se e a criança compreende os alcances de sua intervenção e sua eficiência, já que experimenta sistematicamente os alcances da sua ação.

Entretanto, como no caso do espaço e da noção do objeto, trata-se aqui também de uma causalidade eminentemente prática que se esgota na ação imediata e não pode adquirir nenhum grau de generalização. Podemos dizer, então, que o período sensório-motor, que abrange os primeiros dezoito meses de vida, parte da indiscriminação total entre o sujeito e o objeto, pois o único capital do recém-nascido é um punhado de reflexos precários, e acaba com a construção de um mundo externo e permanente interpretado em nível prático, segundo uma estrutura de ação reversível caracterizada pelas propriedades comutativa, associativa e transitiva, e pela presença de um zero como ponto de partida.

Ab. Porém estamos aqui absolutamente imersos no atual e no prático; portanto há objeto uma vez que este se atualiza, contudo não supõe a possibilidade imaginativa, simbólica ou verbal de recobrar o objeto ausente. Será justamente dos dois aos quatro anos que a criança vai construir o mundo referencial, de maneira a poder manipular sobre ele mentalmente, sem submeter-se às condições atuais e permitindo-se sua antecipação. A passagem do prático à sua representação se realiza através de certos comporta-

30　Psicometria Genética

mentos de transição que preparam a vinda das funções propriamente semióticas.

Um destes comportamentos é a imitação diferida, pela qual a criança retém durante um tempo pequeno a ação percebida no outro, e a executa de forma indireta. O que se retém, de certa maneira, se interioriza como esquema de uma ação que suplanta a própria ação, não verificada no momento da exposição do modelo. Assim, a criança responde tardiamente ao cumprimento que sua mãe lhe faz com a mão, e ao qual assimilou um esquema de "abrir e fechar os dedos", por meio da retenção dessa ação efetiva que passará desse modo à categoria de imagem.

Outro comportamento que prepara um sistema de referências simbólicas é a atividade lúdica pela qual a criança, por volta de um ano de idade, "finge dormir", mas só na própria situação na qual comumente se dá tal ação. A simbolização aqui é parcial e sugerida pelo contexto. Porém o exercício de "fazer como se", que começa referindo-se às próprias ações, vai ser transferida para os objetos que vão cumprir um papel de significante diferenciado.

Uma terceira série de comportamentos que fazem a conduta inteligente de transição são aqueles descritos por Piaget que ele denomina sexto subestádio do desenvolvimento sensório-motor; supõem evidentes combinações interiorizadas que, ante os estímulos, mas sem necessidade de tateios práticos, levam a criança à compreensão de certas situações, exemplificadas freqüentemente com a descrição da conduta de abrir uma caixa, para a qual a criança observada olhou atentamente alguns segundos a caixa e logo abriu e fechou a boca várias vezes, assimilando o mecanismo de dobradiça e o movimento da boca ao mesmo esquema que, desta maneira, começava a generalizar-se.

Em relação à elaboração semiótica, que terá lugar no período seguinte, não podemos deixar de nos referir a toda aquela exercitação verificada no plano prático que vai facilitar a constituição de uma linguagem significativa. Todo o período de balbucio vai permitir a construção de esquemas coordenados audiofônicos, que possibilitarão à criança a assimilação de certos sons a certas posições e ao esforço muscular de todo o aparelho fonador, permitindo-lhe logo a imitação de uma palavra emitida por outra pessoa, por assimilação de seus fonemas aos esquemas construídos.

Até que não apareça a verdadeira representação, a palavra é um objeto tão presente quanto o objeto a que se refere, e ambos são assimilados a um mesmo esquema de ação. Por isso a palavra pode desencadear a busca do objeto respectivo, não porque sugira sua representação, mas porque o apresenta diretamente, assim como o lugar onde é guardado. Esta linguagem primitiva e substantiva é eminentemente prática e, se bem que a criança possa usá-la para designar objetos não presentes, a situação à qual estes são assimilados está efetivamente presente, de maneira que a semiose não pode

Fundamentos de psicologia genética   31

lhe servir ainda para expressar relações entre objetos, mas, simplesmente, para invocá-los.

B. A partir dos dois anos se firmam os comportamentos que supõem a representação. Esta se caracteriza por ser não-operatória e porque seus mecanismos são eminentemente regulativos, unidirecionais, de controle retroativo, e atuam por relação de um a um, a qual determina postulações parcializadas a respeito do funcionamento da realidade, sem possibilidade de organizações totais. Talvez essa falta de integração equilibrada possa ser vista mais claramente na interpretação que a criança faz dos fenômenos físicos. Na verdade, se ao ser interrogada acerca do porquê da flutuação responde que a cortiça flutua porque é pequena e o barco porque é grande, relaciona parcialmente as condições que se dão em cada caso, sem considerar a necessidade de um sistema estável que determine a flutuação como fenômeno e não como um fato isolado.

Apesar do baixo nível de equilíbrio que os comportamentos pré-operatórios acusam e sua impossibilidade de conciliar assimilação com acomodação, as aquisições deste período importam para a construção de todo um mundo mental que vai se converter posteriormente no material a ser estruturado pelas operações reversíveis. São elas fundamentalmente:

a) A primeira dessas aquisições é a possibilidade de construir imagens mentais, que são definidas por Piaget como gestos interiorizados. A exploração da realidade, executada pela criança através dos movimentos de seus olhos, de seus músculos, de sua boca e suas coordenações mútuas se esquematiza, e esse esquema será suscetível de ser invocado sem necessidade da atualização do movimento efetivo que esteve na base de sua construção.

As imagens não só internalizam a forma estática dos objetos, mas acusam também o sentido e a direção de seus deslocamentos: por isso o papel da imagem é relevante no campo das antecipações. Assim, a imagem mental é fundamentalmente acomodação, uma vez que os esforços de exploração se realizam em função da realidade e há o mínimo de deformação por redução assimiladora aos próprios esquemas do sujeito.

b) De forma paralela, mas não integrada, encontramos todos aqueles comportamentos simbólicos que podemos chamar, em seu conjunto, atividade lúdica. Nesta atividade a criança faz o objeto assumir um papel e, portanto, há uma referência de tipo semiótico entre um suporte material, mais ou menos semelhante ao simbolizado, e um significado prototípico, o qual é indicado através de toda uma atividade exercida "como se" se tratasse do objeto real. Então, quando a criança pega uma série de caixas de fósforo e as faz deslizar, enquanto pronuncia "chuf-chuf...", o trem não está indicado, como um signo se refere a um conceito, mas através de múltiplas assimila-

32 Psicometria Genética

ções díspares um acontecimento definido da experiência pessoal da criança é simbolizado.

Em suas primeiras obras, Piaget e seus colaboradores estudaram exaustivamente os mecanismos lúdicos, não só na relação da criança com os objetos de brincar, mas na relação com seus pares e com as crianças maiores. O aspecto que nós reteremos aqui é o que interessa para a construção das noções. Neste sentido, ao brincar, a criança não assume mais do que alguns aspectos do objeto real, assimilando para isso partes isomorfas dos objetos que servem de suporte material do símbolo. Desta maneira se exercita uma discriminação contínua, tanto no nível do real como no nível do designado por seu intermédio. Por exemplo, se a criança quer simbolizar o engate observado entre dois vagões e assimilado a um esquema ativo de união, pode usar outras formas de união pertencentes ao mesmo esquema, como colocar plasticina entre dois cubinhos, amarrar, etc.

Em resumo, a função simbólica, que é eminentemente um processo de assimilação da realidade aos esquemas da criança, não é contudo um processo que se esgota na fantasia, pois exige uma construção contínua de referências reais.

c) Neste período assistimos também à formação da linguagem como sistema semiótico; entretanto como já vimos a linguagem não se dá como uma função especializada de *asignacion* mas aparece dentro de um contexto de comportamentos mais amplos, todos referentes a uma função semiótica comum. Na verdade, apesar da palavra como tal ser um signo, isto é, seu suporte material não guarda nenhuma relação com o significado e se constitui para a criança em uma arbitrariedade social, todavia seu significado não é neste nível um conceito, ou pelo menos uma noção coberta integralmente pelo termo, mas poderíamos dizer que se trata de um significado quase simbólico, dependente de um protótipo, ante o qual as outras referências se comportam "como ele"; assim, quando a criança menciona um gato, assimilará este signo a seu gato conhecido, indicando certas propriedades pelas quais suporá que aquilo de que se fala é algo que se comporta como o gato que a criança conhece.

Em resumo a semiose é usada pela criança quer seja para evocar o objeto singular, quer para designar um conjunto de objetos assimilados a certas coordenações de esquemas que poderíamos chamar de pré-conceitos porque, apesar de servirem para uma comunicação supostamente socializada, são usadas pela criança como nomes propostos de experiências pessoais, evidenciadas ainda mais nas análises da conversação infantil entre pares, que nesta idade resulta em um monólogo.

d) Se a relação entre significantes e significados é pré-conceitual, os raciocínios expressos pela linguagem aparecem como simples transducções, isto é, vão do singular para o singular. Piaget conta um diálogo mantido com

Fundamentos de psicologia genética

sua filha de dois anos e nove meses; a menina afirmava que "Ross (um bebê) não pode ter um nome", e a causa alegada era que a menina "ainda não sabe falar ". A função que a protagonista atribuía a ter um nome era a de nomear a si mesma e, posto que o bebê não podia falar, podia prescindir de ter nome. O evidente egocentrismo da transducção caracteriza toda interpretação que a criança pequena faz sobre a causalidade dos fenômenos e de toda leitura da realidade antes de possuir as estruturas móveis capazes de integrar sistemas de pontos de vista possíveis sobre o mesmo fato.

As características deste pensamento pré-conceitual e egocêntrico são, em primeiro lugar, o artificialismo, pelo qual a criança supõe que tudo que existe foi fabricado. Assim considera que o lago provém de um poço construído e enchido posteriormente com água. Em segundo lugar, o pensamento infantil é eminentemente animista, pois confere às coisas intenções humanas, por exemplo ao interpretar que a chuva molha porque é brincalhona, ou porque "joga água". Além disso, para a criança todos os fenômenos estão afetados por alguma finalidade antropocêntrica; assim, a noite "vem para que durmamos". Finalmente a criança confere realidade aos fatos psicológicos atribuindo certa substancialidade aos sonhos (são como figurinhas aqui em cima), e pensando que os nomes das coisas são atributos dos mesmos ("chama-se margarida justamente porque tem a forma de uma margarida").

Estas características fazem com que o pensamento causal pré-operatório aceite uma pluralidade de causas distintas para o mesmo fato, sem buscar uma causa eficiente que explique o acontecimento de maneira que todas as suas aparências se tornem equilibradas pela eficiência de um fator comum. Assim, com relação à causa do movimento do vento a criança pode dizer que é a noite "que sopra um frio", e de dia que "são as folhinhas que se movem e fazem vento", resposta que evidencia o egocentrismo do pensamento que assimila todo fenômeno aos próprios esquemas de ação, já que a criança experimentou que, movendo agitadamente suas mãos, produz algo semelhante ao vento.

Bc. Entre o estádio que acabamos de descrever, ao qual podemos chamar de período da atividade representativa egocêntrica, e o estádio dos comportamentos que supõem operações concretas, lógicas e reversíveis, estende-se um importante período de transição que cobre os cinco anos de idade. Durante o mesmo, o pensamento intuitivo torna possível que a criança descentre variáveis ou fatores distintos que, ainda que não possam chegar a integrar-se em um só sistema reversível, alcançam por meio de uma regulação compensada das alternativas uma semi-reversibilidade que garante certo grau de conservação. As possibilidades que o pensamento intuitivo abre são as seguintes:

a) Certo grau de conservação da matéria evidenciado nas explicações que tendem a conciliar a largura com o comprimento nas transformações sofridas pela massa de plasticina. A mesma explicação na prova dos vasos e das contas indica já uma primeira distinção entre o estado que um sistema apresenta e sua transformação, posto que a criança deixa de se ater ao nível alcançado pelas contas em ambos os vasos, para passar a considerar a diferença da forma dos mesmos. Na prova da dupla fileira de fichas, a criança tende a conservar o total de cada uma como idêntico, mas as conta "para estar segura".

É evidente que estas respostas transitórias tendem a compensar as variáveis em jogo, regulando intuitivamente sua implicação mútua em um processo fundamentalmente diferente do operatório, pois aqui se trata ainda de compensar propriedades que pertencem aos objetos e não a ação que os relaciona.

b) Podemos determinar também, ao redor dos cinco anos, uma mudança importante na formação de coleções de objetos. Estas coleções partem na realidade do nível sensório-motor em que, por processos de assimilação recognitiva e generalizadora, isomorfa à regulação perceptiva de semelhanças e diferenças, constituem-se esquemas práticos que logo se agrupam configuralmente; isto é, consideram-se da "mesma classe" as partes de uma configuração. Assim, a criança pequena ao manipular um material de coleção reunirá "os que vão juntos" de maneira que com eles se possa construir algo que tenha sentido.

No período do qual nos ocupamos a criança passa à determinação de coleções não-figurais, onde a "conveniência" que serve de critério para reunir os objetos é uma propriedade dos mesmos, por exemplo, "ser azul", "ser cúbico", etc. Os critérios adotados nem sempre esgotam o universo a ordenar, e a criança pode optar por vários deles, como por exemplo forma, cor, tamanho, para agrupar os distintos objetos. É por isso que a coleção não figural não pode ainda ser considerada uma classe, pois esta surge de uma operação lógica que, como tal, organiza todo o universo disponível determinando uma hierarquia inclusiva.

A passagem da coleção figural para a não-figural introduz, em nível intuitivo, a primeira tentativa de determinar a compreensão, ou série de propriedades que definem o critério de conveniência e a extensão, ou seja, o número de objetos incluídos, ainda que ambos os termos não cheguem a conciliar-se. Assim, uma criança separa cubos vermelhos e bolinhas azuis e vermelhas e, quando se pergunta "todos os cubos são vermelhos?", nega alegando que "também há bolinhas vermelhas".

c) Em relação às seriações a criança passa das comparações por pares, tal como se dão nas primeiras ordenações, para as seriações simples, construídas passo a passo e voltando cada vez ao ponto de partida. Como esta

Fundamentos de psicologia genética   35

seriação se realiza intuitivamente, por regulações sucessivas, não há possibilidade de intercalar novos elementos, nem de coordenar esta seriação com outra. É uma série estática que se esgota em sua própria construção.

d) Outro tipo de estrutura que se inicia neste período é o das funções constituintes, que apresentam a possibilidade de um tratamento analítico derivado da lógica operacional e que logo se integram contemporaneamente às operações e às noções causais. Este tipo de comportamento é preocupação atual do Centro Internacional de Epistemologia Genética.

C. O período das operações concretas abrange dos seis aos doze anos. Durante o mesmo se desenvolvem todas as possibilidades da operatoriedade concreta por aplicação da estrutura de agrupamento, cujas características temos destacado do ponto de vista lógico.

No nível dos comportamentos podemos dizer que em toda conduta inteligente está atuando uma operação pela qual as transformações que se manifestam entre os elementos da situação se sistematizam de tal maneira que podem ser assimilados a um esquema reversível de funcionamento, conseguindo-se o equilíbrio por reciprocidade completa das relações em jogo. Isso permite que cada elemento apareça conservado apesar das transformações sofridas, em razão da invariância que supõe a aplicação simultânea de duas operações de sentido inverso.

A possibilidade de operar de forma reversível sobre os objetos concretos da experiência permite à criança uma série de aquisições que lhe possibilitam a organização de uma realidade concebida conceitualmente:

a) A conservação da massa aos sete anos, do peso aos nove anos e do volume aos onze anos, apesar das deformações perceptíveis impostas pela experiência. A possibilidade da criança de, por referência ao zero, resolver as situações básicas empregadas por Piaget para examinar clinicamente o aparecimento da igualdade, provém da liberação dos índices perceptivos por sua integração em um sistema de transformação. Neste, "a bola" e "a salsicha" seriam só dois momentos de uma seqüência contínua e reversível em ambos os sentidos, e a invariância da massa, do peso e do volume, através de mudanças de forma, se torna mais imediata quanto mais imediata for a índole da experiência, já que o peso se verifica por meio de um instrumento e o volume pela água desalojada, cuja relação com o volume deve ser determinada previamente.

b) As classificações por inclusão hierárquica (encaixe) permitem a construção de conceitos limitados em compreensão e extensão. Só podemos considerar que se enquadra em uma classe conceitual quando se supõe que esteja incluída em uma classe superior, seja a classe A_1, menor do que B (a classe peras menor do que a classe frutas); como para um sistema de classes inclusivas se define a adição, supõe-se B integrada por A_1, A_2, A_3... etc. (a classe peras, bananas, maçãs, etc.), e como a adição supõe a operação reversível de subtração, haverá B que não seja A (frutas que não sejam peras) mas, por outro lado, é nula a intersecção de A_1, e não-B, posto que a inclusão exclui a superposição com a complementar ou negação da classe superior (não há peras que não sejam frutas). Os exames clínicos nos permitem esclarecer o papel definitivo da reversibilidade na gênese das classes, pois quando se pergunta às crianças pequenas "Há peras que não sejam frutas?", respondem afirmativamente "sim, há maçãs e uva", como se a pergunta pudesse ter um sentido único que só supõe complementaridade em um mesmo nível.

Em resumo, diremos que há possibilidade de classificar quando os conceitos podem ser integrados em sistemas reversíveis, quando cada um deles se define por sua inclusão em uma classe hierarquicamente superior e pela diferença com as classes de seu próprio nível entendidas como complementares. Ao classificar, a criança que opera logicamente aceita a existência de uma classe nula, assim como também tende a buscar critérios que esgotem o universo. Progressivamente, a coordenação entre hierarquias permite a construção concreta de classes vicariantes por interseção de dois critérios.

c) A quantificação relativa das classes, isto é, a coordenação de "todos" os membros de uma classe com "alguns" membros das classes na inclusão hierárquica, não é adquirida até os nove anos de idade. Na verdade, a integração completa da compreensão e da extensão só se dá quando a criança articula que a subclasse, que é um todo como tal, constitui ao mesmo tempo uma parte da classe na qual se inclui. Para ilustrar este ponto com uma experiência clássica remetemos à prova de quantificação que figura no apêndice desta obra. Este aspecto é muito importante para destacar que a quantificação não é condição da classificação e tampouco simultânea a ela, mas, pelo contrário, depende da mobilidade das hierarquias conceituais e do dinamismo da inclusão operatória; a relação todos-alguns, apesar de sua aparente precocidade na linguagem, é eminentemente reversível.

d) As seriações ou ordenações de relações assimétricas supõem, ao mesmo tempo, a compreensão da reciprocidade reversível (se A é maior do que B, então B é menor do que A), e de transitividade (se A é maior do que B, e B é maior do que C, então A é maior do que C), também reversível (então C é menor do que A). São interessantes as experiências que demonstram que a adição e a multiplicação de relações são operações adquiridas simultaneamente. Na verdade, a construção de matrizes entre tamanhos e matizes de cor nas folhas de árvore, por coordenação de duas séries que se multiplicam nas interseções (ver apêndice), não resulta uma tarefa mais difícil do que a própria construção das séries. B. Inhelder insiste no valor peculiar do fator configural neste tipo de tarefas.

Fundamentos de psicologia genética 37

Porém a experiência clássica em matéria de seriação é a da escada de varetas, na qual podemos dizer que a criança opera logicamente quando é capaz de intercalar uma nova vareta uma vez que tenha terminado a ordenação. É interessante observar como a criança pequena mostra uma tendência a destruir o trabalho e começar novamente desde o princípio, já que não tem segurança de que a inclusão de um novo elemento não altera as relações que os demais guardavam entre si, dado que ela comparou em cada vez e experimentou ou mediu a correspondência. Uma vez que a criança aplica uma estrutura transitiva, constrói uma série em equilíbrio e a vareta incluída não poderá ser menor do que nenhuma das que são maiores que a imediata superior, nem maior do que as que são menores que sua imediata inferior. Como se observa, a própria definição de transitividade supõe a reversibilidade.

e) Outra aquisição importante desta etapa é a do número, que é uma construção pela qual se coordenam as operações de classificação e de seriação. Desde os quatro anos a criança é capaz de contar em série e de atribuir um número a cada objeto; no entanto, esta seriação aprendida não lhe permite integrar a recontagem pela qual o último número da série contada é igual ao número de indivíduos que integram o conjunto. Aos cinco anos esta noção está adquirida para os números dígitos, mas a criança se mostra incapaz de dizer que número da série segue o outro, ou de intercalar um número sem voltar a contar desde o princípio. Entretanto não existe aqui a noção numérica fornecida pela integração de classe e série.

Para que isso se verifique deve dar-se uma estrutura de inclusão, pois cada número contém o outro (o seis o cinco, o sete o seis, etc.) e, ao mesmo tempo, uma estrutura de ordem, pois se verifica uma sucessão na inclusão dos conjuntos que já não se caracteriza pelas qualidades específicas dos objetos do conjunto, mas que conserva a ordem pura.

Se tomamos a experiência descrita por P. Greco, na qual se pretende que a criança afirme a possibilidade momentânea de igualar dois conjuntos, um fixo e passando de uma situação de inferioridade de elementos com relação ao fixo, e outro que, evidentemente, conta com mais elementos que o grupo controle, observamos que as crianças pequenas duvidam da possibilidade de que em algum momento da passagem os conjuntos tenham sido idênticos, mas, a partir dos oito anos, a existência desse momento está assegurada, pelo que se chega à conclusão de que nem a cardinalidade sozinha, nem a ordinalidade, exclusivamente, poderiam dar conta da noção de número, que deriva, então, da integração de ambos os comportamentos.

f) A aquisição da possibilidade de medir está em relação com a de poder construir uma geometria coerente que supere a representação topológica do espaço e chegue à noção euclidiana do mesmo. Assim, quando as crianças são estimuladas a construir uma torre de altura igual à outra que serve de modelo, com cubos desiguais e sobre uma mesa mais baixa, separada da anterior por um anteparo, a estratégia que usam em diferentes idades é muito distinta e sua seqüência genética será aproximadamente a seguinte: olhar o topo sem observar a desigualdade da base; transportar sua construção e colocá-la ao lado da outra para ver "se ultrapassa"; tomar a altura usando o próprio corpo e ver "se chega" ao mesmo lugar; buscar uma vareta para transportar o comprimento total, mas fracassar se não encontram uma mais comprida que a própria construção; finalmente, depois dos nove anos, usar um objeto menor que o modelo como unidade de medida, transportando-o sucessivamente e retendo o número desses transportes.

Esta última atividade supõe a presença de operações de agrupamento: 1) noção de um zero ou de um ponto de partida, 2) ordenação espacial das partes, de maneira que não se sobreponham e, ao mesmo tempo, incluam-se progressivamente e, 3) escolha de uma unidade idêntica no deslocamento. Disso se deduz o paralelismo operatório infralógico (onde a subclasse é uma parte da classe definida no espaço e no tempo) e lógico (relações conceituais entre classe e subclasse).

g) Perspectiva e projetiva: também neste aspecto figurativo se observa a presença de operações concretas, que por sua reversibilidade, permitem a superação das limitações das regulações perceptivas e as descentrações intuitivas. Tomemos a clássica experiência na qual se trata de antecipar a forma que o reflexo de um objeto na frente de uma vela vai adotar em que, até quase os onze anos, as crianças interrogadas não supõem que um aro colocado em paralelo a uma vela produz sobre a tela uma linha. Para isso devem ter construído a seriação completa dos reflexos da rotação de um aro e o sistema de correspondências entre a série objetiva e a refletida.

A perspectiva também é uma aquisição do púbere, que já é capaz de coordenar as relações mútuas dos objetos entre si e em relação a um ponto de vista particular. Entre o primeiro plano e a linha do horizonte se estabeleceria um sistema ordenado de avaliação relativa do tamanho e forma dos objetos, e suas faces visíveis, a partir de cada ponto de vista que se privilegie.

Esta possibilidade nos relaciona ao mesmo tempo com a socialização contínua da criança, capaz primeiramente de colocar-se no lugar do outro (quando determina em si a direita e a esquerda); chega depois, por coordenações cada vez mais ricas de pontos de vista, à construção de sistemas que esgotam todas as possibilidades de aparência do objeto.

h) À gênese das noções espaciais corresponde paralelamente a das noções temporais, também ligadas à causalidade física por ser a relação de antecedente e conseqüente eminentemente temporal. Na verdade, tal como foi sugerido por A. Einstein, o tempo é em sua origem espaço em movimento, de modo que a criança pequena dirá, a respeito de dois carrinhos que correram intervalos iguais, a partir de pontos de partida diferentes e ao

Fundamentos de psicologia genética

mesmo tempo, que o que chegou mais longe "correu mais tempo". Mais tarde, coordena intuitivamente os pontos de partida e de chegada simultaneamente mas não admite uma sincronia, pois a noção de mais longe está assimilada à de mais rápido e esta, de forma paradoxa, à de mais tempo. A inversão dessa relação pode se dar quando ambas as dimensões se ordenem em primeiro lugar, como sucessão no acontecimento e, além disso, quando os intervalos se organizem como classes capazes de incluírem-se hierarquicamente.

Finalmente, no que seria uma etapa de transição Cd, o púbere aplica ao tempo uma unidade de medida, e integra por multiplicação duas séries, uma espacial e outra temporal, para determinar a velocidade, já não intuitiva mas conceitual.

i) Como superação do egocentrismo, e de forma paulatina, a criança vai buscar explicações suficientes, isto é, causas eficientes para os fenômenos que analisa. No plano social, ao poder coordenar uma série de perspectivas, a criança termina por compreender as normas de comportamento como um contrato, conveniente para a sociedade em geral, ao qual sua convivência imediata se submete.

No princípio, a criança nem sequer se admite como parte integrante do âmbito familiar, como sendo um "outro" para os outros, e, aos três anos, interrogado sobre quantos irmãos há em casa, responderá nomeando os seus, mas sem se incluir.

No jogo, a passagem do monólogo ao jogo paralelo e, mais tarde, ao jogo de regras, é um índice de uma constante descentração da criança de seu próprio ponto de vista e dos demais possíveis, que finalizará em uma coordenação que dará coerência à construção de uma realidade social com sentido.

A título de exemplo recordemos aquele relato no qual uma criança que havia roubado algumas maçãs caía no rio ao passar pela ponte. Os 86% dos sujeitos de seis anos interrogados consideram que se a criança não houvesse roubado as maçãs não teria caído na água. Dá-se aqui um tipo de justiça imanente, que diminui paulatinamente com a idade na medida em que a criança pode separar a causalidade física que pode determinar a queda de um corpo da normativa que faz com que um ato seja punível.

Quanto às leis da natureza, vê-se como a observação sozinha não é capaz de ter efeito sobre o egocentrismo da criança pequena, que considera que um barco flutua "porque tem que levar a gente", e que um prego não flutua "porque não sabe nadar". Mais tarde tratará de dar explicações que convêm ao próprio objeto, mas de forma absoluta; assim, diz que a cortiça flutua "porque é leve", e a bolinha de vidro afunda "porque é um pouco pesada", mas a falta de sistematização para tais explicações é evidente quando se pede o porquê da flutuação dos barcos, sendo estes pesados. Isto dá lugar à

40	Psicometria Genética

simultaneidade de explicações distintas e freqüentemente contraditórias como "por que tem motor", "porque é gordo", etc. A partir dos nove anos encontramos explicações coerentes, capazes de levar em conta os diversos fatores que fazem o fenômeno da flutuação e os invariantes entre as distintas situações, não isoladas mas inter-relacionadas. A resposta final, que se refere ao volume de água desalojada, é obtida aos onze anos e ainda mais, como começo de uma etapa de transição na qual se tateiam os primeiros passos de um pensamento hipotético-dedutivo.

Entre as leis cuja gênese foi estudada por Piaget merecem ser destacadas as da probabilidade por seu interesse epistemológico. À parte da determinação experimental da forma da curva normal de Gauss, que se generaliza aos oito anos, para a queda dos grãos de arroz, outra experiência nos dá o padrão da origem operatória das leis da probabilidade. A resposta que as crianças dão à armadilha que é feita a elas ao trocar um lote de fichas de cara ou cruz, por outro onde todas elas apresentam uma cruz em ambas as faces, aos sete anos e depois da quinta jogada de duas fichas simultâneas, evidencia a compreensão de uma impossibilidade cuja razão, contudo, não podem verbalizar. Só os púberes explicam a quase impossibilidade do fato, porque o consideram em conjunto, não como jogadas isoladas, e dizem "uma vez pode acontecer, duas é mais difícil, três é contudo mais raro, e quatro uma grande casualidade... porque é mais fácil que saia um pouco de cada coisa, porque tem que sair o mesmo de caras do que do outro lado". Esta argumentação supõe também um passo de transição para as operações formais, pois o real é julgado pelo possível e este pelas oportunidades de ocorrência. A elaboração das leis numéricas generalizadas a qualquer número de chances pertence a um pensamento formalizado porque o resultado de cada operação altera o valor das demais.

D. Estádio das operações formais. No período das operações concretas, os comportamentos têm relação sempre com os objetos e suas propriedades. Por sua vez as operações formais atuam relacionando as operações como tais, sem considerar os objetos individuais nem conceituais. O formalismo deste período reside, então, em integrar a operação interproposicional para passar a uma combinatória interproposicional. Assim, se o esforço da criança é centrado na construção de uma relação de implicação entre duas instâncias, o pensamento adolescente converterá aquela implicação em um sistema lógico do qual a proposição inicial será só um termo. Na verdade, com o objetivo de pôr à prova de forma sistemática o valor de verdade de uma afirmação, é possível para o jovem construir uma combinatória que esgote o fenômeno e proceda à generalização de seu funcionamento.

Ao realizar tal dedução, o adolescente supõe que o que é real não esgota o possível, mas que haverá uma prioridade do possível sobre o real, como

Fundamentos de psicologia genética

instância de sistemas mais amplos. O fato deixa de ser por si uma instância probatória isolada e é necessário submetê-lo a uma série de transformações lógicas, evidenciadas no grupo das quatro transformações que definimos anteriormente como estrutura. Assim, em uma experiência onde são apresentadas à criança quatro substâncias químicas incolores com o objetivo de que extraia uma lei de suas influências mútuas (mudança de cor, reversão do processo, precipitação, etc.), não basta para o adolescente determinar que misturando o primeiro frasco com o quarto obtém uma cor amarela: é necessário que comprove que em nenhum caso, estando presentes essas substâncias não se dá o amarelo, e que só elas o produzem.

A propósito da lógica do pensamento do adulto, vale a pena insistir sobre a diferença que Piaget faz entre uma lógica formal, baseada na substituição e na implicação, e uma lógica natural, baseada nos comportamentos inteligentes que interpretam fatos reais. Desta maneira, a operação lógica psicológica pode prescindir de uma linguagem verbalizada e ser estudada apenas a partir do comportamento; por exemplo, a conjunção "e", que pode ser considerada na linguagem, mas também na simples ação de "pôr juntos". Dentro deste esquema, a diferença entre juízos sintéticos e juízos analíticos não estaria dada em que os primeiros fazem o mundo físico e os segundos se esgotam na lógica, mas que pelos primeiros as propriedades modificam o objeto (move-se, colore-se, aquece-se) e pelos segundos permanecem sem modificação (são cinco, são paralelos, etc.).

Capítulo 3

Aspecto figurativo da função cognitiva: percepção, imagem e memória

Procuramos em um primeiro momento definir a posição da escola de psicologia genética frente a certos problemas que interessam especialmente à base teórica da medida da inteligência: o da evolução, o da aprendizagem e o do papel da linguagem no pensamento. Depois nos referimos aos fundamentos gerais que serviram a Piaget para a construção de uma psicologia justificada e justificante de uma teoria das ciências, que são a noção de equilíbrio, a de estrutura e a de gênese. Descrevemos então, brevemente, os estádios progressivos de estruturação cognitiva. Restariam ainda para definir certos aspectos do comportamento relacionados com a percepção, a imaginação e a memória, não só porque essas considerações podem esclarecer a unidade do comportamento inteligente, mas também porque muitas das provas psicométricas que vamos analisar em detalhe pretendem medir, como função ou como fator, os aspectos que acabamos de nomear.

1 — Inteligência e percepção

Todas as provas mentais apresentam ao sujeito uma situação, isto é, um conjunto de estímulos relacionados segundo certa organização que é necessário compreender para responder às diversas instruções que promovem ações distintas com o objetivo de estabelecer analogias, contrastes, carências, etc. Toda prova supõe, então, a percepção de estímulos, e alguns consideram que sua resolução se esgota na capacidade perceptiva, como, por

44 Psicometria Genética

exemplo, aquelas que pretendem medir o rendimento do sujeito em um fator de grupo relacionado com uma habilidade específica, chamada "percepção".

Para discriminar melhor o papel da percepção na captação do material da prova e na resolução daquelas que se supõem saturadas no fator respectivo, formularemos as conclusões de Piaget sobre este problema, tão importante para a psicologia como para a epistemologia, que se relaciona com o da leitura da realidade.

A origem das percepções estaria, como a origem da inteligência, nas ações sensório-motoras. Porém, enquanto a percepção se circunscreve aos efeitos de campo ou centrados, é próprio das operações conservar o objeto descentrado-se, explorando. Assim, os deslocamentos de equilíbrio no contexto perceptual são irreversíveis, isto é, uma nova distribuição destrói a anterior; portanto, perceptivamente o objeto muda quando se move; é diferente de frente e de perfil. A conservação do objeto percebido não é em si um dado perceptivo nem inferido, mas fornecido pelos esquemas sensório-motores aos quais se assimila. Em outras palavras, haveria uma ação perceptiva de tateio no espaço contemporâneo muitas vezes com a própria manipulação do objeto visto, e os esquemas perceptivos surgiriam da coordenação desses transportes regulados. As mesmas atividades exploratórias conduziriam por assimilação aos mesmos esquemas; daí a possibilidade de reconhecimento ou identificação.

Porém assim definida, observamos que a percepção, isolada como função, não pode ser considerada como fonte de conhecimentos mas que, pelo contrário, são os esquemas de pensamento que permitem aproveitar os dados ou índices perceptivos integrando-os a sistemas operatórios. Já desde o período sensório-motor observamos como, em um primeiro momento, a criança não recupera o ursinho semi-oculto pela manta a partir da pata visível e, como depois, aos seis meses é rapidamente recuperado apenas com esse dado. É que aqui, a parte visível desencadeia todas as coordenações de esquemas sensório-motores secundários que permitem à criança reconstruir o ursinho inteiro, objetivado e conservado em suas partes visíveis, em suas rotações e deslocamentos. Com mais razão aparece a subordinação da "centração" perceptiva à organização inteligente em períodos posteriores. Por exemplo, em uma situação de comparar alturas, as crianças pequenas se atêm ao indicador do topo sem prestar atenção ao alinhamento das bases. A percepção sozinha, que é irreversível como processo, não poderia considerar ao mesmo tempo, e reciprocamente vinculados, os valores de base e de topo, pois estes só têm sentido em uma estrutura de grupo capaz de incluir todo um sistema de relações.

A. Morf foi o discípulo de Piaget que mais se dedicou, junto a ele, a estudar comparativamente a lógica da percepção e a lógica das estruturas

Aspecto figurativo da função cognitiva

cognitivas, encontrando isomorfismos parciais que esclarecem a relação entre os dois processos e a sua possível integração. Em primeiro lugar, podemos aplicar à percepção a noção de pertinência que é chamada partitiva, porque se fundamenta na proximidade das partes de uma coleção. Esta pertinência não é esquemática como a do reconhecimento por assimilação, nem muito menos inclusiva ou de classes. Também a noção de semelhante pode ser aplicada à percepção, quando se comparam dois objetos "de próximo a próximo". Esta semelhança não tem a qualidade lógica da identidade, pois sua conservação é tão precária como a exposição aos objetos. Também podemos falar da percepção de relações tais como a diferença de tamanhos, que se dá por regulação comparativa de "próximo a próximo", mas não pode sistematizar-se em uma série reversível.

Convém destacar, talvez, que a percepção só relaciona de parte para parte e não de parte para o todo, esta última elaboração que corresponde a uma "operatividade" infralógica. Certamente a subtração e a adição infralógica ou determinada em configurações se apóia em índices e regulações perceptivas, mas derivam deles implicações que supõem uma estrutura mais equilibrada, como o caráter associativo da relação topológica "estar entre".

Em resumo, e relacionando estas investigações com nosso interesse imediato de analisar comportamentos complexos, diremos que a percepção, por meio de uma ação regulada, configura por "centração" de um objeto ou coleção de elementos próximos.

As relações percebidas de semelhança, inclusão partitiva e comparação têm sentido quando são assimiladas a esquemas de ação sensório-motores, ou como indicadores configurais sobre os quais pode operar uma infralógica. Assim, pois, as provas denominadas de "percepção", o que realmente medem é a assimilação de indicadores perceptivos aos esquemas, quer sejam práticos, intuitivos ou operatórios, segundo o nível do sujeito.

2 — Pensamento e imagem

Piaget distingue nas funções cognitivas dois aspectos complementares: um figurativo e outro operatório. Os conhecimentos figurativos podem dar-se na presença do objeto, como é o caso da percepção; por reprodução motriz efetiva, como na imitação diferida de um gesto; e também quando está ausente o objeto de referência, tal como se dá a imagem mental. Esta última está em estreita relação com as formas anteriores de figuração, pois, por uma parte, a natureza da imagem é quase sensível toda vez que suas referências correspondem a um sensório — seja forma, textura, som, etc. — mas fundamentalmente porque, como foi demonstrado através de registros em nível neuromuscular, a imagem se traduz em um esboço de movimento que não chega a manifestar-se. Na origem da imagem estaria a imitação diferida e interiorizada de um movimento que se torna mental enquanto inibe a reprodução real e, portanto, deixa de entender-se como um mecanismo evocador de quadros estáticos provenientes da percepção.

Do ponto de vista genético seriam os comportamentos de imitação que se dão com o aparecimento das funções semióticas os que permitem construir esquemas de ação especialmente por acomodação, e este esforço, interiorizado, constituirá a imagem. Claro que os movimentos reais que dão origem às imagens não são exclusivamente de manipulação, mas fundamentalmente oculares, fônicos, etc., integrados aos respectivos esquemas de ação.

Uma série de investigações sobre o papel da imagem na resolução de problemas que propõem a antecipação de um estado, em uma situação de transformação sucessiva das posições de um móvel, põe em evidência que a imagem se torna um símbolo adequado para a representação de configurações estáticas dos movimentos, porém, dado que a imagem só pode representar estados, para "dar conta" da transformação completa a coordenação de tais estados não pode ser "já" uma função da imagem, mas depende do grau de operatoriedade do sujeito.

Talvez uma das provas mais esclarecedoras seja a transformação de um arco flexível (arame ou fio de metal) em uma reta. Dado como estímulo o arco, a criança tem que antecipar qual seria seu tamanho se estivesse esticado, escolhendo entre tantos outros. As crianças de cinco anos escolhem a reta que iguala em intervalo a distância aproximada da corda[1] do arco; só depois dos sete estabelecem a conservação do comprimento segundo um raciocínio operatório, mas não acertam ao imaginar a passagem, desenhando os passos sucessivos, pelo que se conclui que a imagem pode representar um estado, mas não uma transformação cuja sucessão de momentos é uma elaboração operatória e reversível. (Ver gráfico 2 na página seguinte.)

Outra experiência nos mostra que as operações infralógicas coordenam as imagens e não são elas que podem representar um movimento. Trata-se de antecipar a posição das cores de um tubo de 15 cm pintado em metades, em cima e embaixo, depois de girado que implica uma rotação de cento e oitenta graus determinando as razões verbalmente, por gestos e através de desenhos. Os resultados obtidos por E. Siotis são os seguintes:

---

1 N.T. Corda: é o segmento de reta que une dois pontos da circunferência.

Aspecto figurativo da função cognitiva

Trasformação de um arco em uma reta

Antecipação aos cinco e aos nove anos
Gráfico 2

Imaginação do tubo girado (rotação de 180°)
(Porcentagem de acertos)

	Desenhos das posições intermediárias	*Imitação*	*Descrição Verbal*
4 anos (4 sujeitos)	0	25	25
5 anos (18 sujeitos)	0	23	59
6 anos (19 sujeitos)	18	42	64
7 anos (20 sujeitos)	42	45	75
8 anos (19 sujeitos)	60	70	100

Certamente a descrição verbal não implica determinação da trajetória contínua, mas comporta a noção de estado final que vai orientar a reconstrução por gestos, evidentemente, de melhor qualidade e precoce em relação ao desenho. Assim, pois, a imagem é insuficiente para simbolizar essa trajetória que é compreendida por uma operatoriedade que maneja noções topológicas: assim, nas palavras da criança, "ficou de pernas para cima" e, mais tarde, "ao virar, a base vai ficar em cima".

Em resumo, a imagem constitui um símbolo bastante adequado das configurações estáticas, e não tanto quando se trata de representar transfor-

48 Psicometria Genética

mações que exijam uma coordenação operatória dos momentos. Restaria ainda considerar seu papel na geometria, onde haveria transformação, porém puramente espacial, já que as que vimos supõem um tempo físico de deslocamento. A efetividade da imagem espacial é sua homogeneidade com o que simboliza; assim, não se poderia operar com números representados com risquinhos, porque cinco risquinhos não são o número cinco, e em troca podemos determinar o quadrado por sua imagem, dado que ela mesma, em sua origem sensório-motora, é quadrada. As experiências geométricas de transformação, sobretudo aquelas que consistem em rebater um corpo, ou seja, em imaginar seu desdobramento no plano, indicam que a imagem pode ser antecipadora e reprodutora sempre que haja uma operação que a integre e dirija.

Para a interpretação dos comportamentos promovidos pela instrução dos itens que comportem imagens deve-se considerar, em primeiro lugar, sua origem motora, seu caráter de imitação por acomodação, sua especificidade de gesto inibido internalizado, seu possível papel estático — antecipador ou reprodutor —, o fato de que seu nível de efetividade dependa sempre das estruturas operatórias, lógicas e infralógicas, capazes de organizar e coordenar os momentos imaginados.

3 — Memória e inteligência

Como vimos, Piaget considera a percepção e a imagem como processos adaptativos, provenientes de atividades de assimilação e acomodação a esquemas do sujeito, ocorridas em presença do objeto no primeiro caso, ou na ausência do mesmo no segundo. Quer seja considerada como uma atividade de reconhecimento ou uma atividade apenas esboçada e interiorizada, a atividade figurativa se inclui em sistemas mais coordenados de inteligência, com um equilíbrio suficientemente estável como para sistematizar as diversas instâncias da situação e delas derivar conhecimentos integrados. Faltaria ainda ver que lugar ocupam os processos mnemônicos presentes em muitas provas psicométricas que resultam altamente correlacionadas com a inteligência total dos sujeitos.

São poucas as referências que podemos encontrar em relação à memória na obra de Piaget até a edição de *Inteligência e memória*, ocorrida em 1968, e que assina junto com B. Inhelder. Contudo, ocupou-se de certa maneira da retenção de informação e sua evocação, quando tratou o problema no plano biológico. Neste sentido se define a memória em geral como uma acumulação (stockage) de informações codificadas. Assim, a investigação pode tomar duas direções: uma centrada no processo de decodificação (reconhe-

Aspecto figurativo da função cognitiva

cimento, reconstituição ou evocação), em função de um código dado, em um nível determinado; e outra que estude as próprias transformações sofridas por esse código em função das distintas possibilidades operatórias de organizar as lembranças, de acordo com a idade. Em resumo, haveria um sentido diacrônico e outro sincrônico no tratamento do problema da memória, porém as conclusões da análise genética permitem uma definição mais clara da função mnemônica, já que esta nos aparece na evolução dos comportamentos como uma função da organização progressiva, em estreita dependência com as estruturações da inteligência. Assim, em cada momento da vida toda a visão do passado se reconstrói em uma nova integração que amiúde faz variar a significação dos elementos anteriores. Então, a identidade do eu no tempo não teria mais sentido do que a conservação de uma continuidade em constante reestruturação, o que supõe, além disso, a operatoriedade que garante o idêntico nas transformações, conforme o assinalam experiências múltiplas.

O resultado de várias investigações sistemáticas mostra a importância da esquematização mnésica, e sua evolução em função do desenvolvimento da inteligência. Neste sentido é importante distinguir as relações entre os aspectos figurativos e operatórios da memória. Assim, a imagem-lembrança, tal como a imagem representativa, aparece como expressão simbólica de um esquema que se conserva, não por fixação estática, mas por seu próprio funcionamento. A reorganização dessas lembranças como evocação do acontecimento, não se produz como um processo dedutivo sobreposto aos mesmos, mas dinamicamente, por integração das lembranças a novas estruturas de pensamento, mais equilibrantes, "uma vez que" reversíveis.

O processo da memória de reconstrução poderia ser resumido, então, em diferentes fases:

1) fixação de uma lembrança por assimilação das percepções a um sistema de esquemas;

2) conservação de tais esquemas, independentemente da memória no sentido estrito, pois tais esquemas são prévios à experiência recordável;

3) evocação ou reconstrução da lembrança a partir de: a) os indicadores externos percebidos, ou seja a experiência atual que desencadeia a lembrança, e b) os esquemas utilizados que conseqüentemente se reativam.

Em resumo, comprova-se que existem duas formas de conservação, a dos esquemas e seu funcionamento generalizador e a das lembranças como conteúdos, pela qual há uma integração constante do passado na existência atual individual. Ainda que ambos os aspectos se suponham mutuamente, do primeiro dependem as transformações na evolução, podendo então a memória ser caracterizada como uma atividade inteligente adaptativa.

A título de exemplificação descreveremos uma experiência que analisa, ao mesmo tempo, a memória imediata e mediata, com intervalos de uma semana e de seis meses, em relação à apresentação inicial. Exibe-se à criança um cartão no qual um quadrado, um círculo e um triângulo formam os nove pares possíveis, respeitando os idênticos (figura 3). Encontram-se quatro tipos de atitudes gerais:

Tipo I
Os elementos são reproduzidos, mas não em pares e pode faltar algum deles. Uma criança de quatro anos desenha 35 formas redondas, outra um quadrado, um triângulo e um círculo.

Tipo II
Há reprodução por duplas, combinando os elementos, mas não aparecem os pares compostos de dois elementos idênticos. Em troca repetem-se as mesmas combinações.

Tipo III
O sujeito se preocupa em não repetir as mesmas duplas e inclui as idênticas, porém, se chega às nove combinações, é por tateio contínuo.

Tipo IV
Reprodução sistemática, eventualmente sem respeito pela ordem do modelo. Os tipos de atitudes se distribuem de maneira estritamente genética nos sujeitos estudados desde os quatro até os doze anos, não aparecendo reproduções imediatas do tipo III, senão depois dos sete anos, e do tipo IV a partir dos dez anos. Quanto à reprodução mudaram apenas seis de sessenta, com um intervalo de uma semana, notando-se alguns pequenos avanços. Com um intervalo de seis meses, a metade dos casos permanece sem variação; os que haviam agido por um critério claro melhoram seu rendimento, porém os demais apresentam uma regressão a um tipo I de execução.

Experiências como as descritas reforçam o valor da estrutura do pensamento que organiza a estimulação no momento da experiência, pois parece evidente que a instrução determina a colocação em ação de um esquema funcional que, ao mesmo tempo, encarrega-se de integrar em sistemas de pensamento mais equilibrados.

O aspecto figurativo da lembrança tem, então, a mesma origem que a imagem, mas esta se constitui em um símbolo da ação respectiva, a lembrança é um verdadeiro ato de pensamento que comporta juízos de atribuição, de existência e de relação. O importante dos esquemas mnemônicos é que, apesar de terem a estrutura da inteligência, conservam a lembrança, isto é, suas operações integram explicitamente uma classe singular. Finalmente, Piaget encontra a unidade funcional da memória usando noções cibernéticas e, em tais termos, a memória seria um processo capaz de reconstruir em

Aspecto figurativo da função cognitiva 51

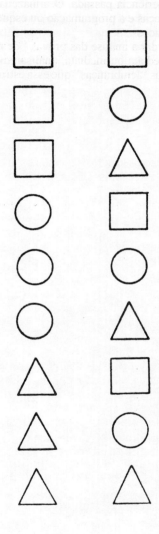

Material da experiência
(Extraído de J. Piaget e B. Inhelder.
Mémoire et intelligence. P. U. F., 1968)
Figura 3

qualquer modelo uma experiência passada. O armazenado ou informação primária seriam as lembranças e a programação ou esquema de recodificação, os esquemas mnemônicos.

De tal maneira, ao abordar a análise das provas "de memória", quer se trate de uma evocação imediata ou mediata, analisaremos como o sujeito organizou a estimulação e as "lembranças" que essa estruturação individual pode incluir.

Capítulo 4

Diagnóstico do desenvolvimento de Arnold Gesell

A personalidade de A. Gesell transcendeu em muito a dimensão científica e seu nome alcançou, em seu país e no estrangeiro, a notoriedade reservada aos homens públicos. Sua atividade inicial foi o ensino primário, especializando-se em seguida na pedagogia de recuperação de crianças com deficiência mental.

Aos trinta anos decide unificar sua experiência e completar sua preparação realizando uma meteórica carreira de médico com o objetivo fixo de dedicar-se posteriormente à psicopatologia da infância. Descobre contudo que, na prática as explicações dos processos de desenvolvimento infantil provenientes da patologia se tornam confusas e nefastas para a compreensão do comportamento infantil, tanto mais porque se trata da aplicação mecânica de uma psicopatologia adulta que trabalha com uma pluralidade de sintomas e fatores não presentes na criança.

Ao dedicar-se a problemas de retardo passou rapidamente da patologia à higiene mental, cujos fundamentos para Gesell, deviam ser achados em uma ciência de desenvolvimento que partisse do desenvolvimento normal que pode ser conhecido pela descrição dos comportamentos típicos das idades sucessivas. Para ele não se trata do estabelecimento de normas com o objetivo de destacar a uniformidade da evolução, mas, precisamente, de considerar o desenvolvimento de cada indivíduo em função de sua constituição original desdobrada em uma história própria.

Em 1920, Gesell se lança à ousada empresa de fazer um inventário das aquisições sucessivas da criança normal com uma atitude metodológica eminentemente clínica, usando os recursos da biologia evolutiva e as técnicas de registro já validadas pelo comportamento mecanicista. Na realidade, procurou extender a prova de Binet-Simon a idades anteriores, observando o bebê desde seu nascimento. Para isso selecionou um material privilegiado no sentido de que, sendo reduzido, consegue desencadear comportamentos muito distintos de acordo com as idades. Minimizou o valor do enquadre e da instrução e supervalorizou a criação de situações para poder observar os comportamentos habituais e os recursos espontâneos das crianças pequenas frente ao material. Cento e dez quilômetros de filmagem consumiram enormes recursos econômicos, que a Universidade de Yale investiu no empreendimento, finalizado com a confecção das escalas de Gesell até os 3 anos de idade, nas quais aparecem, por intervalos cronológicos, comportamentos convertidos em padrão por sua freqüência percentual de aparecimento nessa idade, que deve ser superior à anterior em 50%.

Do ponto de vista teórico, Gesell reage contra o behaviorismo watsoniano e algumas tendências dominantes na psicologia norte-americana da década de 20, uma vez que estas concedem prioridade a fatores de condicionamento e aprendizagem. Procura, em vez disso, enfatizar os fatores constitutivos, em especial os ligados à estrutura neurofisiológica do sujeito. Como evolucionista mecanicista, sua noção de constituição é solidária com a de maturação enquanto núcleo hereditário. O ambiente vai cumprir um papel passivo, de simples desdobramento de oportunidades, para que o indivíduo desenvolva sua potencialidade inata. Portanto, as diferenças individuais serão provenientes, em primeiro lugar, dos aspectos constitucionais, e só secundariamente de um ambiente propício para a maturação. Nenhuma transformação mútua — nem mecânica, nem dialética — regula as duas instâncias, dada a imobilidade que o nível ambiental comporta para Gesell, baseando-se em um esquema tão prático como enganoso: o crescimento do indivíduo comporta mudanças nas estruturas biológicas e, como estas estão ligadas às funções, produz uma mudança nas mesmas, evidente no comportamento.

Não vamos descrever extensamente aqui as idéias de Piaget sobre o desenvolvimento, as quais estão magnificamente expostas em sua obra, editada em 1967, e traduzida para o castelhano, *Biología y conocimiento*. Somente algumas linhas que permitam considerar de um novo ponto de vista as descrições realizadas por Gesell. Piaget considera que são três os grandes fatores do desenvolvimento orgânico: a programação devida ao genoma, isto é, o inato específico, as influências do meio e os fatores de equilibração e auto-regulação que descrevemos. Porém este último aspecto é ao mesmo tempo fator e conseqüência, pois todo desenvolvimento é organização e, reciprocamente, toda organização é desenvolvimento, pois sua própria conservação depende da contínua auto-regulação. Assim, ao enfrentar o comportamento do latente, devemos levar em conta que, se este herda a inteligência, herda tão somente a possibilidade de um funcionamento (assi-

Diagnóstico do desenvolvimento de Arnold Gesell

milativo-acomodativo), mas de nenhum modo as próprias estruturas do conhecimento, as que serão construídas durante a infância pela própria atividade do sujeito. Gesell divide os comportamentos do bebê em quatro áreas, conforme o tipo de estimulação presente em cada uma e, conseqüentemente, segundo os esquemas que são considerados em cada caso. Então, será interessante definir primeiro cada aspecto e a especificidade das condutas envolvidas diante de cada estimulação para, em um segundo momento, examinar os esquemas de ação mais característicos por intervalo de idade.

A. Conduta motriz: Gesell inclui sob esta denominação todos aqueles comportamentos relacionados com o equilíbrio do corpo para adotar certa postura ou deslocar-se convenientemente. Haveria um desenvolvimento contínuo que incluiria a maturidade neurológica e a coordenação cada vez mais adequada dos distintos movimentos. Ainda que o papel do exercício como tal seja depreciado pelo autor, é evidente que a necessidade do mesmo é condição própria dos esquemas que se procura desenvolver e, portanto, condição da evolução. O próprio exercício de uma possibilidade motriz é um sinal de maturidade do organismo que se auto-regula.

São condutas características de tipo motriz sustentar a cabeça, sentar-se, engatinhar, andar, subir escadas, trepar, saltar, caminhar nas pontas dos pés, etc. A aquisição dos distintos padrões de conduta motriz nos informa sobre a maturidade do aparelho neuro-muscular e sobre o nível de coordenação primário, no que se refere ao próprio corpo.

B. Conduta adaptativa: Esta denominação compreende todos aqueles comportamentos que supõem uma adequação em função de objetos exteriores à criança, quer sejam aqueles manifestados espontaneamente frente aos estímulos, quer sejam aqueles efetuados por imitação do examinador ou estimulados por uma instrução verbal.

A análise deste tipo de conduta, pela qual o sujeito atua sobre os objetos, nos fornecerá dados acerca das aquisições do bebê pelo grau de coordenação de seus esquemas de ação. Podemos conhecer o grau de conservação dos objetos e o nível de reversibilidade do grupo prático de deslocamentos, assim como a atitude cognoscitiva do bebê, através de sua curiosidade e de sua imaginação.

C. Conduta de linguagem: Este âmbito da conduta compreende comportamentos que determinam a formação, tando em seu aspecto fonético, como em seu aspecto significativo; quanto ao valor comunicativo da linguagem, este será estudado no âmbito do pessoal-social. Com quatro semanas o bebê emite sons guturais, vocaliza, grita, resmunga e ri; com trinta e duas semanas já emite sílabas simples e o faz segundo um esquema de comportamento

56 Psicometria Genética

circular, isto é, repetindo várias vezes o mesmo fonema. Recordemos que, a rigor, a criança só repete para si mesma: por isso necessita exercitar abundantemente a emissão de sons para coordenar, em um só esquema, o acústico e o fônico; assim, ao ouvir novamente este som, desta vez emitido por outra pessoa, a criança poderá assimilá-lo ao esquema construído por sua própria atividade e, desta maneira, repeti-lo. Com um ano de idade começa a verdadeira designação, a princípio muito singular, denotativa e substantiva, que não excede os limites do sensório-motor. Ao apontar objetos em uma gravura e ao combinar várias palavras denotando uma situação, passa a usá-las em seu valor indicativo de uma referência ausente, de um significado; estamos, pois, em um nível representativo.

D. Conduta pessoal-social: Nesta área é descrita uma multiplicidade de comportamentos; alguns se referem a atitudes de reconhecimento do outro e comunicação — como sorrir, dirigir-se a pessoas conhecidas, dar coisas na mão, etc. —; outros se referem à possibilidade de controle e adaptação a certas normas — como aos horários de amamentação, controle de esfíncteres, etc. —. Os demais se referem diretamente à aquisição de hábitos de independência, seja na alimentação — por exemplo, beber na xícara, comer sozinho uma bolachinha —, quer seja no vestir, ou nas brincadeiras, como, por exemplo, procurar ou arrastar brinquedos, etc.

O comum a estas atividades tão distintas parece ser o intercâmbio que se verifica através delas entre a criança e o meio social em que vive.

De todas as áreas compreendidas no diagnóstico do desenvolvimento, a que mais interessa para uma análise genética é aquela que o próprio Gesell denominou adaptativa; na verdade, através dos esquemas de ação e suas coordenações a criança vai construir uma realidade objetiva, e a mesma vai discriminá-la como sujeito a partir da eficiência das suas ações. Vamos procurar analisar esses comportamentos observando sua evolução sobre um mesmo estímulo:

Argola pendente: Até doze semanas o bebê faz um esforço progressivo de tateio com a vista para seguir e manter a argola em sua trajetória, coordenando os movimentos da cabeça e os oculares muito lentamente. No começo fica imóvel ante sua visão, pois confunde o movimento alheio com o seu próprio, para depois coordenar ambos em um só esquema de trajetória. A partir dessa idade até vinte e quatro semanas a criança coordena os movimentos de sua mão com os oculares, chegando a pegar voluntariamente a argola, e com vinte e oito semanas passa-a de uma mão para a outra. Assim o objeto vai se integrando na medida em que é assimilado a esquemas coordenados, e o que a criança vê, toca, alcança e chupa, começa a adquirir uma unidade que se conserva em todas essas manifestações. Antes de um

Diagnóstico do desenvolvimento de Arnold Gesell 57

argola pendente   chocalho   sineta

Gráfico 4

ano a criança se interessa pela fita e puxa a mesma para sacudir a argola, o que nos indica que é capaz de discriminar as partes de um objeto e estabelecer para cada uma delas uma função, sem perder de vista o objeto como um todo; em tal sentido dizemos que a criança começa a usar instrumentos, isto é, a usar certas coisas como intermediárias para conseguir outras, do mesmo modo que estas formas de conduta tão estudadas nos símios superiores, nas quais estes usam o bastão ou o banquinho para apanhar a cesta. Recordemos que para os gestaltistas a compreensão do meio é intuitiva; para Piaget, o fato de o bebê puxar a manta para pegar o ursinho que está sobre ela é uma conduta circular terciária, de tateio e experimentação, onde dois esquemas secundários são coordenados de maneira a transferir o arrastar.

Chocalho: Com doze semanas o bebê sustenta o chocalho brevemente, porém com vinte ele o segue com a vista quando este cai; um pouco mais tarde move as mãos para retê-lo. Com vinte e oito semanas, o chocalho como objeto visto, tocado, deslocado, etc., é assimilado ao esquema de sacudir definitivamente. Entretanto, neste ato, não há diferenciação do agente, pois quando o experimentador sacode o brinquedo diante da criança, desencadeia nesta o movimento respectivo. Por volta de um ano, e justamente porque a criança tenta parar a mão do examinador com a sua ou inibir seu movimento para verificar que o som continua, poderá determinar de uma maneira prática a eficiência de seu movimento, noção que está na origem da causalidade.

Sineta: Com quatro semanas, se um bebê ouve, sua atividade diminui notavelmente, quando se agita diante dele a sineta mostrando um pouco mais tarde interesse e expectativa. A imobilidade, como vimos, é uma tentativa interessante de retenção do espetáculo. Perto das quarenta semanas pega e sacode a sineta pelo cabo, interessando-se por seu badalo. Depois de um ano, o bebê se mostra muito interessado em estabelecer relações entre seu movimento de sacudir, a presença do badalo e o som, porém se torna muito difícil para ele coordenar essa transferência de movimento, já que o som se detém, quando pretende controlar o movimento do badalo com a vista ou com o tato.

Cubo, conjunto de cubos, cubos e xícara: Próximo a vinte semanas a criança pega um cubo o qual solta enquanto procura agarrar outro. Na realidade não o solta, mas o cubo, não controlado pela visão, desaparece para a criança e cai de sua mão. Um pouco mais tarde resgata o cubo caído. Próximo a trinta e duas semanas mantém os dois prolongadamente; nesta idade a coordenação será suficiente para discriminar ao mesmo tempo as duas mãos e os dois cubos, assimilados a um mesmo esquema de preensão, incluindo-se ainda em esquemas mais complicados como o de juntar, bater, etc. Até um ano de idade o bebê não pode soltar o cubinho dentro da xícara, pois sua inclusão em outro objeto ameaça sua conservação por falta de reversibilidade entre os esquemas de tirar e pôr, reversibilidade que levará à construção sistemática dos deslocamentos em um "grupo". Aos quinze meses a criança é capaz de fazer uma torre de cubos, por regulação passo a passo, e o começo de certas referências topológicas, como em cima—embaixo. Progressivamente é capaz de incorporar mais cubos, e também de fazer "trenzinhos". Próximo aos dois anos inicia uma verdadeira atividade lúdica, com atribuição simbólica, colocando no "trem" uma "chaminé".

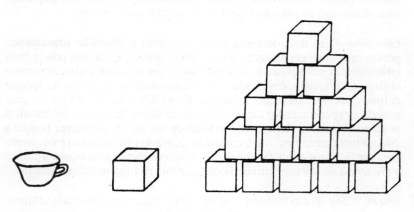

Cubos e xícara

Gráfico 5

Bolinha e garrafa: Antes das quarenta semanas o bebê se dedica à garrafa e ignora a bolinha; evidentemente, seus movimentos de tateio ocular são ainda demasiado grosseiros para encontrar os limites de uma bolinha. Nessa idade aproxima seu dedo indicador da bolinha, tornando clara uma relação ativa de tamanho, já que, se procura agarrá-la, desaparece de sua vista; um pouco mais tarde conserva-a mesmo fora de sua visão e pega-a com preensão de *barrido*.[1] Com cerca de um ano pega-a com preensão em pinça, e, imitando diferidamente a atividade do experimentador, procura, sem êxito, colocá-la na garrafa, pois apenas imita o movimento sem entender a relação da boca do frasco com seu continente. Isso é coordenado com um ano e meio, justamente porque a criança discrimina partes e sua eficiência respectiva. A extração da bolinha por inversão da garrafa é uma possibilidade tardia e ocorre por uma articulação em um sistema reversível dos esquemas de ação.

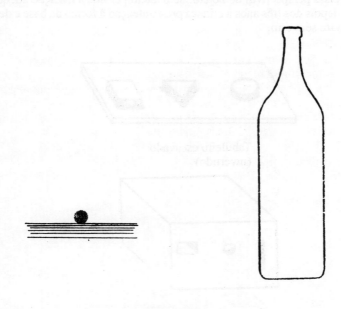

Bolinha e garrafa

Gráfico 6

---

[1] N.T. Nesse tipo de preensão a mão se aproxima da bolinha com todos os dedos flexionados em uma posição de arranhar.

Tabuleiro escavado: (seu tamanho é bem maior que o do Terman e as cavidades são completas, não têm uma base). Com um ano o bebê tira o bloco redondo, o de maior pregnância, e observa o lugar vazio; um pouco mais tarde procura inseri-lo. A correspondência morfológica e a reversibilidade de esquemas tornam possível essa atividade que supõe um sistema espacial estruturado. Próximo aos dois anos a criança insere os três blocos corretamente, mas se o tabuleiro é invertido depois de retirados os mesmos, conseguirá acertar mediante tateios múltiplos, já que a assimilação baseada nos indícios perceptivos permite uma regulação um a um e a verdadeira manipulação de área se faz em nível representativo, através de imagens.

Caixa de provas: A enorme dificuldade que as crianças de dois anos apresentam para realizar esta prova, em relação com a do tabuleiro escavado, é indicado pelo aspecto estático das imagens e a falta de sistematização entre as diversas perspectivas do objeto. Só o tateio permite a inserção adequada. Logo depois dos três anos a criança presta atenção à forma da base e desliza o cilindro sem erro.

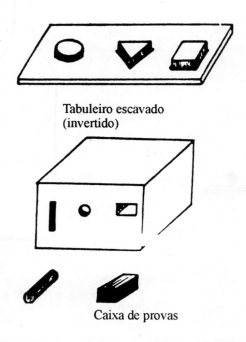

Tabuleiro escavado
(invertido)

Caixa de provas

Gráfico 7

Diagnóstico do desenvolvimento de Arnold Gesell

Desenho: Na prova de Gesell consiste em uma imitação do movimento executado diante da criança, e não em uma representação propriamente dita como seria o caso da cópia. Então, indica-nos a possibilidade de imitação diferida de gestos e, por essa razão, a possibilidade da criança de construir imagens.

Se observarmos a descrição feita por Gesell sobre o comportamento do bebê antes de quatro semanas concluímos que se trata de catalogar a pobreza funcional do filhote humano; até este ponto tudo nele parece ser déficit e ausência de defesas. No entanto, foi posta em marcha uma série de processos, que prepara a construção da mais complexa organização inteligente, ao redor de um dos poucos esquemas inatos de ação, que é o de sucção, garantia da sobrevivência.

4 semanas

Na verdade, durante o primeiro mês o bebê adquiriu um amplo conhecimento bucal dos diversos objetos que passaram por sua boca de forma casual (bico do peito, chupeta, bico da mamadeira, mão, lençol, etc.), por assimilação ao esquema de sucção, multiplicado por acomodação em vários esquemas novos, como o de chupar, mordiscar, cuspir, etc.

Gesell aponta que o bebê diminui sua atividade quando ouve a sineta ou quando o examinador se coloca na linha média de sua visão; isto ocorre porque ainda não há distinção entre sujeito e objeto e qualquer movimento do bebê pode fazer desaparecer para ele essa novidade que procura reter, imobilizando-se. O mesmo ocorre com os objetos que se deslocam, mas, inversamente, a criança pensa que movendo a si mesma poderá continuar esse espetáculo e, desta maneira, eventualmente, recobra o objeto em sua trajetória. Se o perde, sem referências, o bebê olha como se estivesse hipnotizado o lugar onde deixou de ver o objeto, procurando ativar o esquema que foi efetivo para ele; é o único que possui e os objetos não existem fora do próprio ato.

8 semanas

De quatro a oito semanas nota-se uma postura mais adequada da cabeça quando a criança está deitada, o que facilita o tateio ocular no espaço e a primeira busca dos objetos imóveis. O chocalho também é retido circunstancialmente por um lapso muito breve, fato paralelo à demora do olhar sobre um objeto situado na linha média da visão. Estes primeiros esforços vão constituir esquemas separados de percepção e preensão destinados a objetos distintos já que estão assimilados a esquemas totalmente distintos. Piaget fala de um espaço bucal e de um espaço visual neste nível, pelo qual o objeto chupado não se coordenaria com o objeto visto. Gesell observa uma marcada

62 Psicometria Genética

diferença de expressão entre quatro e oito semanas, já que o bebê olha seletivamente para as pessoas, sem deter-se nas coisas. Quando seus pais se aproximam, o olhar do pequenino é despertado, definido e pode aparecer um esboço de sorriso. Podemos falar de reconhecimento no sentido de que uma série de indícios oculares e acústicos são assimilados no esquema constituído integradamente através de uma constelação de experiências de atenção, cuidado, calor e comunicação estabelecidas pelo adulto com a criança. A descrição enfatiza o fato da detenção do movimento do bebê, antes da aproximação da voz do adulto, em uma atitude de expectativa, atitude que na realidade representa o esforço que deve fazer para reter esse espetáculo agradável, sem recursos para discriminar o próprio movimento do alheio .

12 semanas

Por volta de doze semanas o principal esforço sensório-motor se concentra na sustentação da cabeça, cujo controle é necessário para a regulação perceptiva que vai permitir a visão sucessiva do contorno espacial e, portanto, seguir os objetos em seu deslocamento. Assim, enquanto a cabeça não chega a se mover de forma plástica e autônoma, o bebê não poderá distinguir o movimento das coisas do seu próprio movimento. A partir de sua própria ação a criança se subjetivará e reconhecerá uma realidade fora de si simultânea e dialeticamente.

A preensão também se torna mais firme com o chocalho e são verificadas as primeiras coordenações que permitem integrar o objeto olhado com o objeto tocado em um mesmo esquema. Porém muito freqüentemente estes objetos são levados à boca, pois o espaço bucal traz seus esquemas específicos para o conhecimento do objeto . Do mesmo modo, e dentro desse tipo de funcionamento circular, o bebê procura coordenar a emissão de certos sons como esforço do aparelho fonador e respiratório, e a audição respectiva.

Gesell descreve certos comportamentos como lúdicos. Para Piaget não se verifica uma função semiótica de referência, através do jogo, não há esquemas propriamente lúdicos à parte dos de ação, pois estes seriam sua prolongação como um prazer funcional ou, um pouco mais tarde, o de produzir fenômenos, com primazia da assimilação.

Próximo a dezesseis semanas, e sobretudo desde que o bebê fique sentado, suas possibilidades de ação sobre as coisas se multiplicam. A criança exercita uma série de movimentos manuais — arranhar, coçar, pegar, empurrar, bater, puxar — e vai integrando a estes esquemas de ação os distintos objetos que se convertem assim em arranháveis, pegáveis, coçáveis, etc. A realidade começa a ser organizada e a ser discriminada em função da ação que pode ser exercida sobre ela. Isso excita o pequeno, que ri fortemente, entusiasmado por seu próprio poder.

Diagnóstico do desenvolvimento de Arnold Gesell 63

20 semanas

Com vinte semanas a conduta adaptativa vai se concentrar na preensão controlada pela visão. Contudo não há espaço, já que a criança só agarra o objeto quando este está muito próximo de sua mão ou quando o toca casualmente. O movimento de tateio, quer seja manual ou ocular, não é coordenado intencionalmente a não ser por coincidências aleatórias que a criança registra como probabilidade de coordenação, cuja efetividade exercita continuamente. Além disso, destaca-se a possibilidade de reter um objeto enquanto se olha para outro ou de seguir com a vista um objeto caído, o que indica um começo de conservação dos objetos fora do controle visual ou apesar de seus deslocamentos.

24 semanas

Na idade-chave seguinte a criança irá progressivamente aperfeiçoando a posição sentada, até se mover perfeitamente com apoio. Sua preensão melhora notavelmente, ainda que predomine a palmar; isto é, o cubo, por exemplo, é alojado na palma da mão e mantido ali pelos dedos. Com vinte e quatro semanas não só segue com a vista a queda ou o deslocamento de um objeto, mas o pega em seu trajeto, se está a seu alcance. No entanto, ainda que se aproxime de um segundo cubo, não consegue agarrá-lo pois perderia o primeiro, impossibilitada de controlar ambas as preensões ao mesmo tempo. Quer dizer que, mesmo que o objeto comece a se constituir, é difícil para o bebê conservá-lo sem o controle simultâneo da preensão e da visão.

O exercício na linguagem se torna muito ativo neste período. A criança ouve atentamente sua própria produção vocal e constrói os esquemas que integram o sistema fonador e a audição dos fonemas. Sobre esta base são produzidas as primeiras imitações de "palavras" que na realidade não é uma imitação, mas o desencadeamento dos esquemas circulares de uma ação da qual o som escutado foi assimilado, que contudo não é distinguido do próprio. No entanto, na experiência da sineta, se dá um começo de localização exterior do som.

28 semanas

A coordenação de preensão e visão é ativada em um nível secundário, isto é, ainda não procurado. O bebê mantém dois cubos, transfere-os de uma mão para outra, mas só toca a bolinha que desaparece ao encobri-la para pegá-la. Isto é, o objeto se conserva enquanto é controlado, mas desaparece se não é percebido.

32 semanas

Entramos em um período de transição entre os comportamentos circulares secundários e os terciários; nestes há basicamente, uma mudança de atitude,

64 Psicometria Genética

pois a criança cria em si mesma experiências sobretudo de conservação do objeto. Assim procura buscar "com insistência" objetos fora de seu alcance e relaciona objetos distintos, como são os cubos e a xícara. Na linguagem os fonemas são mais nítidos e silábicos; com estes átomos logo se constituirá a primeira "palavra", produto da repetição, e depois se coordenarão em distintas combinações, todavia sem um significado nem sequer denotativo.

Passamos à próxima idade-chave, centrada nas quarenta semanas, na qual a criança vai completar definitivamente sua posição sentada e começará a fazer tentativas de deslocamento engatinhando, assim como também poderá ficar em pé apoiada em uma grade. Cada uma dessas aquisições supõe toda uma constelação coordenada de movimentos e posturas que se regulam e se compensam até conseguir o equilíbrio espontâneo. Sua conseqüência é ampliar o mundo do bebê e permitir-lhe uma série de atividades que lhe darão um espaço mais integrado e reversível.

36 semanas

Com trinta e seis semanas é interessante observar as dificuldades da criança para soltar o cubo dentro da xícara apesar de que o coloca cautelosamente. O esquema de inclusão não se dá diretamente na percepção e a criança deve coordenar ativamente a regulação perceptiva que leva a um estado de pertinência com uma ação de transformação que faz com que dois objetos ou partes de um objeto sejam vistos juntos ou separados. Se a criança não solta o cubo é porque não tem a garantia de poder recobrá-lo; tampouco distingue as relações que ligam a fita com a argola nesta idade, embora comece a manipulá-la.

Também "imita" alguns sons que assimila a esquemas audio fonadores já coordenados, e sua independência crescente dos objetos fica evidente no fato de sustentar sua mamadeira e a bolachinha enquanto come, o que representa uma discriminação entre o objeto e a ação, neste caso difícil, pois, perto da boca, o objeto desaparece da visão.

40 semanas

Neste período o bebê se mostra muito curioso e experimenta a realidade sempre com uma atividade circular, chamada terciária porque a criança aplica a coordenação de esquemas secundários a situações novas. As partes dos objetos são discriminadas e cumprem sua função, como o cabo da sineta. A bolinha se conserva como idêntica fora e dentro da garrafa; a criança segue todo o seu deslocamento e o antecipa, praticamente esperando que caia quando se inverte a garrafa, mas ela mesma não a inverte para tirá-la, dado que ainda não construiu todo o sistema de deslocamentos, sistema que Piaget chama, como Poincaré, de "grupo" em função de suas características.

Diagnóstico do desenvolvimento de Arnold Gesell 65

Neste momento, é interessante assistir ao começo nítido da imitação diferida: o bebê faz "tchau" com a mão e bate palmas depois que o adulto deixou de fazê-lo. No início abre a fecha ao mesmo tempo a boca e a mão, inibindo depois o primeiro movimento. Como sabemos, estes esforços de acomodação de tipo gestual, sobretudo, vão dar origem às imagens.

44 semanas

Todos os comportamentos adaptativos analisados por Gesell nas 44 semanas supõem a relação de dois objetos, um contendo ou continuando o outro. Assim o cubo e a xícara, o badalo e o sino, a bolinha e a garrafa, são motivos de ações coordenadas de esquemas que permitem o começo de uma causalidade prática baseada na eficácia, apesar disso a criança ainda não solta o cubo, nem a xícara, nem quando solicitado pelo examinador, por falta de reversibilidade em suas próprias ações.

48 semanas

Com quarenta e oito semanas esta situação do bebê não varia muito. Simplesmente as coordenações de esquemas circulares secundários se tornam mais estáveis e dinâmicas, e a criança ensaia todos os emparelhamentos possíveis entre pares de objetos, para estabelecer relações de conveniência, correspondência, inclusão, eficácia, etc., que proximamente lhe permitirão construir um espaço e uma causalidade práticas.

52 semanas

A partir de um ano de seu nascimento a criança começa a se transportar ereta, embora com ajuda. A importância do andar para a construção do real na criança é que através de sua própria aproximação e afastamento em relação aos objetos verificará a constância do tamanho dos mesmos, o que lhe possibilitará a construção de hierarquias ou seriações inclusivas que sustentam a compreensão das transformações de tamanho na perspectiva.

A construção efetiva de um espaço aparece com o propósito de construir uma torre, assim como na comparação do bloco redondo com o buraco respectivo. Igualmente, a criança deixará seu brinquedo a pedido e deixará cair o cubo dentro da xícara por antecipação do seu percurso porque o conserva através do mesmo. No protocolo aparece igualmente um comportamento, analisado por Piaget como conduta de suporte, que é o de arrastar a argola pela fita. Já sabemos que situação semelhante foi estudada como conduta de *insight* pelos gestaltistas, e como esquema de aprendizagem de ensaio por Hull e seus discípulos; Piaget adota posição intermediária na qual entra em jogo um esquema transitivo de transporte.

66 Psicometria Genética

56 semanas

Algo semelhante ocorre quatro semanas mais tarde quando a criança solta a bola para o examinador, e aplica o próprio impulso à bola supondo que influirá em seu movimento. Na realidade, Piaget situa este tipo de aquisição um pouco mais tarde, dada a impossibilidade da criança pequena de soltar os carrinhos para andar com o empurrão inicial.

A imitação, como movimento diferido ou desencadeado por um estímulo atual, torna-se notável na escrita de grandes garatujas, na qual não há grafismo, mas simples imitação dos movimentos que a produzem. A criança também possui algumas "palavras": para repetir a pedido, ou denotativas de objetos presentes ou sugeridos pela situação presente. Além disso, o bebê insere o bloco redondo através do que podemos supor um esboço da imagem que lhe permite assimilar a um mesmo esquema a cavidade e o bloco. É claro que estamos sempre no prático, sensório-motor e não-representado.

15 meses

Este intervalo entra em outra das idades-chaves estabelecidas por Gesell, que é centrada nos dezoito meses. Porém, na realidade, não aparecem padrões distintivos a não ser por aperfeiçoamento dos comportamentos apresentados com um ano, os quais supunham não só a coordenação de esquemas aplicados a situações novas, mas a própria resolução de situações que a criança constrói para testar meios; assim, por exemplo, a criança se propõe a alcançar a argola pelo cordão.

18 meses

Em compensação, próximo de um ano e meio de idade, a acomodação imitativa inaugura uma nova série de atividades como a imitação de um traço; a função semiótica substantiva, a colocação de blocos no tabuleiro, a compreensão da rotação da garrafa para tirar a bolinha. Assim, esta última atividade supõe uma interpretação prática, empírica, da exibição da prova: a bolinha deve sair pela abertura porém, para sair, deve cair; então é necessário que a abertura fique embaixo. Esta conclusão, certamente não pensada, mas ativada, é para Piaget, o que caracteriza o sexto estádio sensório-motor ou de transição para a representação, isto é, a combinação mental ou imaginação, capaz de integrar esquemas não mais secundários, mas eles mesmos terciários.

21 meses

Já entramos na etapa representativa, pois os comportamentos distintivos dos vinte e um meses indicam internalização de esquemas, como se vê na atividade lúdica de arrastar um trem de cubos que, por meio de objetos

Diagnóstico do desenvolvimento de Arnold Gesell

simbólicos (cubos), é feita referência a um trem, que constitui um esquema complexo ao qual estão assimilados a locomotiva, o ruído (chu-chu), o fato de estar constituído por partes, etc., de acordo com a experiência particular do pequeno sujeito. Além disso, tanto a execução da torre como a inserção dos blocos indica a coordenação antecipada dos movimentos e, portanto, imagens, claro que muito inseridas na ação de tateios e nos índicios perceptivos.

A linguagem da criança também começa a ter um verdadeiro caráter de sistema de signos, posto que os combina para demonstrar verbalmente uma situação concreta e, ao mesmo tempo, retêm uma ordem a ser cumprida.

24 meses

Aos dois anos este tipo de comportamento, que supõe uma internalização de todos os esquemas, é claro. A criança imita o traço em V, assim como o circular. No aspecto lúdico, brinca com a boneca "dando-lhe de comer". Enche a xícara de cubos pela compreensão da noção de "todos" que faz as coleções de objetos, e também é capaz de pedir "outro", o que supõe certa noção de repetição, que também se refere a coleções de objetos identificados. A verbalização supõe, não só a fixação da ordem, mas exatamente função semiótica e relato.

30 meses

Aos trinta meses os padrões anteriores são reafirmados. O uso do pronome pessoal nos indica que sua própria identidade foi internalizada como unidade, à qual anteriormente deu o nome objetivo que os demais lhe conferem, mas que agora relativisa em função de sua posição relativa frente aos demais. Distingue os objetos por seu uso, além de nomeá-los e reconhecê-los, e também a forma colorida redonda. Porém, ainda estamos muito próximos dos esquemas sensório-motores, já que a criança só imita ações, sem que os vestígios de tais ações também possam ser assimilados à imagem respectiva; assim pois, a manipulação de áreas é ainda insuficiente para permitir que a criança refaça o tabuleiro escavado quando este for girado em 180 graus.

36 meses

Próximo aos três anos as imagens internas são suficientemente claras para que a criança copie o círculo impresso e, não mais desenhado diante dela, como até aqui. Esta tarefa, assim como a confecção da ponte, o tabuleiro escavado invertido ou a repetição de três dígitos, exigem uma organização interna no nível de reapresentação. Ao mesmo tempo, o uso dos plurais permite supor a distinção entre um e muitos; e a distinção do sexo, outro tipo de "classificação", que não é conceitual, mas figural ("porque uso calças", etc.).

Gesell considera comportamento esperado desta idade o saber "revesar", isto é, esperar uma ordem. É interessante comparar esta aquisição com sua contemporânea de repetir três dígitos, pois ambas supõem justamente a construção de uma seqüência temporal por uma relação de cada um para o próximo.

42 meses

A única novidade em relação aos três anos é o aparecimento do jogo associativo sobre o jogo paralelo. Piaget prolonga até os quatro anos a época do monólogo ou o diálogo paralelo das crianças observadas no Jardim da Infância, os quais só se referem a sua ação, embora aceitem as reflexões alternadas de seu companheiro.

Na realidade, o simbolismo coletivo supõe a adoção de um papel dentro de um código comum e também de uma representação clara que pode ser compartilhada; portanto, dentro da atividade lúdica que é preponderantemente assimilativa, supõe um esforço de acomodação por descentração de pontos de vista. Isto ocorre precisamente aos seis e aos sete anos, muito longe do estádio de que nos ocupamos. O jogo associativo, a que se refere Gesell, é a simples possibilidade de jogar ao mesmo tempo, ainda que cada participante siga a sua própria coerência.

Os estudos de Gesell logo se ampliaram e o comportamento da criança e do adolescente foi convertido em normas até a idade de dezesseis anos. Tais normas não compõem, no entanto, uma estrutura coerente, nem do ponto de vista teórico, nem mesmo ainda estatístico, e os indicadores culturais pesam notavelmente em um esquema que se julga ser de puro desenvolvimento constitucional. Como é justamente no período sensório-motor, conforme vimos, que se desenvolve o pacote de reflexos herdados e, seguramente, a idiossincrasia dos caracteres constitucionais tem mais peso nas diferenças individuais, circunscrevemo-nos à análise genética dos padrões de comportamento que constituem esse período.

Para o informe psicológico do comportamento do bebê convém indicar em primeiro lugar seu nível postural, isto é, os dados que Gesell dá na zona motriz, pois independente do valor desse dado na apreciação da idade de desenvolvimento nos informa sobre a dimensão da realidade que é oferecida ao pequeno, que é completamente distinta se ele fica sentado um tempo considerável para manipular objetos, que se, por causa de sua postura instável, ainda fica a maior parte do dia numa posição deitada ou encostada.

Também é interessante destacar, já em termos piagetianos, se suas reações circulares são primárias, ou seja, os esquemas funcionam isoladamente; secundárias, ou seja, há coordenação entre esquemas primários, seja audio-

Diagnóstico do desenvolvimento de Arnold Gesell

fonadores, seja viso prensores, etc.; ou terciárias e, dentro delas, se a atitude da criança é coordenar dois esquemas para aplicá-los a uma nova situação, se a criança procura criar a própria situação para treinar os esquemas respectivos que revelarão o uso de um meio para um fim ou a eficiência do agente, ou, finalmente, se os mesmos esquemas terciários podem ser integrados para conseguir um tipo de inferências práticas ou "invenções", as quais, de certa maneira, já antecipam um resultado e, portanto, pertencem a um período de representação simbólica posterior.

No caso de um exame diferencial do bebê convém enfatizar se seu rendimento é de um nível maior ou menor, conforme predominem no mesmo, processos de assimilação ou de acomodação, lúdicos ou imitativos. Também podem ser enfatizados aqueles aspectos do estímulo que podem dar lugar a facilitações ou dificuldades segundo fatores específicos a serem determinados; pode haver crianças que rendam melhor quando a estimulação é perceptiva e exijam manipulação dos objetos; outras, em vez disso, podem alcançar um nível mais alto em tudo o que seja exercitação audio fônica ou mais tarde, denominação por signos.

Como, em geral, estes dados servem para um diagnóstico clínico precoce, podem passar a integrar uma orientação terapêutica que contemple todos os aspectos necessários para uma melhor adaptação da criança, compensando os deficitários com uma estimulação adequada.

Capítulo 5

O teste visomotor de Lauretta Bender

Uma das contribuições mais importantes da obra de L. Bender é a de ter acentuado o caráter evolutivo das representações gráficas. A prova foi elaborada no Hospital Bellevue de Nova York a partir de 1932, ano em que Wertheimer publicou suas investigações sobre as leis da percepção, incluindo em suas experiências os modelos que inspiraram a L. Bender as figuras que constituem o material de seu teste.

O objetivo geral da prova é medir de uma maneira essencialmente qualitativa a maturidade dos sujeitos quanto à sua adequação perceptivo-motora e as possíveis perturbações nos processos que intervêm na reprodução gráfica. Ao dizer que se trata de um teste que mede a adequação visomotora e não simplesmente uma prova visomotora de nível morfológico, acentuamos o nível representativo e operatório que atua sobre os mecanismos reguladores perceptivos e motores.

Além disso, o uso da prova em psiquiatria tornou evidente que os diversos quadros produzem perturbações, distorções, regressões e múltiplas deteriorações específicas na organização das formas gráficas, capazes de se converter em indicadores diagnósticos de tais quadros.

A justificativa que a teoria da forma pode trazer para explicar as diferenças de nível na realização das figuras é que, enquanto a percepção se organiza a partir do todo, que é captado de maneira imediata e intuitiva, a execução deve analisar este todo desmembrando-o em suas partes, uma vez que o desenho não pode ocorrer de uma só vez, mas deve ser desenvolvido no tempo, parte por parte. A análise do todo formal e a coordenação dos movimentos respectivos para conseguir sua reestruturação dependeriam estreitamente do sistema neuromuscular e este, por sua vez, da maturidade e do treinamento.

72 Psicometria Genética

Assim pois, ainda que a percepção, através de suas leis, forneça padrões de organização ao movimento, a necessidade analítica deste faz com que, nem no adulto, a representação gráfica, ou seja, a cópia, possa ser idêntica ao modelo, nem à sua percepção. Realmente, se tomamos várias folhas com desenhos exatamente iguais ao original e outros aproximados ao mesmo, conforme as reproduções mais freqüentes na criança pequena, esta desde os quatro anos, distinguirá com facilidade os que correspondem ao modelo, do ponto de vista da percepção, comparando as formas respectivas por regulação. Então, a diferença entre o modelo e a cópia é dada, não por uma imaturidade perceptiva, mas por uma imaturidade na adequação perceptivo-motriz, devido a uma análise deficiente dos índices perceptivos, suprimidos para fins de reprodução.

A partir do ponto de vista da autora, a análise da execução das figuras está centrada sobre os elementos que o sujeito pode considerar e a maneira como os integra para voltar a organizar a forma, pelas coordenações motoras. Porém, consideradas desta maneira, ficam sem explicação muitas dos padrões de comportamento evidenciados no exame atento da evolução infantil na execução de cada figura. Trataremos em seguida de explicar as mudanças observadas de acordo com as contribuições feitas pela escola genética sobre a possibilidade de construir imagens e reproduzi-las graficamente.

Recordemos brevemente que a imagem espacial tem, para Piaget, uma origem fundamentalmente motora, já que provém da internalização dos esquemas motores. Esta internalização é, sobretudo, um esforço de acomodação que se dá precocemente na imitação diferida. Assim pois, quando o sujeito percorre com o olhar o contorno da figura a ser copiada, assimila tais movimentos a esquemas de ação já internalizados, ou seja, às imagens de tais movimentos que podem ser desencadeados novamente, dando lugar à reprodução ativa. Contudo, o nível da imagem representada não poderia explicar por si mesmo a evolução cada vez mais crescente da cópia e a possibilidade para a criança de conseguir representar elementos e relações antes ignoradas, como são a síntese e o ponto. Na verdade, certos padrões de comportamento só podem ser adquiridos por meio de uma operação conceitual e, portanto, reversível, que integre o nível espacial, mas que não se esgote nele.

Antes de começar a análise dos padrões de comportamento vamos descrever brevemente a prova e as condições de sua administração, as quais variam notavelmente, pois pela falta de indícios claros da autora, suas normas são transmitidas geralmente por tradição oral. Certamente a abordagem que oferecemos só é preferível para nosso propósito de tornar mais claras as características evolutivas, podendo ser variada com outros objetivos de investigação.

O teste visomotor de Lauretta Bender 73

A. Material: Compõe-se de nove cartões brancos de 16 cm por 12 cm, em cada um dos quais aparece desenhado em preto uma figura geométrica complexa e sem significado. A primeira é designada com a letra A e as demais são numeradas de 1 a 8, ánotação que aparece no verso do cartão. Necessita-se também de um lápis preto — cujo grafite seja suficientemente macio para marcar um ponto por contato[1] e do qual convém ter reserva — e papel branco tamanho carta ou desenho. É importante que o nível da mesa esteja só um pouco acima da cintura da criança, facilitando assim sua visão e seus movimentos. O examinador deve munir-se do material necessário para as anotações pertinentes.

Não aconselhamos o uso de borracha, porque costuma produzir um aumento de ansiedade que deteriora o rendimento; preferimos estimular a repetição da figura, conservando assim a primeira versão.

Outro detalhe material que pode dificultar a análise do protocolo é que a execução tenha sido feita sobre uma superfície rugosa, geralmente a própria mesa, que se traduz em um traço trêmulo. É aconselhável o uso de uma base de cartão sob a folha de papel.

B. Procedimento: O examinador e o sujeito sentam-se frente a frente. O examinador coloca a folha verticalmente[2] diante do sujeito e à sua direita o lápis. Esta posição da folha, por ser clássica no desenho, libera a criança do estereótipo familiar da folha escolar, no qual a distribuição do material segue uma ordem estabelecida. O maço de cartões se encontra ordenado, voltado para baixo, tal que ao virar cada um fica corretamente disposto para o sujeito. A correta disposição prévia dos cartões é importante pois, do contrário, pode ser considerada como inversão do sujeito, simples cópias de modelos apresentados invertidos. Os cartões são virados um a um, cada vez que a criança demonstra ter terminado sua execução anterior.

C. Instruções: Ao mostrar o primeiro modelo (A), diz-se ao sujeito: "Você vai copiar esta figura o mais parecido que puder nesta folha". Uma vez copiado o primeiro modelo, acrescenta-se: "Agora eu vou lhe mostrar uma a uma mais estas oito figuras e você vai copiá-las, todas nesta folha, o mais parecido que puder". Não se faz alusão ao número de cartões antes do segundo, para poder observar a localização espontânea da figura na folha. Contudo é melhor não enfatizar diretamente o fato de que tem que caber na mesma folha, pois esta instrução favorece a micrografia. No caso de faltar espaço para realizar as figuras proporcionam-se à criança as folhas de que necessite. O sujeito não pode, em nenhum caso, manipular o modelo, nem

---

1 N.T. Lápis nº 2.
2 O eixo mais longo na vertical. (N. T.)

74   Psicometria Genética

girá-lo, mas sim deslocar e girar sua própria folha com o objetivo de adequar
seus movimentos. Se reconhece um erro ou pede borracha, oferece-se a ele
"você pode fazer outra vez", porém não em outro caso. Todas as perguntas
diretamente relacionadas ao estímulo são respondidas com: "o mais parecido que você puder", "como você achar melhor"; assim, por exemplo, diante
da figura 1 costumam perguntar: "faço pontinhos?", ou na 5, se tornam
concreto: "é uma bomba de chá mate?".

Talvez a pergunta mais difícil de responder ao sujeito seja: "está certo?",
pois a falta de resposta pode confundi-lo e a afirmativa pode levá-lo à
perseveração de certa disposição. Geralmente um gesto amável e uma
resposta tangencial como "já veremos" ou mais diretamente, "é preciso
terminar de fazer todas para saber", podem salvar a situação. Um "você fez
muito bem" não é nocivo, sempre que se ajuste à verdade.

É necessário voltar a repetir aquelas figuras que apresentem um traço
patológico isolado, que poderia ser circunstancial, como por exemplo,
quando só uma figura foi realizada de forma invertida.

D. Anotação: Durante a execução é necessário que o examinador registre
certas formas do comportamento que não ficam claras no protocolo, tais
como qual a direção dos traçados, a ordem de execução das subformas, a
recontagem dos pontos. Estas anotações devem ser rápidas e sintéticas, de
maneira que não dificultem a relação com o sujeito e permitem observar
atentamente sua postura, tônus muscular, movimentos secundários, hábitos
motores, detalhes que são acrescentados imediatamente após a prova ter sido
administrada.

Para haver maior economia de anotação pode-se conservar só as condutas
não comuns, tal como a realização do losango antes do círculo na figura A,
que se descreve como A) 2–1. As direções do traçado são indicadas com
flechas e as rotações das figuras ou da folha em graus e sentidos.

Análise de itens

A tarefa proposta aos sujeitos pela prova de Bender é a de copiar um
modelo pré-estruturado. Do ponto de vista psicológico, trata-se da organização de uma série de movimentos articulados, em função de uma totalidade
percebida visualmente. Assim, cada movimento não está relacionado com
uma parte atômica do percebido, mas obedece a uma organização complexa
e global do campo motor, isomorfa com a configuração do campo perceptivo. Assim, para entender a conversão da percepção de movimento seriado é
necessário pensar tanto o percebido como o executado em termos de totali-

O teste visomotor de Lauretta Bender

dades, isto é, como sistemas coerentes cujas partes têm sentido em função do todo. A captação da totalidade se dá de uma maneira total, imediata e intuitiva (*insight*), e de acordo com certas leis de organização formal, como a lei da boa forma, a lei do fechamento, a lei da menor distância, etc.

Do ponto de vista genético, contudo, esta captação não aparece tão imediata e menos ainda apriorística, pois a criança deve percorrer um longo caminho para elaborar aqueles esquemas que permitam copiar corretamente os modelos. A cópia pode ser entendida como uma imitação, e este é um processo adaptativo com dois momentos, o da acomodação, que predomina na elaboração das imagens, e o da assimilação, que predomina no momento da reprodução (assimilação de reconhecimento). Por serem as figuras de Bender complexas e originais, a adaptação se dará como síntese de ambas as dimensões de um mesmo processo. Quando a criança olha o modelo realiza múltiplos movimentos oculares que assimila em seu conjunto a esquemas de ação já interiorizados, que supõem, no nível representativo, constelações de atividades semelhantes incluídas na própria realização prática. Todavia será necessário coordenar estas representações, exercendo sobre elas operações reversíveis para chegar a realizar imitações cada vez mais corretas. Veremos agora, figura por figura, os detalhes desta evolução.

Em resumo, a cópia de um modelo gráfico supõe uma atividade estruturante que pode ser interpretada:

a) Em seu aspecto morfológico, de acordo com uma legalidade formal enunciada como as leis da forma e a suposição de um isomorfismo entre totalidades físicas, ou seja, no nível do estímulo; fisioneurológica, isto é, no nível da organização do movimento; e perceptiva ou mental. É esse isomorfismo que garante a fidelidade da cópia, pois não se postula a integração de níveis em um processo único.

b) Em seu aspecto lógico, na suposição de uma legalidade estrutural do pensamento isomorfa com a que aplica toda a atividade mental em seu próprio processo. Prefere-se falar aqui de isomorfismo e não de relações causais, pois certa estrutura não se constitui por causa de um comportamento peculiar, mas o implica em forma dialética, pois é precisamente através de tais comportamentos que essas estruturas se constituem.

c) Em seu aspecto pessoal ou projetivo no qual o modelo como objeto, no todo ou em suas partes, funciona como um símbolo de uma pulsão projetada na reprodução. Também é possível aqui falar de isomorfismos que possibilitam a interpretação profunda, isto é, a tradução para um dado explícito de seu conteúdo latente.

76 Psicometria Genética

Contudo, as análises da projeções geralmente se verificam no exemplar clínico e não se têm realizado interpretações sistemáticas de certos comportamentos comuns para uma idade, como seria a falta de síntese na figura A ou a ausência de proporção, no nível das catexis.

Vamos determinar os distintos níveis de execução para cada figura, procurando justificar a passagem de um para outro.

Observamos, por um lado, como a falta de reversibilidade não permite à criança pequena voltar a juntar as subformas, uma vez discriminada a dualidade (esquema da dupla ação do tateio sobre o original); por outro lado, como um esquema de ação circular assimila todos os movimentos de contorno fechado, portanto o círculo e o losango serão equivalentes para a representação. Em resumo, aos quatro anos a criança distingue a dualidade e as figuras fechadas.

Figura A. Quatro anos.

Aos quatro anos as crianças desenham duas figuras fechadas e separadas.

Aos cinco anos estabelece a diferença entre o quadrado e o círculo, pois entra no subestádio da descentração intuitiva que lhe permite discriminar no espaço a mudança de direções horizontais e verticais com coordenação simultânea de ambas. É a mesma estrutura que lhe permite a conservação de quantidades pela conciliação da altura e da largura na prova dos vasos e das contas.

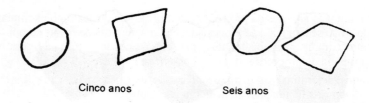

Cinco anos   Seis anos

Figura A

A rotação do quadrado vai se tornando comum aos seis anos, idade na qual um começo de sistematização do espaço permite unir dois de seus pontos quaisquer por meio de uma linha reta. Recordemos que, quando a criança é estimulada a colocar entre dois "postes", situados distintamente, alguns outros e quando a tarefa fica limitada por referências verticais e horizontais (como ocorre na folha de protocolo) ela executa o seguinte:

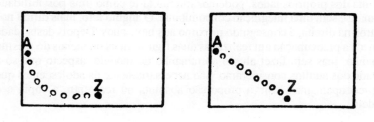

Gravura 8

E isto se explica, porque a oblíqua supõe uma construção sistemática do espaço com relações próprias que escapam às dos objetos individuais. Para a criança pequena o objeto a ser copiado é um "quadrado"; depois dos seis anos importa a posição desse quadrado, isto é, o aspecto ou a forma "de ponta".

Talvez seja mais evidente a diferença entre a criança em sua etapa intuitiva, que permanece nas regularidades do objeto em si, e a criança maior que, superando seu egocentrismo, é capaz de relacionar cada objeto com o espaço em sua totalidade no exemplo da experiência dos frascos, cuja instrução é a seguinte: "Olhe onde a tinta chega no frasco (a), e desenhe ao lado como vai ficar a tinta quando se inclinar o frasco". A figura mostra a execução aos 5 e aos 9 anos de idade:

Gráfico 9

A síntese das duas subformas é conseguida adequadamente aos sete anos, pois mesmo quando aparece freqüentemente em outras idades, sua presença é casual; agora, em compensação, a reversão operatória garante o retorno ao ponto de partida da análise.

As mudanças de direção no espaço continuam sendo para a criança uma dificuldade que supera lentamente. Na época de transição de sete para oito anos são freqüentes os ângulos acrescentados, como se fosse alguma coisa distinta dos próprios lados; podemos interpretá-lo como uma possibilidade de análise sem uma integração concomitante. O ângulo reto, mais difícil nos destros na direita, é conseguido próximo aos nove anos. Depois desta idade começa a preocupação em realizar as duas figuras mais ou menos do mesmo tamanho, mas sem fazer alusão ao tamanho do modelo, aspecto que só a metade dos adultos considerarão. São necessariamente os adolescentes que se preocupam mais com a proporção absoluta ou real entre a cópia e o modelo.

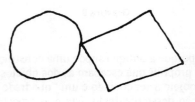

Sete anos
Figura A

Aos três anos um bom número de crianças faz uma chuva de pontos, assimilando os do modelo às marcas deixadas pelo movimento de pontilhado. Assim a visão do pontilhado desencadeia o esquema de ação respectivo que a criança em geral realiza com entusiasmo e as características de circularidade da atividade sensório-motora.

O teste visomotor de Lauretta Bender

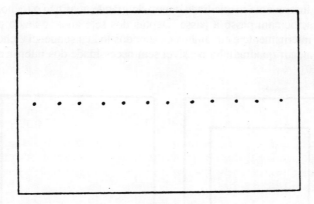

Figura 1

Aos quatro e aos cinco anos o ponto vai ser representado por círculos cada vez menores. Na verdade, o movimento de tateio do olhar ao redor do ponto é circular e, portanto, assimilado a um esquema de ação equivalente.

Figura 1

Próximo aos seis anos o círculo é preenchido, colocando-se em evidência o caráter pré-conceptual e quase simbólico desta representação do ponto. Na verdade, trata-se de um círculo "disfarçado" de ponto, uma junção de dois caracteres configurais descentrados intuitivamente.

Dos seis aos sete anos de forma ocasional e mais claramente próximo aos oito, a criança executa um ponto que corresponde a um conceito concreto, isto é, a um conceito que provém de uma operação reversível; neste caso a seriação por tamanhos, o que confere ao ponto seu caráter de mínimo ou "o mais pequenininho que se pode fazer". Recordemos a propósito aquela experiência de Piaget, cuja tarefa consiste em realizar o menor quadrado possível dentro de outro de 8 cm por 8 cm: as crianças menores, antes dos seis anos, inscrevem um quadrado dentro do grande, mas não o menor, uma vez que raciocinam passo a passo. Depois dos sete anos, quando podem percorrer internamente e em ambos os sentidos toda a seqüência, chegarão a fazer o menor quadradinho possível sem necessidade dos intermediários (gráfico 10).

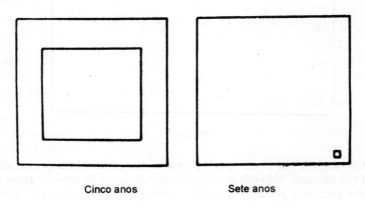

Cinco anos   Sete anos

Gráfico 10

Além da análise particular do elemento em forma de ponto, a figura 1 nos propõe o problema do número. Já sabemos que as crianças pequenas confundem quantidade com espaço e que procurarão fazer pontos até ocupar um espaço aproximado ao do modelo, sem prestar atenção ao intervalo entre os pontos. Com o início da escolaridade as crianças procuram contar os pontos, mas começarão várias vezes pelo princípio, procurando conservar a relação um a um e não conjunto a conjunto, faltando contudo a coordenação entre a classe e a série. A esse respeito recordamos esse episódio tão ilustrativo, narrado por P. Gréco em *Structures numériques élémentaires,* na qual uma criança de quatro anos ocupada em pôr a mesa para quatro pessoas, ia e voltava do armário à mesa colocando os pratos um a um. Um ano mais tarde podia levar diretamente os quatro pratos em uma viagem, com a segurança da correspondência exata. Contudo, a presença de uma visita a obriga novamente a começar pelo princípio, indo e vindo com cada prato. Um pouco mais tarde uma nova visita não a pegará de surpresa, leva os pratos para a família e volta para buscar o restante. Aos seis, poderão vir até duas visitas; a criança contará os comensais antes de ir ao armário. Na figura que examinamos, este processo se cumprirá amplamente aos nove anos. A conduta comum nesta idade é contar os pontos no original e depois realizar em série o conjunto exato, em um só comportamento operatório.

Aos 11 anos há preocupação em manter o intervalo estável entre os pontos, ainda que não seja aquele que por seu tamanho corresponde ao original. Os adolescentes costumam observar a diferença entre os intervalos, fato que facilita a percepção dos pontos por pares, mas somente a metade dos adultos a verificam, razão pela qual não se pode considerar como padrão de maturidade, mas de acuidade perceptiva, dado que a diferença entre o intervalo maior e o menor está no limiar. De qualquer forma, é difícil encontrar pares de pontos antes dos onze anos, e isso porque não se trata só de observar o dado, mas de organizar a série completa de pontos segundo esta nova relação, a qual supõe uma coordenação de operações reversíveis, e ela mesma reversível. Na verdade, pegar uma série de um em um, conservando-a como um conjunto, variar suas relações de dois em dois, é uma conduta que a escolaridade estereotipa na verbalização das escalas desde os sete anos, mas sua aplicação e integração aos problemas práticos é feita muito mais tardiamente.

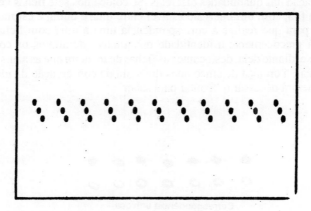

Figura 2

Aos quatro anos a criança realiza duas ou três filas de elementos circulares em sentido horizontal, da esquerda para a direita. Os elementos são grandes, executados no sentido dos ponteiros do relógio, e seu número escasso, pois a quantidade dos elementos está assimilada ao lugar que ocupam no espaço.

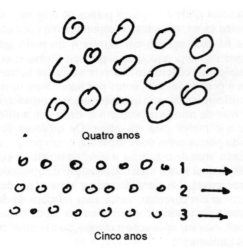

Cabe recordar aqui a famosa experiência de Piaget e Szeminska sobre a conservação das quantidades discretas. Se colocamos sete fichas vermelhas em uma fila, com um intervalo estável entre uma e outra, e estimulamos a criança para que realize a correspondência uma a uma com fichas azuis, admitirá precocemente a identidade quantitativa de ambos os conjuntos. Porém, se, diante dela, deslocamos as fichas de maneira que as azuis ocupem mais lugar, a criança de cinco anos duvidará da conservação da identidade e considerará necessário "contar para saber".

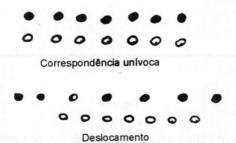

Gráfico 11

Assim, aos cinco, a criança manterá a correspondência entre os elementos de uma fila e outra procurando construir simultaneamente filas e fileiras, todavia dando prioridade à horizontal e regulando a distribuição a partir dela, mas descentrando pouco depois a vertical. Dos seis aos sete anos, a execução vertical dos elementos que estão mais próximos garante para a criança ao mesmo tempo a conservação da figura total em três filas, dada a reversibilidade que as possibilidades operatórias imprimem à construção de relações espaciais. Nesta idade, além disso, o sentido é sinistrógiro, uma vez definida a lateralidade e adquirida a influência cultural da orientação geral da escrita da esquerda para a direita.

Depois a criança procurará realizar as fileiras de forma oblíqua. Em um período de transição só a primeira fileira, que foi comparada com as bordas da lâmina ficará oblíqua, mas o paralelismo das demais faz confundir o ponto de referência e serão traçadas verticalmente. As crianças de seis anos explicam sua execução dizendo: "A primeira está torta, mas as demais são todas iguais (e portanto retas)". Aos oito anos a conservação do paralelismo oblíquo se torna mais eficiente, no sentido de que a criança passa à construção de um espaço euclidiano no qual toda orientação é relativa a um sistema: no caso da folha de desenho ao sistema definido pela referência vertical e horizontal das bordas. Assim, a criança de oito anos diz: "Se a primeira fica torta para esse lado, todas as demais têm que ficar igualmente tortas".

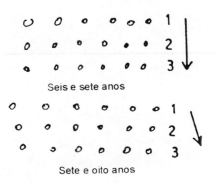

Figura 2

Quanto à conservação do número de elementos nesta figura ocorrerá um fato notável: as crianças de sete anos contam todos os pontos e não as fileiras, o que lhes dificulta notavelmente o controle da tarefa, dado que, depois da realização de cada uma, voltam a contar desde o princípio. É evidente que a conservação do todo na multiplicação de filas por fileiras não se dá nestes casos, porém encontramos a operação francamente adquirida aos nove anos, idade na qual conta as fileiras e sua execução de três elementos garantirá a ela a igualdade de todo o conjunto.

Ainda que o paralelismo na obliqüidade seja uma característica lábil, suscetível de perder-se durante a própria execução da prova, a atenção à conservação dos intervalos vai melhorar consideravelmente a execução nos púberes, que, ao entrar no último período das operações concretas, prestam atenção especialmente às questões de proporção e unidade de medida.

Na figura 3 os elementos em forma de pontos seguem o processo já explicado, porém como entram para fazer parte de uma organização mais complexa, as diferentes aquisições são feitas com certo atraso em relação às respostas da figura 1. Até os seis anos a criança representa uma constelação mais ou menos confusa sem observar a forma total. Na verdade, ao supor esta como uma série de conjuntos ordenados, a imagem respectiva suporia uma operação simultânea de classificação e seriação através da qual se poderia interpretar o sentido da configuração. Por isso, a partir dos seis anos, as crianças discriminam quatro grupos verticais, sem indicar, em muitos casos, uma progressão crescente no número dos elementos, aspecto que caracteriza os sete anos. Esta progressão vai adquirindo a equivalência exata, a princípio, pela recontagem conjunto a conjunto; depois aos nove anos, por execução ininterrupta da série (um, três, cinco, sete), determinada de antemão.

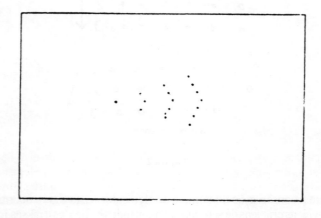

Figura 3

É interessante seguir, nesta figura, a evolução da angulação, por se tratar de um ângulo formado por elementos descontínuos e ser dada sua orientação, o mais difícil de compor do ponto de vista da maturidade neuro-motora.

Da mesma maneira que se comparamos a oblíqua na figura A, com a oblíqua na figura 2, não encontramos diferenças genéticas notáveis entre a execução com elementos contínuos ou com descontínuos, justamente porque se trata de uma imagem constituída em um nível operatório, conceptual, e não simplesmente motor, assim a angulação, como a mudança de orientação das retas, não deixará ver diferenças importantes entre a execução contínua e a discreta, embora esta última tornará os problemas mais claros.

Na verdade, a criança pequena, mesmo que esboce a oblíqua não pode integrar a mudança de direção. A reversibilidade necessária para confeccionar um ângulo percorrendo um caminho contrário e simétrico ao dado, é evidente, e a criança pequena, movendo-se passo a passo não poderá realizá-lo. Portanto, logo que completa 7 anos, há tentativas de mudança de direção, ainda que dela resultem arcos, por deformação dos esquemas perceptivos.

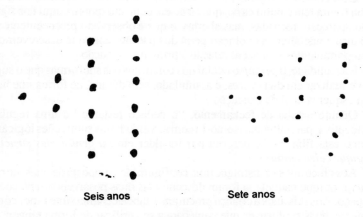

Seis anos   Sete anos

Figura 3

Na realidade, a angulação se define com a determinação do eixo horizontal da figura, e a consideração dos intervalos, tanto entre os elementos de uma mesma fileira, como entre os que separam os pontos centrais formando um eixo. Todos estes aspectos, que supõem uma coordenação simultânea de diversos esquemas, tanto métricos (unidade de intervalo), como infralógicos (simetria), fazem com que esta figura se torne muito rica no diagnóstico de crianças maiores e adolescentes.

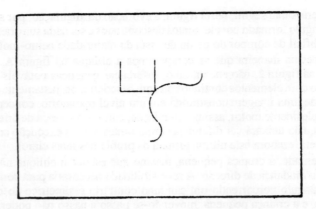

Figura 4

Observando as figuras A e 4, vemos que têm certos elementos comuns, uma figura reta e outra curva que estão em contacto; porém, aqui tais figuras não aparecem fechadas, mas abertas, o que é observado precocemente pela criança e não altera a evolução geral dos padrões com que descrevemos os comportamentos gerais em relação à primeira execução.

Na realidade, o percurso ocular dos contornos das subformas que o sujeito deve realizar em duas vezes, é assimilado, sem dúvida, de forma imediata a um esquema dual de execução.

Quanto à falta de fechamento, "o pedaço restante" é uma regulação perceptiva, parcialmente isomorfa com as verdadeiras subtrações lógicas, tal como esta filiação foi descrita por Inhelder em *La genêse des structures logiques élémentaires*.

Aos cinco anos se distingue uma configuração composta de retas, de outra curva, porque naquela já foram descentradas duas possíveis orientações no espaço. Aos seis anos a criança procurará estabelecer uma síntese por contato entre as duas subformas, que começará a se verificar de forma tangencial a qualquer dos dois lados, já que o vértice ainda não é, para a criança, um ponto de referência e, além disso, não pode girar obliquamente o sentido do sino.

Dos sete aos oito anos a posição relativa do sino é correta, indicando-nos que a obliqüidade é toda uma construção espacial e não simplesmente uma referência linear. Contudo, ainda não foi alcançada a simetria dos dois lados em relação a um eixo bissetriz que continuaria idealmente a diagonal do quadrado. Isto supõe a simetria na subforma que constitui uma operação infralógica, não adquirível antes dos dez anos, sobretudo se se considera o esforço de antecipação requerida para conseguir a síntese.

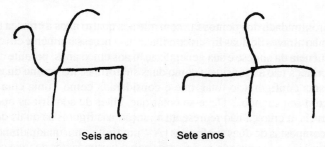

Seis anos   Sete anos

Figura 4

Outro aspecto a ser considerado na cópia do modelo 4 são as ondas que completam o sino, na realidade composta por três de direção distinta. A dificuldade de seu traçado, que analisaremos com mais detalhe para a figura 6, é evitada pelas crianças pela diminuição do tamanho e a profundidade das ondas pequenas, fugindo assim da necessidade de uma mudança na direção do traçado.

Aos onze anos, aproximadamente, esta figura é realizada corretamente, já que a criança se preocupa com o tamanho relativo das subformas e suas partes, porque graças à coordenação de operações reversíveis pode aplicar relações métricas e proporcionais ao espaço.

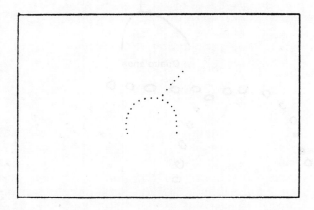

Figura 5

A proximidade dos pontos faz com que aos quatro anos a criança execute o desenho através de duas linhas contínuas, não necessariamente em contato. A freqüência da síntese e sua generalização aos cinco anos, permite concluir que a criança não as considera como duas subformas, mas como duas partes da mesma configuração total, que é considerada como "uma cuia de chá mate com seu canudo". Deve-se notar que, antes de adquirir as operações reversíveis, a criança não representa a junção nas figuras às quais descreve como compostas de duas subformas (A: "uma bola e um quadradinho"); em compensação o faz quando as descreve como participantes de uma configuração com relação de parte para todo (5: "um arco com um palito").

Desde os cinco anos a evolução do elemento em forma de pontos é comum nas outras figuras nas quais intervêm, mas sua quantidade facilita a deterioração rápida em períodos de transição; assim aos sete e oito anos será freqüente ver em um mesmo protocolo, na figura 5, pontos pré-conceptuais, conceituais e até pequenos círculos.

Aos sete anos, como vimos, a oblíqua se orienta corretamente, melhorando seu ângulo de intersecção.

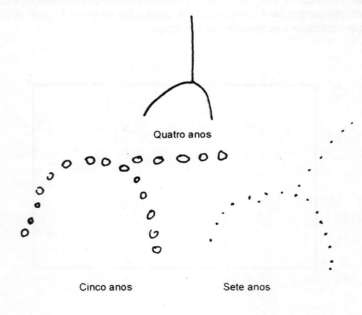

Figura 5

Aos nove anos, a intenção de respeitar o número real de pontos costuma deformar o desenho, ainda que rapidamente a criança procure conciliar a quantidade de pontos e o espaço a ser coberto pela noção de intervalos entre pontos. Esta noção de intervalo e sua conservação é uma aquisição definitiva aos onze anos, tanto para o tempo, como para o espaço, graças às primeiras coordenações entre operações.

Quanto à figura 6, aos quatro anos a criança percorre com sua vista — obrigatoriamente mediante dois movimentos — as linhas onduladas da figura. Estes movimentos são assimilados a esquemas de dualidade e linearidade, por assim dizer. Por isso a representação consistirá em duas linhas paralelas.

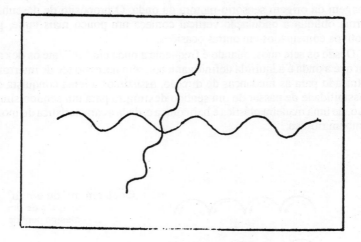

Figura 6

Porém aos cinco anos são produzidos mecanismos de descentração intuitiva que permitirão no espacial a execução de uma cruz, podendo a criança traçar uma linha no sentido horizontal e, conservando-a, adotar o sentido oposto. Trata-se contudo de um processo regulador, evidente nas experiências de conservação, seja a da massa que se deforma comprimento pela largura. A resposta pré-lógica, mas já de conservação, procura compensar o comprimento com o "fininho". Dessa maneira intuitiva e contudo assistemática a criança de cinco anos pode integrar os dois sentidos na execução da cruz.

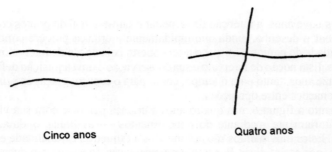

Cinco anos   Quatro anos

Figura 6

Aos seis anos encontramos ondas em ponta e ondas leves que não admitem mudanças de direção, mas que, de forma achatada, expressam a imagem da origem sensório-motora da onda. O propósito de desenhar de forma oblíqua a ondulação vertical começa um pouco mais tarde, pelos motivos comentados em outras ocasiões.

Desde os sete anos, quando é freqüente a onda em "m", até os dez anos, em que a onda é adquirida definitivamente, sem necessidade de interromper o traçado para as mudanças de direção, assistimos à lenta conquista desta possibilidade de passar de um sentido dextrógiro para um sentido sinistrógiro, de uma maneira plástica e harmônica e, dada a característica do modelo, também rítmica.

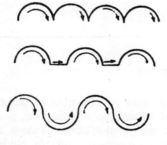

Onda em "m" ou em "u"
repetição de um
mesmo sentido

Onda em "r"
transição

Ondas verdadeiras
alternância
de sentido

Gráfico 12

A aquisição da onda no sentido vertical é um ano mais tardia e promove freqüentes rotações posturais ou das folhas de protocolo para melhorar a execução.

Quanto ao número de ondas, esta determinação se torna notável aos nove anos, embora os púberes recentes levem em consideração em que parte da onda começa o desenho e em qual se realiza a cruz, mediante um esforço para coordenar "aquilo que o desenho mostra" com o "estado no qual mostra". As crianças desenham ondas, mas o púbere procura desenhar essas ondas. É o que se tem chamado "visão" em desenho ou visualização do modelo como superação da etapa realista, para a qual o modelo é só o sinal de uma representação. É o começo da valorização do possível sobre o real que fundamenta a mudança que o adolescente sofre em sua interpretação do mundo; portanto, frente a um modelo gráfico serão valiosos para ele todos aqueles indícios que lhe permitam conseguir produzir essa figura da maneira peculiar — uma vez que há muitas outras possíveis.

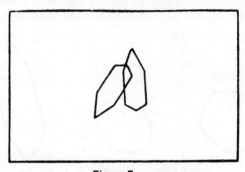

Figura 7

Figura 8

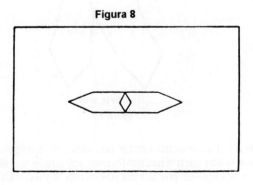

Se observarmos atentamente veremos que a figura 7 e a figura 8 são integradas por subformas idênticas, mas configurando em cada caso uma síntese distinta, que por sua vez determinará análises bastante diferentes.

No caso da figura 7, aos quatro anos a criança já desenha duas figuras fechadas, circulares e, apesar das diferenças do modelo, a reprodução será semelhante à da figura A. Em compensação será extremamente distinta daquela da figura 8, com o que se confirma que o todo percebido conduz por sua estruturação particular a certo tipo de análise, e não são as subformas — neste caso idênticas — que se separam, mas as mais fortes, como por exemplo no caso da 8, o losango fechado produto da superposição. Piaget corrigiria só o sentido da definição da pregnância, enfatizando seu caráter não-apriorístico, mas resultante das leis probabilísticas do tateio sensorial ativo.

Aos cinco anos, e pelo domínio crescente do espaço intuitivo, a criança faz ovais orientadas verticalmente, as quais converte paulatinamente em poliláteros aos seis anos, enquanto que aos sete chega a sobrepô-los quando uma operação reversível lhe permite retornar ao ponto de partida da análise.

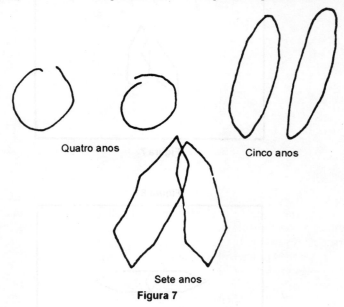

Figura 7

A partir desta idade executa hexágonos, embora os ângulos ainda fiquem arredondados e falte simetria nas subformas, sobretudo nos ângulos obtusos, que tendem a achatar-se por ser menos nítida a mudança de direção. A

O teste visomotor de Lauretta Bender

superposição que se inaugura aos sete anos, a princípio não leva em conta, que um dos hexágonos é oblíquo, o que logo será evidente para ela. De qualquer maneira não é possível esperar uma superposição exata antes dos dez anos, pois requer a coordenação de vários fatores. Assim, a falta de paralelismo entre os lados maiores contribui para deteriorar o desenho nas idades inferiores, enquanto que depois dos dez anos a integração de diversos esquemas operatórios e reversíveis como o paralelismo, a simetria, a proporção, melhoram notavelmente o rendimento.

Nestas subformas aparece uma diferença um pouco acima do limiar entre os lados do ângulo superior e os do inferior, que é constatada pelos adolescentes que procuram, além disso, conservar as proporções do original. Ver página 91.

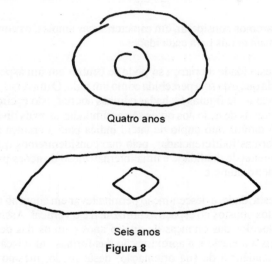

Figura 8

Aos quatro anos, dando primazia aos movimentos concêntricos do contorno, a criança desenha efetivamente, um círculo que inclui outro. Como vemos, a noção topológica de inclusão é muito elementar, pois se organiza a partir de esquemas básicos de constituição de objeto no nível sensório-motor e sua representação se internaliza a partir de ações de pôr e tirar e a pertinência inclusiva já dada na percepção.

Aos cinco anos, a forma fechada maior adquire sua orientação horizontal porque a criança estabelece comparações entre as duas dimensões descentralizadas. Aos seis anos consegue desenhar um polilátero que se delineia como hexágono irregular um ano mais tarde.

O losango interior aparece desenhado recentemente desse modo — isto é com oblíquas — aos sete anos e se contacta com os lados mais ou menos paralelos do hexágono na linha média. Os contatos entre as subformas são a reversão para o ponto de partida da análise para recompor o original.

Paulatinamente os ângulos vão se aperfeiçoando, com o inconveniente de que obtusos tendem sempre a arredondar-se entre as paralelas, dada sua submissão a uma antecipação reguladora e não-operatória. Só aos onze anos, quando são coordenados os esquemas infralógicos de simetria e paralelismo, junto com uma métrica de proporções, a figura realizada pode chegar a representar perfeitamente o modelo.

Resumo das características de maturidade por idades.

Procuraremos considerar, em características amplas, os comportamentos de cópia mais gerais para cada idade:

4 anos: Nesta idade a criança só pode se centrar em um aspecto parcial da figura ainda que esta seja percebida como um todo. O universo gráfico parece conter unicamente figuras fechadas e linhas abertas, isto é, círculos e riscos, como esquemas de ação aos quais são assimiladas as mais diversas possibilidades. O movimento duplo de tateio indica para a criança a presença de duas subformas indiferenciadas, pelo que consideraremos que a aquisição de um esquema de dualidade é uma internalização de ações próximas e não um verdadeiro número.

5 anos: Nesta idade, a descentração permite levar em conta ao mesmo tempo dois sentidos opostos no espaço: o horizontal e o vertical. Assim, comparando os protocolos das crianças de quatro anos com os das de cinco, o que chama mais a atenção é a aproximação das formas em relação às originais quanto à tendência de sua orientação; deste modo, mesmo que a representação seja muito rudimentar, não é possível confundi-las.

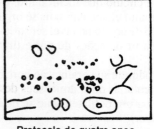 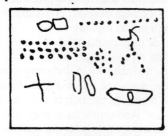

Protocolo de quatro anos   Protocolo de cinco anos
Gráfico 13

6 anos: Já não se trata de determinar posições alternativas no espaço, mas este se torna um sistema completo que possibilita a oblíqua. Entretanto, é comum o ponto pré-conceitual, originado por descentração.

7 anos: A reversibilidade permite a execução de síntese, por contato ou por superposição entre as subformas separadas com o objetivo de analisá-las, e a discriminação de partes. Só equilíbrio operatório garante a conservação do todo considerando, ao mesmo tempo, a relação entre as partes. Além disso, a operação de seriação permite representar uma noção conceitual de ponto.

8 anos: Nesta idade é importante a coordenação da classificação e da seriação, para determinar a noção equilibrada de número como ordenação progressiva de conjuntos inclusivos que permite a execução das figuras de elementos múltiplos sem necessidade da recontagem repetida.

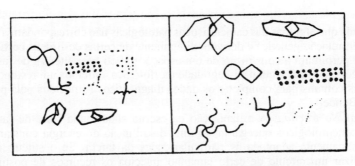

Protocolo de sete anos   Protocolo de nove anos

Gráfico 14

9 anos: O manejo coordenado das possíveis direções e sentidos no espaço permite uma melhoria notável na execução dos ângulos, assim como as primeiras tentativas nas ondas de direção dupla.

10 anos: A conservação dos intervalos indica a preocupação pela medida que caracteriza esta idade. A atividade que tende a estabelecer relações especiais estáveis entre as partes das subformas se torna evidente na conservação das paralelas e no respeito pelos eixos.

96 Psicometria Genética

11 anos: Nesta idade é alcançada a possibilidade de realizar corretamente os ângulos obtusos, cuja dificuldade de reprodução reside na mudança de direção pouco notável. A proporção relativa das figuras, isto é, a preocupação de representar o tamanho das subformas, guardando suas relações mútuas, também é notável na puberdade.

Adultos: Não há diferenças fundamentais entre os protocolos de onze anos e os dos adultos. Só a freqüente referência à realidade visual leva a uma reprodução mais exata do original e à aproximação de seu tamanho verdadeiro.

Apêndice: características patológicas

Ainda que algumas das características patológicas não correspondam a uma interpretação genética e derivem diretamente de certas desordens corticais, que perturbam a construção de um espaço gráfico coerente, ou de fatores psicógenos, que afetam a integridade morfológica, daremos um resumo das mais comuns para completar os dados diagnósticos fornecidos pela prova de Bender:

a) No traçado: A organização da escrita supõe uma série de fatores psiconeurológicos que garantem uma distribuição de energia constante e plasticamente adaptada às particularidades da tarefa. Se o sujeito deve realizar um círculo de certo tamanho antecipa os recursos de postura e pressão em um esforço de acomodação constante. Porém, quando o sujeito apresenta rigidez e arritmia, o traçado fica hipertônico, isto é, marcado fortemente no papel. No caso contrário, quando o lápis apenas roça o papel, podemos falar de labilidade e de traçado hipotônico. As duas características podem aparecer no mesmo protocolo, pois a labilidade cortical e a rigidez se incluem no mesmo quadro. O traçado pode apresentar também a particularidade de estar reforçado; este reforço pode ser normal quando constitui um recurso de esboço prévio à figura, mas pode ser um traço confusional quando engrossa o traçado e o deforma. Outra forma normal de repassar é aquela cujas linhas se separam destruindo a continuidade da escrita, como ocorre nos traçados recortados, descontínuos, que atentam contra a integridade da figura.

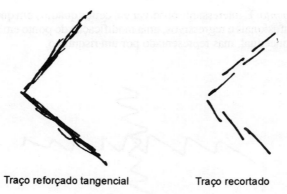

Traço reforçado tangencial   Traço recortado

b) Nos ângulos: Os ângulos supõem uma mudança antecipada na direção do movimento, portanto, a falta de plasticidade se torna muito evidente em sua grafia. Por um lado temos os ângulos incompletos, cujos lados não chegam a se tocar, que pertencem a uma modalidade lábil de reprodução.

Quando a rigidez provém de uma lesão encontramos ângulos em estrela, nos quais se observa a impossibilidade de antecipar a direção do movimento.

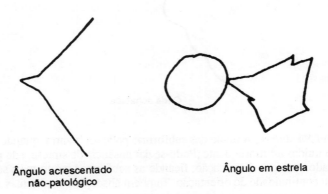

Ângulo acrescentado
não-patológico   Ângulo em estrela

c) Na onda: É o aspecto mais informativo acerca das modalidades da adequação e dos recursos empregados para controlar o traçado. Assim, encontramos ondas em ponta com mudanças bruscas de direção, e ondas achatadas, realizadas em um só movimento ondulatório. Ver desennhos de ondas na página 98.

d) No ponto: É interessante observar em certos quadros em que aparecem traços confusionais e regressivos, uma modificação do ponto em sua expressão pré-conceitual, mas representado por um risquinho.

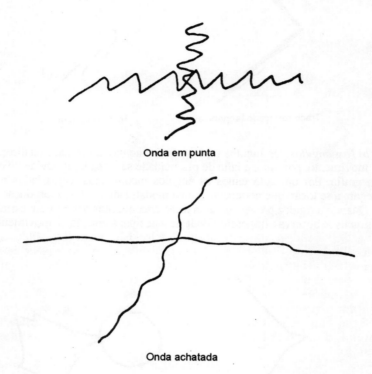

Onda em punta

Onda achatada

e) Na síntese: A união das subformas pode ser bizarra, quando as figuras são unidas arbitrariamente. Pode-se dar ausência de síntese, não por imaturidade, mas por dissociação, ficando as subformas muito mais separadas e sem continuidade de orientação. Também absorções de algumas subformas em outras aparecem como sinal de estupor.

f) Na forma: Sua destruição implica geralmente psicoses orgânicas. No protocolo aparecem as formas abertas, incompletas ou deterioradas com agregados. A forma se conserva nas confabulações, nas quais a figura original passa a integrar a outra figura com ou sem sentido. No concretismo, em compensação, o objeto real que a figura sugeriu ao paciente é desenhado diretamente.

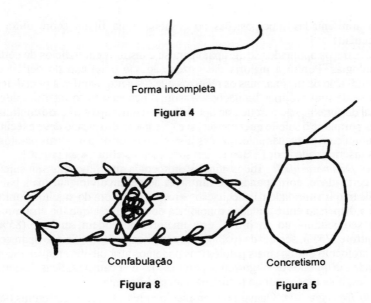

g) Na orientação: A orientação está relacionada com os problemas de lateralidade, isto é, com perturbações devidas à predominância de um hemisfério cerebral sobre o outro no nível motor e no nível perceptivo, sobretudo ocular. Isto se verifica nas inversões chamadas "de espelho" e nos mecanismos de facilitação em períodos de transição, nos quais a criança gira em noventa graus a figura 1 e a figura 4, no sentido dos ponteiros do relógio. A rotação das figuras 1 e 2 como também a da 8, que implica uma inversão da horizontal pela vertical, é mais freqüente nos estados confusionais.

h) No número: Fora do quadro da evolução normal do número, encontramos em certos protocolos uma tendência marcada à continuação estereotipada da tarefa com a repetição de certos elementos, sobretudo dos pontos, de um extremo ao outro da folha. Em compensação, em certos estados de estupor com hipoatividade, a tarefa é interrompida depois de executado o terceiro elemento.

i) Na distribuição: O tamanho das figuras e sua distribuição na folha está em relação direta com o manejo que o sujeito faz de seu corpo e dos objetos, e da integração de seu esquema corporal. A interpretação da micro e da macrografia, a colocação concentrada das figuras em certas partes da folha, etc., pertencem ao domínio da projeção espacial que a grafologia, entre outras técnicas, estuda. Acrescentemos somente que em estados confusionais pode-se dar uma aglutinação de figuras, agravando-se o quadro quando

100 Psicometria Genética

são apresentadas superposições ao desenhar uma figura sobre outra já executada.

Os traços apontados se agrupam para se constituir em indícios de certas patologias. Porém a maioria das vezes não são o reflexo do déficit ou perturbação da mesma, mas os recursos que o sujeito manifesta para defender-se de suas próprias limitações. Assim, o pequeno traço interrompido é sinal de apraxia, não porque este tipo de lesão interrompa o traçado contínuo, mas porque se o sujeito quer conservar a orientação do traçado deve executar a figura com pequenas antecipações. Estes são os principais sinais patológicos discriminados por L. Bender em seus estudos clínicos da prova:

a) De imaturidade: Todos aqueles protocolos que, feitos por um sujeito de certa idade, correspondem a um nível de desenvolvimento mais baixo indicarão imaturidade na adequação perceptivo-motora do sujeito. Conforme a dispersão entre a idade cronológica do sujeito e a que lhe atribuímos por seu rendimento na prova, esta imaturidade poderá ser leve (85%), limítrofe (75%), acentuada (65%), grave (menos de 50%). Se não aparecem no protocolo outros sinais patológicos podemos atribuir-lhe simples imaturidade em quadros de oligofrenia, porém se houver características de outras idades, podemos supor de preferência uma oligotimia.

b) De regressão: Quando um protocolo apresenta certas estruturas bem organizadas junto com outras idades anteriores, diremos que se nota uma tendência à regressão. Por exemplo, quando são feitos pontos definidos na figura 1 e depois são executados como bolinhas, na mesma figura ou em outra.

c) De confusão: As mais graves, de origem orgânica, vão contra a integridade da forma, dissociam suas partes, não têm a síntese, aparecem despedaçadas. Os estados confusionais psicógenos se caracterizam preferivelmente por confabulações, rotações e repasses compulsivos.

d) De rigidez: O protocolo se caracteriza por traçados hipertônicos, ondas em ângulo, vértices mal orientados, ângulos assimétricos, círculos sem fechar, etc. É característico dos epilépticos.

e) De lesão: O traço mais notável é constituído pela execução dos ângulos, especialmente os do losango, em estrela. Também aparecem rotações em espelho e perturbações na conservação dos eixos horizontais. O sujeito costuma girar freqüentemente a folha para adequar-se aos modelos.

f) De labilidade: Caracterizam-se por traçados muito leves, que freqüentemente se perdem antes de concluir a figura. Aparecem então ângulos sem fechamento e ondas achatadas. Porém onde melhor se vê a labilidade — especificamente, em disrítmicos sem manifestações clínicas — é na falta de conservação das paralelas, da orientação e de padrões já adquiridos.

g) De expansividade: Ocorre em todos os estados compulsivos. O sinal predominante é a macrografia, especialmente na figura 6.

h) De estereotipia: Ocorre em todos os quadros de deterioração, incluindo as oligofrenias. Caracterizam-se pela repetição dos elementos de uma figura ou na repetição de toda a figura várias vezes.

i) De perseveração: Distingue-se da estereotipia porque não aparece tão mecânica e compulsivamente, mas antes em estados de ansiedade intensa. Caracteriza-se por repassar os mesmos traçados e pelo uso dos elementos dos modelos anteriores.

Capítulo 6

O desenho da figura humana. A prova de Goodenough

O desenho da figura humana é um dado que aparece em quase todos os diagnósticos psicológicos, quer seja com o objetivo de determinar o nível intelectual do sujeito, quer seja para estabelecer a relação que este tem com seu próprio corpo e, portanto, com os objetos em geral. Ainda que se suponha que este último plano seja claramente projetivo, no sentido de que cada um dos traços se refere simbolicamente a um conteúdo consciente ou inconsciente do Eu, é evidente que os determinantes evolutivos da personalidade influem na transformação dos padrões de realização do desenho, de maneira tal que seu significado psicopatológico varia de acordo com a idade do sujeito.

Realizar uma análise projetiva do desenho da figura humana, sobretudo em crianças, sem considerar a gênese da representação dos diversos traços é correr o risco de confundir patologia com adequação ao objeto. Poderíamos enfatizar aqui um aspecto considerado por Piaget ao analisar o simbolismo inconsciente, segundo o qual os conteúdos e os processos inconscientes não seriam apenas patrimônio da vida emocional, mas que a maior parte da atividade cognitiva é também inconsciente e, na maioria dos casos, só nos damos conta dos resultados de tais processos. Portanto, será impossível na representação de uma figura separar um simbolismo afetivo de um simbolismo cognitivo, toda vez que os traços empregados se acham integrados em esquemas que, por sua vez, constituem-se pela coordenação de esquemas mais simples provenientes da própria atividade do sujeito sobre os objetos. Assim, em certa idade uma criança desenha a seu pai como pouco mais do que dois círculos, com quatro riscos e no entanto coloca-lhe um chapéu. É evidente que este chapéu é o símbolo da masculinidade adulta e convém para

104 Psicometria Genética

uma definição funcional, egocêntrica e configural da determinação intuitiva da diferença sexual. O uso do chapéu no desenho do adulto normal não teria o mesmo valor, mas poderia ser interpretado como recorrência a um sistema intuitivo de expressão.

Em resumo, consideramos que a interpretação de uma representação simbólica deve contemplar o aspecto genético antes de toda consideração das experiências pessoais que se articularam com os esquemas básicos de funcionamento da mente infantil.

Apesar da presença freqüente da figura humana na prática clínica de diagnóstico, é escassa e ambígua a bibliografia que se refere ao tema da constituição e da representação gráfica do chamado esquema corporal. Paul Schilder diz que a imagem do corpo humano é a representação que nós formamos mentalmente de nosso próprio corpo, e isso através de sensações múltiplas que encontram sua unidade através da experiência imediata do esquema coporal. Este esquema se fortaleceria pela conservação de uma identidade através da multiplicidade de posturas, a qual estaria garantida pelos impulsos eferentes intencionais e pelo auto-erotismo. Talvez valesse a pena esclarecer o enquadre genético deste problema, diferenciar entre a origem da subjetividade que se verifica durante todo o transcurso da etapa sensório-motora e o nascimento da imagem que se produz apenas com o início da função semiótica, a partir dos dois anos de idade. Igualmente conviria enfatizar o papel limitado que os dados perceptivos ou sensações podem ter como tais na formação das imagens. Na verdade, como vimos em várias oportunidades, a subjetividade se organiza ao mesmo tempo que o objeto se discrimina como algo que se conserva e se desloca com movimento independente ao do sujeito. Inicialmente a mão "do outro" não se distingue da própria mão, ambas assimiladas ao mesmo esquema de ação pelo qual só a visão do movimento da mão "alheia" desencadeia no bebê o de sua própria mão.

É graças à eficiência prática dos próprios movimentos, que o bebê não só se diferencia dos objetos, mas também diferencia as partes de seu próprio corpo. Assim, no começo, o pequeno se move indiscriminadamente para fazer soar os guizos, que pendem de seu berço e que só os seus pés alcançam. Só muito mais tarde inibirá o movimento dos braços e da cabeça por uma discriminação de tipo pré-causal entre o som e a parte de seu corpo que o produz.

Quando o período sensório-motor termina a criança reconhece várias partes de seu corpo, enquanto que as não visíveis puderam ser determinadas por coordenação dos esquemas, tal como o tátil, conforme a narração clássica da localização da orelha no episódio que a filha de Piaget protagonizou. Isto é, a conservação ou igualdade subjetiva está assimilada ao mesmo esquema que aquele que garante a conservação dos objetos.

O desenho da figura humana. A prova de Goodenough

Evidentemente, as sensações e a percepção trazem indicadores importantes para a constituição das noções corporais, mas apenas pela sua assimilação a esquemas de ação fora dos quais se dão como momentos estáticos que mal poderiam derivar em uma continuidade têmporo-espacial como é a do corpo.

Porém existe uma diferença fundamental entre a constituição da subjetividade à representação do corpo humano se consideramos este corpo como um objeto que é, ao mesmo tempo, alheio e próprio. Na verdade, poderíamos nos perguntar se existe uma imagem do corpo humano próprio distinta da imagem do corpo alheio. Se pensamos que até uma idade de sete anos, nem sequer as referências de posição relativa como a esquerda e a direita são discriminadas para si e para o outro, deduzimos a impossibilidade de estabelecer representativamente um corpo que provenha da pura identidade do Eu corporal. Vemos assim que a criança pequena quando desenha à família usa um mesmo "boneco" para representar a cada um de seus membros, pelo que podemos concluir que a imagem do esquema corporal é uma só e constitui uma integração de referências simbólicas das diversas partes do corpo. A coordenação e integração contínuas dessas partes e sua inclusão em sistemas de referência dinâmicos e reversíveis proporcionarão uma representação cada vez mais rica e mais integrada do ser humano.

Quando uma pessoa quer desenhar a si mesma opta por olhar-se no espelho ou encontrar em si algum detalhe que lhe permita se discriminar; até este ponto o próprio corpo é tratado como alheio na representação.

Em resumo, é necessário separar as noções de esquema do próprio corpo, o qual se integra durante os dois primeiros anos de vida, e a imagem do esquema corporal, que se refere à representação simbólica do objeto corpo.

Segundo F. Goodenough, a criança começa desenhando o que sabe, e esta etapa da representação gráfica recebe o nome de ideoplástica para Verworn e de realismo lógico para Luquet. A criança desenha verdadeiramente o que sabe, mas não tudo o que sabe; assim, uma criança de quatro anos indica o joelho perfeitamente, mas não o inclui no desenho até os onze anos. Na verdade, a alusão ao objeto ou a parte do objeto é puramente indicativa, enquanto a representação gráfica é uma descrição e, portanto, supõe uma antecipação que integra as partes intuitivamente, por regulação passo a passo ou por descentração, ou incluindo-se em uma sistematização infralógica, que supõe uma hierarquização que possa incluir a articulação entre partes de um mesmo membro.

Estes autores citados descrevem, depois de um realismo lógico, um realismo visual ou físico-plástico pelo qual o corpo é representado tal qual se vê sem incorrer em erros de transparência, falta de perspectiva e aparecimento de partes ocultas a partir de um ponto de vista dado. Este realismo visual corresponderia à construção do espaço projetivo, no qual o objeto deixa de ter uma configuração absoluta e passa a depender de uma série de

106   Psicometria Genética

referências que se transformam segundo uma combinatória de todas as possibilidades de disposição de um objeto, com todas as possibilidades do observador.

Em continuação, vamos revisar item por item a Escala de Goodenough para procurar determinar, em termos genéticos, o nível da representação em cada característica e a justificação de seu aparecimento nas diversas etapas do desenvolvimento da criança.

1. Presença de cabeça
A garatuja é uma atividade sensório-motora no sentido de que o movimento imita o do adulto que escreve, mas sem intenção representativa.
Quando o movimento circular é controlado, a criança o usa como representação de todo continente fechado, neste caso a cabeça.

2. Presença de pernas
Já vimos no Bender a aquisição precoce da imagem de continentes cruzados e de linha aberta, bem como também da dualidade como esquema ao qual os movimentos de tateio correspondentes são assimilados. Assim, aparecem as pernas indicadas primeiramente como duas linhas simples. Algumas vezes os braços e as pernas aparecem indiscriminados em "homens polvos" e em outras a síntese entre as pernas e o corpo não se verifica, porém tudo isso ocorre antes dos quatro anos.

3. Presença de braços
Os braços também devem estar em número de dois, mesmo quando, em um primeiro momento, sua articulação com a figura possa ser arbitrária. É necessário considerar a ordem de execução para distinguir o par de pernas do par de braços, pois seu tamanho relativo não é respeitado até muito mais tarde. Um começo de descentração é necessário para que a distribuição topológica acima-abaixo seja coordenada com a indicação simbólica de braços e pernas.

4a. Tronco
O tronco pode ser indicado como um continente ou como uma linha que sustenta a cabeça. Em nenhum caso a criança chama esta linha de pescoço e sua representação do tronco é quase sempre aprendida culturalmente a partir do boneco clássico.

Se em uma forma ovóide vertical são incluídos traços faciais na parte supenor, pode-se considerar que o tronco está diferenciado, ainda que dentro de um mesmo continente.

A diferenciação do tronco e da cabeça poderá ser conectada com uma possibilidade de descentração morfológica, que capacita a criança a integrar

O desenho da figura humana. A prova de Goodenough 107

diversas coleções agrupadas segundo seus continentes respectivos. Assim apareceria a cabeça com suas "coisas": (olhos, nariz, boca) e o tronco com as "suas" (botões, umbigo, etc.).

4b. Tronco mais comprido do que largo
A descentração das duas dimensões do espaço determina desde os quatro aos cinco anos o desenho orientado e corretamente proporcionado no comprimento e na largura, o qual explicaria a disposição correta do tronco.

4c. Ombros perfeitamente indicados
A representação do ombro não é simplesmente a união adequada do braço com o tronco. A criança considera que os dois lados do braço, o interno e o externo, têm o mesmo comprimento e, contudo, ao representar a inserção do braço no tronco, o lado interno do braço se une diretamente com a cava, enquanto que o externo deve ser continuado para chegar a se unir com a linha horizontal que marca o término do tronco. Esta coordenação que graficamente supõe a superposição do ombro e do braço, não pode ser generalizada antes dos dez anos. Goodenough, no entanto, credita um ponto para este item, ainda que um corte marque a separação total do braço, se, no entanto estão indicadas as ombreiras.

Goodenough 4c. 1 ponto

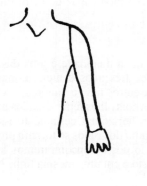 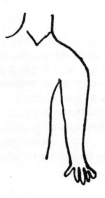

Ombro que implica operatividade lógica
Gravura 14

108   Psicometria Genética

No perfil, o ombro poderá ser considerado como tal, toda vez que for colocado abaixo do pescoço, e seu início estiver indicado entre o peito e as costas. Esta determinação supõe a posição relativa de um objeto anterior e outro posterior e, portanto, pertence a um espaço projetivo que ordena as referências inter-objetais em função do observador.

5a. Braços e pernas unidos ao tronco
Goodenough trata a união dos braços e das pernas ao tronco como um só item. Trata-se aqui de uma coleção funcional que garantiria a união correta a partir dos quatro anos e meio; porém para o 5b, no qual os membros têm que estar unidos ao tronco na posição correta, a união é feita antes da análise e a síntese supõe então a reversão da mesma.

6a. Pescoço
6b. Contorno do pescoço como continuação da cabeça, do tronco ou de ambos
A distinção entre 6a e 6b é uma distinção entre uma transição e uma aquisição. No primeiro caso o pescoço apareceria diferenciado como uma terceira parte entre o tronco e a cabeça. O conhecimento configural que não admite subclasses, mas partes, conduziria a este tipo de desenho montado como um quebra-cabeças. Em compensação, a integração conceitual de um esquema corporal com divisões subgrupais em forma de rede não obriga a desintegração partitiva, mas, pelo contrário, admite a inclusão sistemática verificada, graficamente, neste contorno total capaz de incluir as diversas partes.

7a. Olhos
Conforme expressamos insistentemente, a dualidade é uma das primeiras aquisições que têm lugar a partir dos três anos e meio, como primeira tentativa de configurar numericamente entre "um" e "muitos". Assim, pois, a partir dessa idade as crianças indicam dois olhos representados por grandes círculos geralmente dispostos de forma horizontal, certamente assimilando-os a aberturas. Paulatinamente o tamanho dos olhos se tornará proporcional ao do rosto, e aos quatro anos e meio nós os encontraremos localizados nitidamente na metade superior do rosto e em uma mesma linha horizontal.

7b. Nariz
7c. Boca
O nariz será representado (de forma) perpendicular à boca desde os quatro anos e meio por descentração de ambas as direções. Até esse momento poderão ser encontrados traços, quer seja fechados ou, mais freqüentemente,

O desenho da figura humana. A prova de Goodenough

como linhas que representam boca e nariz em número de dois, mas não em sua orientação real.

7d. Boca e nariz em duas dimensões
No item 7d são considerados dois aspectos distintos. De um lado a representação da boca como união de seus dois lábios, o que supõe a possibilidade de certa classificação de traços em subtraços. Por outro lado, a representação do nariz, tanto por um triângulo como por um ângulo, refere-se a uma tentativa de incluir a terceira dimensão, supondo um ponto de vista exterior ao objeto que entenderia a indicação em ângulo como protuberância.

. A aquisição faz então a codificação do espaço, que permite o desenho em projeção. A socialização que supõe o desenho a partir de um observador colocado em um certo ponto de vista, determina o uso deste recurso no púbere, ainda que possa ser adotado mais cedo por crianças treinadas em desenho.

7e. Orifícios do nariz
O item 7e não é representativo de nenhuma idade em especial e é possível desde os quatro anos e meio.

8a. Cabelos
8b. Cabelos que não excedam a circunferência da cabeça, melhor do que uma simples garatuja e não transparentes.
A diferença entre 8a e 8b se baseia, na realidade, sobre a distinção entre o desenho da cabeça feita de início com uma totalidade, na qual serão aplicados o cabelo, os olhos, etc., e a diferenciação muito mais avançada entre face e cabeça, pela qual a criança marcará em um lado o contorno do cabelo para completar a semicircunferência com que a face ficaria delineada.

Portanto, não podemos esperar uma distinção entre cabeça e face anterior à clara determinação da cintura, por exemplo, como divisão entre tórax e abdômen.

9a. Roupas
A presença de vestimenta aparece primitivamente por uma coloração do tronco ou pela presença de botões na barriga, isto é, por uma relação de parte para todo. Algumas vezes a presença do chapéu, desde os seis anos, constituiria um recurso de diferenciação sexual.

Se o "boneco" é o esquema corporal simplificado, arquétipo de qualquer pessoa, para a criança a roupa vai servir para distinguir classes de pessoas, seja por seu sexo, por sua idade (calça curta), por sua profissão, etc. Por outro lado, a roupa oferece mais possibilidades de ser geometrizada em uma análise do que a figura humana, oferecendo múltiplos pontos de referência;

assim, é muito mais fácil indicar que há pescoço representando o decote, ou que há cintura indicando o cinto do que desenhando os estreitamentos respectivos no contorno da figura. É compreensível que os sapatos sejam muito mais fáceis de desenhar do que os pés.

Para Goodenough, as peças de roupa com valor para o cômputo são, aquelas que não traduzem transparência, pois a transparência indicaria (à parte das conotações patológicas, quando se verifica em idades posteriores) uma transição em que, realizada a descentração, a resultante visual não se consolida, mas as referências simbólicas se superpõem.

10a. Dedos

A indicação de dedos é sumamente precoce, às vezes anterior à indicação do tronco pois, sem dúvida, sua inclusão não provém de uma classificação, mas de uma derivação de gradativa. Em compensação, o número correto de dedos é uma aquisição bastante tardia — ao redor dos nove anos — o que sem dúvida se perde quando os padrões de reprodução visual superam os do conhecimento.

Ao oito anos encontramos a representação de todos os dedos em sua superfície, ainda que a proporção entre o comprimento e a largura seja mais tardia. A exigência de discriminação dos ângulos entre os dedos refere-se à visualização, porém, principalmente o fato de que através do traçado não se representa somente um órgão individual, mas sua relação com os demais; processo cognitivo do qual a visualização, de que fala Luquet, seria um efeito e não uma causa.

Ainda que o 10c, ou seja, a representação da mão como algo distinto dos dedos ou do braço dê um ponto à criança, é comum observar que as crianças maiores, prevenindo-se das dificuldades que aparecem, quando se quer discriminar a palma da mão, propõem a figura em tal posição que não é necessário mostrar as mãos, por ficarem ocultas atrás do corpo ou nos bolsos. Em compensação, nas crianças menores costuma-se discriminar uma palma em forma circular na qual os dedos tratados como linhas são inseridos. Então este item pode nos interessar, não tanto como execução, mas como estratégia diante de uma dificuldade.

11a. Articulação do braço
11b. Articulação da perna
Os itens 11a e 11b referem-se às articulações, quer sejam do cotovelo, ombro ou joelhos, e têm relação com a dinâmica do desenho, pois pressupõem não só a indicação gráfica dessas partes, mas também a posição das que conseqüentemente se movem em função delas. Assim, o cotovelo deverá ser assinalado pela flexão do braço, com os problemas que a conservação das paralelas em ângulo (nove anos) trazem.

O desenho da figura humana. A prova de Goodenough 111

12a.b.c.d.e.
Dos itens referentes à proporção, um se dedica à representação em duas dimensões de braços e pernas, a qual supõe um nível de reversibilidade, porém a proporção relativa da cabeça, braços, pernas e pés é muito tardia; depois de um primeiro estágio, no qual se subestima notavelmente o tamanho do tronco, embora esta subestimação continue de forma menos evidente, está presente em quase todas as idades, certamente é por isso que Goodenough exige apenas que a cabeça seja menor do que a metade do tronco.

13. Saltos
Embora constituam uma parte de uma vestimenta, não podem ser considerados adornos, pois contribuem para uma melhor postura da figura e supõem a distinção do calcanhar como subinfraclasse.

14a.b.c.d.e.f.
Todos estes itens se referem à coordenação motora entendida como controle na execução dos traços, mas ficam negativos se as formas às quais são assimilados o corpo e a cabeça são primitivas. Considera-se especialmente o fato de que as pernas e os braços não se afinem na união com o corpo, pois isso significaria que a superfície entre duas linhas paralelas não são representadas por uma operação reversível. Quanto ao item (f), refere-se à distribuição das feições e sua proporção mútua, que aparece contemporaneamente às noções gerais de medida.

15a.b.
Refere-se à presença de orelhas no desenho, que é muito mais tardia que a dos olhos, e menos freqüente, pois elas não são bem visualizadas na imagem frontal do corpo. As crianças pequenas as desenham tal qual são vistas de perfil, dentro do esquema que Luquet chama de realista.

16a.b.c.d.
Este item faz alusão aos detalhes do olho: presença da íris, cílios, sobrancelhas. Todos esses traços se referem a uma determinação de partes configurais e funcionais constituindo o olhar uma expressão da socialização da criança, como superação da simples simbolização de uma parte.

17a.b.
A representação do queixo na figura de frente supõe um alto grau de visualização, já que se trata da projeção de uma saliência e a sombra ou relevo que determina. A indicação deste traço aparece nos púberes recentes que começam a construir um sistema de referências de superposições no espaço.

18a.b.

Wallon e Lurçart estudaram em detalhe o problema da representação de perfil. Segundo eles, para construir o arquétipo à criança escolherá aquele ponto de vista que lhe proporcione a maior quantidade possível de indicadores: por isso desenha primeiro o homem de frente e o animal de perfil. O perfil supõe um desenvolvimento maior da ordenação sucessiva de um na frente e um atrás, ao qual a criança recorre mais precocemente, aos sete anos, se a instrução é desenhar um homem sentado. Dizem os autores que o perfil supõe a abstração de uma parte do corpo como representação do conjunto, que resulta assim melhor representado porque a parte não visível se supõe idêntica, enquanto que na figura de frente a parte de trás do corpo é omitida diretamente.

Os traços de perfil são incorporados sucessivamente uma vez que sua configuração é mais facilmente representável. Assim, os pés de perfil são incorporados desde do princípio à figura de frente, e os braços aparecem também com toda a mão aberta, tal como aparece quando vista de lado. O corpo é o último a ser desenhado de perfil devido às dificuldades que provoca no nível das articulações. Só um sistema projetivo permite a superposição de membros descartando a transparência como recurso de transição.

Tendo visto as diferentes características consideradas por Goodenough como diferenciais para a determinação de uma idade mental, procuraremos analisar cinco protocolos pertencentes a idades distintas com o objetivo de justificar a diferença entre as execuções.

O primeiro é um protocolo avaliado com quatro pontos de acordo com a técnica de Goodenough, pois são positivos os itens 1, 2, 5a e 7a; corresponde a uma idade mental de quatro anos.

Observamos a distinção entre figuras fechadas e aberTas. O corpo e a cabeça, assimilados a um só continente, contêm o cabelo representado por riscos e os olhos por círculos. Os esquemas imaginários são muito pobres mas conseguem se referir simbolicamente ao corpo. Os braços são omitidos porque entram mais facilmente no corpo e, além disso, porque a determinação de diferentes sínteses obrigaria a uma descentração, à qual a criança ainda não chegou. Em compensação, a dualidade das pernas é um dado fornecido pelos mesmos esquemas de ação. Dualidade e distinção entre morfemas fechados e abertos são os únicos recursos da criança de quatro anos para representar o corpo, do qual tem, contudo, suficiente informação, já que é capaz de assinalar diversas partes do mesmo omitidas no desenho.

O desenho da figura humana. A prova de Goodenough

Desenho de quatro anos
Gravura 15

O segundo é um protocolo avaliado pela escala de Goodenough com o total de 15 pontos, visto que são positivos os itens 1, 2, 3, 4a, 4b, 5a, 7a, 7b, 7c, 9a, 10a, 12a, 12c, 15a, 17a; corresponde a uma idade mental de seis anos e nove meses.

A descentração é completa, pois constatamos diferença nítida entre o tronco e a cabeça e, porque as pernas mostram pés como subforma e os braços, um esboço de mão. As feições do rosto aparecem todas representadas e distribuídas corretamente, menos as orelhas, que são referenciais, posto que estão de frente. A manipulação de infraclasses é o que possibilita a dicotomização de cada uma das referências, enquanto que a organização da ubiqüidade topológica permite a adequação das sínteses.

Desenho de seis anos
Gravura 16

O terceiro é um protocolo que, segundo a técnica de cômputo de Goodenough, merece uma pontuação bruta de 20 pontos, que são convertidos em oito anos de idade mental segundo a tabela respectiva. Os itens considerados positivos são o 1, 2, 3, 4a, 5a, 7a, 7b, 7c, 7e, 8a, 9a, 10a, 10c, 11b, 12a, 12c, 12d, 12e, 13, 16a.

As dicotomias assinaladas no nível anterior admitem níveis hierárquicos progressivos; assim vemos que os olhos têm pestanas, as mãos dedos, que o corpo se divide em tórax e abdômen. A classificação infralógica permite uma inclusão sistemática de infraclasses. O corpo perdeu sua forma oval e os ombros começam a ser encaixados, isto é, a possibilidade de novos determinantes espaciais permite efetuar representações simbólicas mais adequadas da abertura das pernas, da posição dos braços mais próximo ao corpo, etc. Além disso, braços e pernas aparecem em duas dimensões e a superfície é, por definição, uma multiplicação, já que a operação reversível

O desenho da figura humana. A prova de Goodenough 115

é a que permite estabelecer uma correspondência ponto a ponto entre as duas linhas. Além disso, aparecem na figura os sapatos vistos de frente, ainda que nessa idade as tentativas de acomodação visual não sejam comuns.

**Desenho de oito anos
Gravura 17**

O quarto desenho apresenta os seguintes pontos positivos: 1, 2, 3, 4a, 4b, 4c, 5a, 5b, 6a, 6b, 7a, 7b, 7c, 8a, 9a, 9d, 10a, 10b, 10c, 10e, 11b, 12a, 12c, 12d, 12e, 13, 14a, 15a, 15b, 16a, 17a. A pontuação total é de 31 pontos e corresponde a uma idade mental de 10 anos e 9 meses.

O aspecto mais notável é a inserção dos braços no tronco — por meio de um ombro que aparece como uma verdadeira superposição sem cortes —, os quais concedem prioridade a uma direção; o pescoço nítido é definido como parte entre partes. As mãos também aparecem com palma e dedos definidos em número e em comprimento relativo. A separação entre corpo e roupa é de transição, pois aparece uma transparência marcada que, contudo, define o caráter simbólico dos traços, e não a integração em uma aparência possível. O tipo de nariz supõe uma intenção projetiva; ainda que, todavia, muito débil.

Desenho de 10 anos
Gravura 18

O último desenho merece uma pontuação de 44, que corresponde a uma idade mental de 13 anos. A posição dos braços indica uma boa projeção de perfil parcial, e não permite nenhuma transparência, constituindo um primeiro plano claro. O olho e a orelha também correspondem a uma esquematização visual do objeto representado. Aqui se vê mais a pintura de um personagem, que deixa de ser "todos os homens" para se converter em "um homem possível".

Em resumo, podemos considerar que a evolução da representação da figura humana obedece ao aparecimento de estratégias sucessivas na simbolização do corpo, suas partes e suas articulações, as quais dependem funda-

O desenho da figura humana. A prova de Goodenough

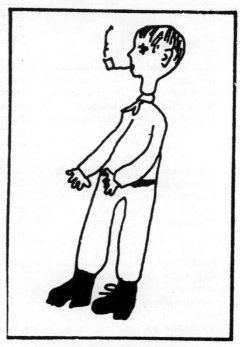

Desenho de doze anos

mentalmente do nível de integração das imagens em estruturas cada vez mais equilibradas. Desta maneira os protocolos analisados nos sugerem cinco momentos nessa evolução:

etapa	recursos	estádio	representação
I (4 anos)	formas fechadas e abertas dualidade	imagens estáticas acomodação motora internalizada	cabeça/corpo pernas filiformes olhos

Psicometria Genética

II (6 anos)	dicotomia de referências	descentração intuitiva	cabeça/corpo pernas/pé braços/mão olhos/boca
III (8 anos)	pluralidade de referências construção de superfícies oblíquas	determinação de infraclasses reversibilidade imagens de antecipação	braços e pernas duplas corpo subdividido em tórax/abômen braços e pernas inseridas em ângulo agudo
IV (10 anos)	determinação de partes pelo contorno (sem cortes) proporção	operatividade lógica: multiplicação e adição métrica	ombros e pescoço distinção roupa/corpo mãos completas detalhes de adorno boca dupla
V (12 anos)	representação da posição relativa: superposição sem transparências	imagens projetivas: espaço coordenado	perfil completo

Capítulo 7

A medida da inteligência na criança: revisão Terman das provas de Binet[1]

De todas as provas que analisamos, os itens da revisão de Terman do Binet-Simon talvez sejam os que podem trazer mais dados sobre os processos mentais. Ainda que o contexto de administração psicométrica não nos permita desenvolver um exame clínico, a índole da estimulação apresentada é tal e tão variada, que para nós as estratégias usadas e os distintos níveis de resolução de cada problema ficam claramente evidentes.

Por outro lado, como para cada período cronológico de seis meses ou de um ano são apresentadas seis provas muito diferentes, a comparação dos rendimentos distintos diante de instruções diferentes nos dá a oportunidade de analisar melhor os fatores básicos de estrutura que possibilitam à criança a superação de tantas situações diferentes, em lapsos evolutivos relativamente pequenos. Por outro lado certo tipo de conduta, como a repetição de números, é revisto em idades distintas trazendo-nos descrições genéticas interessantes.

Além disso, como a prova abrange idades muito amplas, partindo dos dezoito meses e chegando até o adulto, podemos seguir de perto cada momento desta descrição escalonada do comportamento inteligente, ainda que tenha certos defeitos como instrumento de medida, que a tornam estatisticamente inoperante depois dos onze anos, em vez disso continua sendo uma construção experimental genial em psicologia evolutiva.

---

1 N.T. Este capítulo refere-se à Forma L da revisão de 1937 do teste, também conhecido como Stanford-Binet ou Terman-Merril.

120 Psicometria Genética

Entretanto ainda há outra razão para que possamos tentar um exame do ponto de vista da psicologia genética sobre o material de Binet. Tal razão é que do ponto de vista teórico — e consideremos que Binet nasceu quarenta anos antes de Piaget — há certa coincidência quanto à posição tomada frente a importantes problemas básicos. Em primeiro lugar, a consideração feita por Binet da imagem como prescindível para certo tipo de pensamento é retomada por Piaget, sobretudo porque considera seu aparecimento logo que o bebê tenha construído o espaço prático. Em segundo lugar, Piaget cita em várias oportunidades uma frase de Binet, que diz: "o pensamento é uma atividade inconsciente do espírito", com o objetivo de debilitar as fronteiras entre pensamento, afetividade e ação. Porém talvez seja esta completa declaração de Binet de 1908, que o converte em mestre de Piaget: "A psicologia chegou a ser a ciência da ação". Ambos procuraram construir uma psicologia com base experimental, e conseguir que essa experimentação estudasse a atividade dos sujeitos frente a situações, em primeiro lugar para ordenar estes comportamentos e ordená-los de acordo com uma cronologia mental; em segundo lugar, para indagar sobre os esquemas de ação que serviram de base para uma epistemologia científica.

Análise de itens

As primeiras provas, que nos permitem completar os dois anos e que portanto medem teoricamente o último semestre do segundo ano de vida da criança, corresponderiam a um período de transição durante o qual, o grupo de deslocamentos já completamente construído no nível sensório-motor, a criança tenta as primeiras referências simbólicas.

II,2   Este último aspecto é visto a partir de três perspectivas. Na prova II,2, que consiste em um pequeno cartão sobre a qual estão coladas pequenas miniaturas de objetos usuais, a criança deve identificá-las por seus nomes, apontando-as diante da instrução: "onde está...?" Com a presença tanto do nome como do objeto a assimilação é imediata e não supõe uma representação interna clara, mesmo quando os vínculos entre significante e significado começam a ser interiorizados.

II,3   A prova II,3 e com instrução semelhante, também procura-se em apontar as principais partes do corpo no desenho de um boneco. A diferença em relação à anterior é que não se trata aqui de objetos totais, mas de partes de um objeto; partes cujo conhecimento e distribuição se originaram na atividade inquiridora da criança sobre

A medida da inteligência na criança

seu próprio corpo e sobre a confrontação dos esquemas assim construídos com a atividade da criança sobre o corpo do outro, atividade que não se esgota na visão, dado que a criança não vê a maioria de suas partes. Se recordarmos o exemplo notável descrito por Piaget, no qual logo que a menina toca a orelha do pai pode imitar seu gesto de tocar a sua orelha porque só pelo tato a reconhece como tal entendemos melhor a origem perceptivo-motora da organização topológica do espaço próprio e o do outro. Assim, pois, quando a criança aponta a boca no boneco não é porque possa indicar a sua própria, mas porque assimila ambas a um mesmo esquema que supõe tanto o visual como tátil, já que, obviamente, a criança não vê a sua própria boca.

Um tipo de atividade que poderia ser o reverso deste dois modos de identificação de objetos ou partes dos mesmos pelo nome, seria
II,5 a incluída nas provas II,5 e II,6. Na primeira delas a criança deve nomear dois dos 18 cartões do vocabulário ilustrado. De modo que, nesta prova, apenas um dos elementos relacionados está presente, e o processo de semiose, como referência ou assimilação de um signo verbal a um significado, adiantou-se um passo para a inter-
II,6 nalização completa. Este aspecto é mais enfatizado em II,6, já que exige que na conversação a criança combine espontaneamente dois substantivos sem necessidade da presença dos objetos mencionados, ainda que referido pela situação presente. Qualquer combinação de palavras supõe a alusão a uma relação entre os objetos referidos ainda que esteja expressa sincreticamente, pela simples justaposição das referências verbais respectivas.

Em resumo, temos aqui as três possibilidades transicionais de semiose: quando o objeto e seu nome estão presentes na percepção, quando só o objeto está presente e quando ambos estão ausentes, embora assimilados à situação.

II,1 Outra prova deste período, o tabuleiro escavado, servirá para determinar a passagem da etapa sensório-motora à representativa. Em II,1, há imitação diferida com predominância da acomodação, já que a criança deve repetir o movimento realizado pelo examinador revertendo o sentido desse movimento, ação que se verifica graças ao grupo prático de deslocamentos constituído no período sensório-motor. É por essa estrutura de grupo que a criança sabe que fazendo o movimento contrário voltará ao ponto de partida (zero do deslocamento), e não porque considera a forma das peças, já que fracassa quando o tabuleiro é girado em cento e oitenta graus.
II,6,4 Na prova II,6,4, em que a criança é estimulada a colocar as peças depois que o tabuleiro tenha sido invertido, observa-se uma assi-

milação reguladora da forma no plano perceptivo, que permite a comparação de cada cavidade com cada peça. Contudo não há ainda, manipulação interna das áreas, conforme se evidencia pelo tateio prático mantido para encaixar as peças, particularmente o triângulo, que é o que mais se deforma pela inversão.

Tabuleiro com três cavidades da prova
de Terman e Merrill, II,1; II,6,4.

Gráfico 19

Resta-nos analisar para o nível dos dois anos a prova II,4, cujo material são cubos de construção de dois centímetros e meio de lado, o mesmo que se usa na III,3. Em ambos os casos, trata-se da imitação de um modelo que é realizado diante da criança; portanto haverá um esforço efetivo de imitação por parte da criança.

II,4 No primeiro caso, como se trata de uma torre, supõe-se certa antecipação da posição sucessiva dos cubos regulada perceptivamente passo a passo, aplicando as relações topológicas (em cima
III,3 de). No segundo caso, trata-se de construir uma ponte e, portanto, existe uma série de relações entre os cubos, que só pode ser interpretada no nível representativo. Se nesse nível a manipulação de áreas estiver correta não haverá tateio na construção, já que o tateio indica imaturidade na internalização de imagens de manipulação de áreas. A dificuldade desta prova é a separação, que deve haver, entre os cubos da base e que propõe uma relação imaginável. As provas verbais de II,6 superam a identificação substantiva para entrar no campo da própria função semiótica.

II,6,1 Assim ocorre na prova II,6,1, que se constitui em identificar objetos, que estão colados em um cartão, por seu uso. As perguntas são por exemplo: "Com o que nós podemos comprar bala?". A resposta supõe a aquisição de esquemas instrumentais com um objeto funcional discriminado (comprar-dinheiro). Neste caso são usadas

A medida da inteligência na criança

alternativas que só nos permitem apreciar distinções grosseiras. Talvez não tivéssemos a mesma resposta positiva se ao perguntar: "o que nós usamos para passar roupas?", houvesse, além do ferro, uma camisa ou uma bacia. Porém nessa idade não há distinção global dos objetos convenientes, começando a se construir as coleções.

II,6,3 A II,6,3, que inverte a instrução, já que é a criança quem deve nomear o objeto quando se pergunta: "como se chama isto?", apresenta alguns objetos que supõem uma discriminação dentro de um conjunto, como por exemplo o garfo, algumas vezes denominado como colher. Algumas crianças respondem justamente pela função, "este (garfo) para comer", o que é considerado negativo, pois o esquema ao qual a criança se refere é muito amplo e inclui o garfo entre muitos outros objetos. É, pois, escassamente discriminativo.

Assim, aos dois anos e meio encontramos três tipos de situações de semiose, quer se trate se objetos desenhados — como ocorre na
II,6,4 prova denominada "vocabulário ilustrado" (II,6,4) no qual deve nomear desta vez nove dos objetos desenhados, todos eles comuns na vida cotidiana da criança pequena —, ou de miniaturas concretas do objeto para denominar ou para reconhecer por seu uso ou contexto de ação. Os distintos processos assimilativos e acomodativos, a que a estimulação diferente obriga, determinam rendimentos distintos. Na verdade, recordemos que neste estádio a semiose se refere a um significado simbólico, isto é, a um protótipo do objeto, originado na experiência pessoal da criança. A identificação está longe de ser inclusiva e o objeto é simplesmente nomeado pela sua semelhança com aquele protótipo. Deste modo, quando a criança nomeia "o garfo", não se refere ao talher que espeta, mas ao utensílio que é utilizado para comer e que se chama garfo; reconhece-o porque é *como* o seu garfo, ou seja, este tipo de assimilação é eminentemente simbólica. Neste processo também há acomodação, pois ainda que o signo verbal seja estável, os estímulos gráficos e lúdicos não o são e é necessário que o esquema se modifique para aceitar a respectiva representação.

II,6,5 Para completar as provas dos II,6, falta analisar a quinta prova desse período, cuja instrução diz textualmente: "Escute: diga 2... Agora diga: 5 ~ 8... etc.". Trata-se portanto da repetição de uma seqüência de dois algarismos, isto é, deve ocorrer uma imitação diferida com organização temporal passo a passo. A tarefa é, no momento, eminentemente acomodativa, mas vamos encontrar várias vezes durante o teste provas com instrução semelhante, com um progres-

124 Psicometria Genética

so na quantidade de dígitos que se deve repetir, e então será necessária uma integração adaptativa da assimilação e da acomodação. A prova aparece como uma medida da memória imediata e é evidente que problemas de labilidade da atenção, ritmo e lateradade influem em sua superação, mas não é menos certo que não se pode conseguir um rendimento positivo com o mero esforço da atenção. Não podemos dizer que seja uma maior atenção de uma criança de quatro anos e meio em relação à de uma de três anos e meio o que determina que aquela possa repetir quatro dígitos e esta só três. Acontece que essa repetição supõe desde esse momento um processo de organização no nível representativo. Assim, em um primeiro nível, a criança repete dois elementos dois a dois: o esquema de relação por duplas começa a se internalizar. A inclusão de um terceiro elemento exige um maior esforço de regulação favorecida pelo elemento médio que coordena o conjunto. Só quando a criança pode descentrar ou dicotomizar a série poderá repetir quatro algarismos, e o fará nomeando os números de dois em dois, que é, por outro lado, a modalidade que todos adotamos para lembrar quatro algarismos. Então veremos mais tarde como a repetição de mais quatro dígitos supõe a construção de uma seqüência, na qual o valor de cada número permite sua posição relativa em relação aos outros.

Outras provas correspondentes ao segundo semestre do terceiro ano de vida se dedicam a verificar a acomodação como possibilidade de antecipação, porém no nível da adequação perceptivo-motora. Assim, a III,1, avalia a possibilidade da criança para enfiar contas de tamanho regular em um cordão de sapatos em função do tempo, uma vez que lhe são concedidos dois minutos para enfiar quatro contas. A execução supõe a coordenação das duas mãos em uma tarefa não simétrica, e a exigência de uma representação prévia e antecipada do deslocamento do fio, para que a criança o abandone e o recupere do outro lado.

III,1

III,5 A III,5, em compensação, considera esta adequação perceptivo-motora em um enquadre de cópia gráfica. Por meio de coordenações acomodadoras no nível óculo-motor, a criança conseguiu internalizar um esquema do círculo ou "forma redonda", que é uma imagem à qual o movimento de tateio é assimilado, através do qual reconhece a figura e o movimento que a imita. Ambas as provas, contudo, supõem gestos internalizados como imagens, que conduzem a uma ação efetiva e controlada.

III,4 .Por outro lado, interessa confrontar a prova III,4, que é denominada memória para gravuras, com a prova III,6,1, que consiste em

A medida da inteligência na criança

125

obedecer ordens simples. Trata-se, em geral, de compreender uma situação, reconhecê-la e conservá-la com o objetivo de cumprir a ordem. Na memória para gravuras não se trata simplesmente do reconhecimento diferido de um desenho, mas de uma referência ao significado ao qual tal desenho diz respeito, já que as outras alternivas são outros animais e não o mesmo animal em posturas diferentes, por exemplo, pois neste último caso, o aspecto representativo estaria mais comprometido. Como enfatizou Piaget, neste período de vida infantil a aprendizagem espontânea depende desta possibilidade de empreender ações diferidas que obrigam a internalizar aquilo que se procura reter em forma de imagem.

III,6,1 Quando a criança obedece à instrução de "ponha a colher dentro da xícara", também reconhece os objetos designados assim como a relação que se estabelece entre eles, ajustando um esquema único de ação que é desenvolvido em continuação. Certamente que se trata de ordens que compõem o contexto cotidiano da atividade da criança, já que, nesta idade, não há distinção entre meios e fins, nem entre agente ativo e passivo.

III,6,2
IV,1 A prova III,6,2, é novamente vocabulário ilustrado, que se repetirá, finalmente, constituindo o item IV,1.A dificuldade crescente desta prova se produz, em parte, porque os objetos representados estão cada vez mais afastados da experiência cotidiana, mas também porque as últimas figuras mostram parte de totalidades, às quais a criança as assimila. Assim, quando se mostra a folha freqüentemente responde "árvore", ou chama de "flor" a ambas. A elaboração de coleções figurais, que vão ser a base de toda "classificação" funcional, dependerá da possibilidade de discriminar as partes do todo.

III,6,6 No nível dos três anos e meio, encontramos como prova verbal, a prova de compreensão, cuja intenção é medir a adequação de meios a fins no sentido de que apresenta o uso da partícula "Para quê?". Assim, por exemplo se pergunta: "O que você deve fazer quando está com sede?", pergunta que se reverte na compreensão de "para quê" tomamos água. Na realidade, o pensamento pré-causal se baseia neste "para quê", às vezes, substituído, mas não no seu sentido, pelo repetido "Por quê?" infantil, e ambas as conjunções verbalizam a preocupação animista e finalista da criança. No entanto, esta atitude promove no imediato uma boa adaptação e uso dos recursos em função das situações cotidianas. Talvez seja interessante destacar a esse respeito, que, ainda que o bebê já peça água quando tem sede, quando faz três anos e meio a criança pode representar essa ação.

126 Psicometria Genética

III,6,5 A administração da prova III,6,5, que reverte o sentido da anterior, pois pergunta diretamente o nome do objeto ou meio utilizado para o fim exposto na instrução desenvolve-se sobre um material de miniaturas de objetos cotidianos. Justamente uma das perguntas é: "onde nós bebemos?", estando presente, entre outras coisas, uma xícara.

III,6,4 A III,6,4 é igualmente verbal e consiste em comentários da criança diante de gravuras que representam uma casa holandesa, uma embarcação em um rio caudaloso, e uma Agência de Correios, com seus personagens, objetos e ações típicas. Ainda que estas cenas pareçam atualmente anacrônicas e muito pouco familiares à experiência de nossas crianças, sua intenção original era de determinar a possibilidade de enumerar fatos incluídos em uma situação muito estruturada. É interessante observar se a criança descreve a lâmina como uma configuração total, se procura relacionar as partes ou se as discrimina destruindo o sentido da situação. Claro que nesta idade, sem reversibilidade, a criança se limitará a assinalar alguns objetos e no máximo estabelecerá relações dois a dois entre eles.

III,6,3 Restaria analisar só uma prova dos três anos e meio, a terceira, na qual se trata de comparar dois palitos; esta é uma das poucas provas do teste de Terman que inclui um problema onde aparecem aplicados esquemas de relação não recíproca ou seriações. Neste caso trata-se de uma comparação por regulação perceptiva, já que supõe só duas instâncias e a criança julga pelo topo de ambos os palitos sem levar em conta a posição das bases como ponto de partida. Consiste simplesmente em determinar se a criança possui o esquema de comparação internalizado, toda vez que compreende o que quer dizer "maior" e "menor".

IV,2 A segunda das provas dos quatro anos é interessante porque supõe um conjunto de objetos que consiste em três miniaturas (por exemplo, automóvel, cachorro, sapato), que pode aparecer ao mesmo tempo como uma seqüência. Como a prova consiste em esconder um dos objetos para que a criança não olhe e depois de havê-los exposto diante dela, para nomeá-los, ocorre uma subtração intuitiva, já que deve determinar de um todo, o que "falta". Isto é, pode fazê-lo considerando o conjunto de objetos ou ainda o lugar que o objeto ausente ocupava no sentido de ordem, porém não necessita integrar operativamente ambas as considerações para resolver o problema. Por se tratar de apenas três elementos, a resolução se realizar por controle passo a passo.

IV,3 A prova seguinte é encontrada também em V,1, e consiste em completar o desenho do homem. É semelhante à tarefa anterior no

A medida da inteligência na criança

sentido de que o sujeito deve observar uma carência, não de um conjunto imediatamente percebido, de uma configuração que a criança deve ter internalizado como imagem corporal. Já insistimos sobre a evolução da representação gráfica desta imagem e podemos ver, na idade de quatro anos, a diferença que ocorre, entre o desenho espontâneo cabeça-corpo e este, que oferece à criança uma estrutura bastante integrada que é necessário completar, acrescentando-lhe somente uma perna, os braços e os traços do rosto, ainda que nesta idade com apenas um destes dados torna a prova positiva. Assim o caráter pouco equilibrado do nível representativo fica em evidência se compararmos esta prova com aquela em que a criança, quase bebê, aponta as mesmas partes no boneco percebido.

Modelo reduzido de Completar Figura: homem
Terman L, IV,3; V,1
Gráfico 20

V,1   Além disso, há um esforço de coordenação perceptivo-motora para determinar a orientação dos traços (vertical para a perna, por exemplo) e sua síntese com a figura central de acordo com uma posição mais ou menos precisa. Isto marca a diferença entre uma idade e outra, já que aos cinco anos a descentração permite a integração, ainda que sucessiva, das diferentes partes do corpo representado.

IV,4   Na prova seguinte, a IV,4 na instrução são dadas definições funcionais pré-conceituais à criança, como "mostre-me o que nós usamos quando está chovendo", para que indique os objetos respectivos

128 Psicometria Genética

desenhados em um cartão. O manual insiste em que não é suficiente que a criança nomeie os objetos que complementam a definição, mas deve indicá-los, porque pode ocorrer que, ainda que a criança saiba que é o gato que caça os ratos, aponte o coelho; neste item trata-se justamente de verificar o conteúdo do significado e não uma semiose que, nesta idade, pode ser um estereótipo verbal sem representação clara.

IV,5 A prova IV,5 é chamada de discriminação de formas; consiste na discriminação de figuras desenhadas em cartõezinhos e das mesmas figuras distribuídas em um único cartão. O processo de tateio ao redor dos perímetros distindos se torna evidente nos erros comuns nesta prova, que são a confusão do hexágono com o círculo e do trapézio com o quadrado; na verdade, tais movimentos são facilmente assimiláveis entre si. Algumas crianças também confundem o losango e o triângulo, que identificam "porque têm ponta", e como já não se trata aqui de uma assimilação sensório-motora, mas de uma determinação configural, só a descentração pode garantir a integração das duas pontas do losango na mesma figura, e dissemos duas porque a criança descreve precisamente assim: "esta tem uma ponta em cima e outra embaixo". A precocidade da discriminação de formas (quatro positivas em 10 aos quatro anos) em relação às possibilidades de representação gráfica na mesma idade, nos mostra como a regulação perceptiva, baseada nos indícios construídos no período sensório-motor, ajuda a verificação analógica dois a dois, a qual não ocorre quando tal verificação é feita com as imagens respectivas, que são a origem da cópia e que ainda não estão suficientemente estruturadas. Assim, a criança reconhece "a ponta", mas não é capaz de desenhá-la — para Terman, a cópia é um padrão característico de sete anos.

IV,6 A última prova, a IV,6, é a segunda de compreensão, mas o âmbito do "para quê" não se centra tanto no sujeito, mas procura observar na criança certa abertura quanto ao seu egocentrismo. Se anteriormente se perguntou "o que você deve fazer quando está com sede?", agora se interroga "para que temos livros?". Alguns respondem "para escrevê-los", demonstrando o interrogatório mais detalhado que não se trata só de uma assimilação a um esquema pouco discriminado de atividades escolares, mas que constitui uma resposta artificial "para que um senhor o escreva (?). O senhor que escreve os contos".

IV,6,1 Para terminar este período no qual a criança baseia seu pensamento em indícios perceptivos referentes a configurações reguladas, incluiremos também a prova IV,6,1 na qual se trata de comparar um

A medida da inteligência na criança

par de rostos humanos indicando qual é o mais bonito. Sem dúvida, há aqui uma influência cultural que valoriza certa harmonia de traços que, evidentemente não é universal. Porém trata-se de ver se a criança internalizou os padrões de uma configuração estética que a sociedade impõe a ela como "bonita": simetria, nariz reto, cabelos penteados, rosto amável. Uma vez que tudo isso é percebido e conhecido, mas não representado, no sentido da possibilidade que a criança tem de desenhar esteticamente nesta idade.

Até agora o comportamento inteligente da criança baseou-se na adequação perceptivo-motora com processos de assimilação e acomodação parciais, e sempre mobilizados pelos indícios perceptivos. A partir dos quatro anos e seis meses assistimos à descentração intuitiva e à determinação de uma série de funções constituintes (de identificação, de negação, de repetição e de substituição), que vão permitir uma manipulação mais correta dos dados a nível da representação, que prepara a chegada das operações.

IV,6,2 Já vimos como, na IV,6,2 a repetição de quatro dígitos supõe uma descentração por pares relacionados dois a dois, o que facilita a
IV,6,3 imitação diferida da seqüência no tempo. Na IV,6,3 a própria instrução já supõe uma descentração, pois a criança deve observar, ao mesmo tempo, as semelhanças e diferenças entre certos desenhos. Os primeiros deles, que são justamente os que devem ser superados nesta idade, correspondem às primeiras classificações configurais.

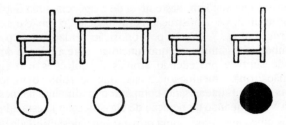

Semelhanças e diferenças em desenhos. Terman L, IV,6,3. Cartões 2 e 4 (em 5)
Gráfico 21

130 Psicometria Genética

Cada série apresenta um elemento invariante e um fator (cor, forma) de discriminação. Estes dois fatores podem ser manipulados independentemente uma vez que tenham sido descentrados; caso contrário a criança responde "todos redondos" e se ainda se insiste com ela acerca de que um é preto, ela continua afirmando "mas é redondo", confundindo a parte com o todo (ver VI,5).

IV,6,4 Regulação intuitiva semelhante também se dá na prova seguinte apesar da diferença na instrução, que solicita à criança para expressar de que são feitos uma cadeira, uma roupa e um sapato. Em primeiro lugar, a criança deve conceber a existência independente do material do objeto, antes de que este tenha tomado a forma atual. Isto é muito mais difícil para a criança pequena que responde "uma cadeira é feita de... cadeira, de pernas". Para responder "de madeira", a criança deve poder pensar na madeira antes de ser cadeira e, portanto supor certa transformação no tempo que prepara o pensamento causal. Por enquanto há uma descentração de um antes e um depois entre os quais uma transformação é mediada. Além disso, este tipo de perguntas exige uma informação que as torna muito suscetíveis ao ambiente cultural e educacional no qual o sujeito se desenvolve.

IV,6,5 Embora pareça à primeira vista muito diferente, a prova das três ordens solicitadas em uma só instrução que segue a que acabamos de analisar, nos permitirá determinar a organização de uma seqüência temporal representada e executada. Porém se aquela nos informava da aquisição de uma noção pré-causal, esta se refere a uma coordenação das atividades por acomodação. Uma ordem no tempo é representada de vários modos, quer seja por assimilação ou por acomodação à realidade da instrução.

IV,6,6 As provas de quatro anos e meio terminam com a de analogias opostas que supõem, neste nível de exigência, uma dupla descentração intuitiva. A instrução nesta idade é "o irmão é um menino, a irmã é uma...". Não há pois oposição verdadeira. O pensamento simbólico, assimilativo, que funciona sobre a relação de "como", pode supri-la procedendo através de coleções não figurais de irmãos/irmãs, meninos/meninas, que se sobrepõem totalmente, dois a dois. É interessante comparar o rendimento na mesma prova em VII,5, quando a operação de classificação já está adquirida.

V,4 Aos cinco anos temos uma prova sobre a possibilidade de adequação visomotora na que consiste em copiar um quadrado. A separação intuitiva de uma ordem ou sentido vertical e outro horizontal permite um manejo mais coordenado do espaço e a representação das mudanças de direção.

A medida da inteligência na criança

V,2 No aspecto da manipulação de áreas encontramos uma prova muito interessante, que é a de dobradura de papel, cuja execução é realizada previamente pelo examinador, que constrói um "guarda-napinho" pelas diagonais. Assim realiza diante da criança uma série de movimentos coordenados, que devem ser assimilados a imagens de ação e, de forma diferida, mas imediata, executados por uma acomodação adaptativa do esquema prévio. O interessante desta prova é que o sujeito não deve repetir tão só uma série de movimentos, mas deve entender a relação entre os distintos movimentos e as resultantes que eles provocam, isto é, deve perceber que o examinador dobra o papel considerando ao mesmo tempo as partes do objeto que são postas em relação ou que se juntam com essa dobra. Na execução da criança claramente se vê se esta considerou a dimensão ativa e objetiva da situação, pois, se ela só imita os movimentos do examinador, realizará uma dobradura muito diferente do que a pedida pela tarefa.

V,3 Entre as provas verbais se encontra a V,3, que é a de definições e na qual se exige a determinação funcional de um pré-conceito. Não se trata de uma verdadeira definição lógica, simplesmente considera-se há possibilidade de referir-se verbalmente a objetos muito comuns, conhecidos certamente pela criança. São então respostas positivas para bola: "para jogar", "redonda", "para fazer gol", que indicam um uso ou um fator de reconhecimento, como é a forma.

V,5 Em "memória para sentenças" deve haver retenção imediata de uma seqüência com sentido. O fato de que se trata de memorizar uma sentença pode facilitar o rendimento para certas crianças em comparação com a repetição de dígitos, mas se a assimilação predomina é facil que o assunto prevaleça sobre a ordem e o texto seja repetido por aproximação ou com acréscimos inventados. Esta prova é interessante para medir condições para a aprendizagem, já que uma boa organização das seqüências é básica para esse processo.

V,6 A prova seguinte também se relaciona com a aprendizagem; é a V,6 e tem como tarefa contar quatro objetos. Nesta prova, não basta determinar a relação unívoca entre a série numérica e os respectivos objetos, pois há algumas crianças que "contando" ainda não chegam a compreender que o último número da série contada indica a quantidade de unidades incluídas no conjunto. Portanto para considerar o item aprovado deve-se insistir para que a criança diga quantos objetos há no total.

Aos seis anos entramos em um novo período que se caracteriza pelas operações reversíveis que estão na origem de todas as classi-

132   Psicometria Genética

ficações e seriações, bem como também de uma maior socialização; certamente que nas provas que vão determinar os seis anos logo constataremos uma transição, e aos sete a consolidação de novas estruturas.

VI,1   A prova de vocabulário, que inicia os seis anos consta de quarenta e cinco palavras e também é administrada aos oito anos, aos dez e assim sucessivamente até a prova para adultos. Aos seis anos são exigidos cinco acertos, o que supõe o conhecimento de palavras tais como laranja, envelope, pijama, poça e torneira. São consideradas positivas as respostas que incluem a classe de referência em uma superior; assim, para laranja, "fruta", ainda que não esteja exposta a diferença específica, "cítrica", "alaranjada", "com suco", etc. Contudo, também são consideradas positivas as referências vagas "para comer sobremesa, com casca" que simplesmente supõem conhecimento do objeto. Por outro lado, são negativas aquelas respostas que denotam confusão do objeto com outros, mesmo que estes se incluam na mesma classe, por exemplo, quando se diz que a laranja é "como um limão". Embora não se exija um nível nitidamente classificatório para responder às provas de vocabulário, supõe-se a capacidade de classificar, já que as palavras são consideradas não tanto como denominações de um objeto, mas como signos de uma classe. O nível conceitual da criança se tornará evidente na sua tendência para procurar incluir esta classe em uma superior ou em dar uma diferença específica, considerando implícita a classe superior; em compensação, os exemplos e as referências de uso, de tipo funcional, levam a pré-conceitos ainda muito ligados ao objeto prototípico.

VI,2   Consiste na cópia de um colar de contas que são enfiadas de acordo com uma certa alternância. Embora haja imitação diferida de uma seqüência, esta não poderia ser verificada sem a captação, durante a demonstração, da relação de série alternada que, por sua vez, será captada se a criança aplica uma estrutura que supõe, por um lado, classificação (de contas cilíndricas, cúbicas e esféricas) e, por outro, seriação alternada. Esta prova é particularmente interessante como prognóstico de aquisição da aritmética básica, pois o número provém da integração de classes e seriações.

VI,4   O conceito de número aparece, além disso, na VI,4, na qual deve ser verificada a determinação simultânea da série e da classe, pois se solicita à criança que limite um conjunto dígito. Em relação à prova V,6, observa-se maior complexidade, pois naquele caso tratava-se de nomear um conjunto já limitado, enquanto no caso

A medida da inteligência na criança

examinado agora um conjunto deve ser limitado através da contagem e isso só é possível integrando.

VI,5 Também se torna muito interessante comparar a exigência da IV,6,3, em relação à VI,5, na prova de semelhanças e diferenças entre figuras (ver gravura). Se observamos o tipo de elementos que integram as séries que tornam possível a superação desta prova aos seis anos, vemos que eles fazem parte de uma classe superior (coisas para tomar leite, móveis) que, frente a uma criança de quatro anos e meio, são assimilados ao mesmo esquema. Somente quando são distinguidas as classes e, portanto, subclasses dentro delas (xícaras e pratos incluídos em utensílios de cozinha) a criança poderá determinar o objeto diferente.

VI,3 Se isso ocorre no nível das classes hierárquicas também se verifica no nível das configurações, como ocorre na VI,3, que consiste em completar desenhos nos quais o que falta é mais ou menos essencial, como a roda do carro, o cabo da chaleira ou o dedo de uma luva. Trata-se aqui de determinar uma parte significativa do todo configural e torna-se mais difícil quanto mais integrada esteja ao esquema configural; como a representação total e ao mesmo tempo funcional do objeto está intimamente ligada à sua forma, é natural que as faltas ou carências mais facilmente identificadas sejam a roda e o cabo como partes praticamente separáveis do objeto; em compensação uma luva de quatro dedos é dificilmente discriminável da representação total se não for mediada pela contagem dirigida pelo conhecimento que se tem do objeto.

VI,6 Para encerrar os seis anos aparece a prova de percorrer um labirinto, que supõe uma manipulação de áreas que permita a predição antecipada das distâncias. As mudanças de direção e, sobretudo, a presença de oblíquas, perturbam a possibilidade de regular os movimentos oculares que tendem a medir e a comparar as distâncias, pois consideremos que, para a criança pequena, a menor distância entre dois pontos em oblíqua é a linha que os une, e que a aproximação desta orientação é feita por tateios sucessivos e mais tarde por uma construção reversível do espaço. Além disso, nesta prova se mede a adequação perceptivo-motora adequada o suficiente para não ultrapassar os limites do labirinto, exigência que é superada mais dificilmente nos ângulos agudos.

Aos sete anos todas as provas supõem a aquisição de operações reversíveis e uma conseqüente socialização progressiva. Na verdade, a primeira e a quarta se referem à possibilidade de captar leis e normas.

Gráfico 22

VII,1 Na prova VII,1, as figuras absurdas propõem uma situação gráfica com a presença de um elemento que perturba as relações causais do conjunto. O êxito nesta prova implica que a criança compreende o sentido geral da ação ou da situação, mas sobretudo que determina a causa eficiente da mesma. Na figura onde um tronco aparece cortado por uma serra que está invertida, ou seja, com os dentes para cima, a criança pequena tende a encontrar uma causa mágica ou animista para explicar esse fenômeno, recusado prontamente como impossível por uma criança maior de sete anos, para a qual a relação entre corte e serra é de causa eficiente ou única.

VII,4 Da mesma maneira, na prova de Compreensão, procura-se ver se a criança pode se colocar no ponto de vista dos demais, desprendendo-se das reações espontâneas centradas nela mesma para se ater às normas que convenham a todos. Uma das questões, cuja instrução diz: "o que você deve fazer se outro menino bate em você sem querer?", levanta um problema que preocupou Piaget nos primeiros anos de sua investigação psicológica, o da moralidade em função da intenção da ação e não de seus efeitos.

VII,2 Outras duas provas são dedicadas a verificar o nível da conceituação. Na VII,2, trata-se de achar a semelhança entre duas coisas, o que supõe a determinação de uma classe na qual estas se incluam. No entanto nem todas as respostas consideradas positivas têm o mesmo valor pois, por exemplo, para madeira e carvão, a resposta

A medida da inteligência na criança

"são combustíveis" pode ser expressa funcionalmente por: "os dois se queimam, esquentam, etc.". O importante é a manutenção de uma hierarquia inclusiva que supõe a operação de classificação. É comum nesta prova a tendência a sugerir a diferença em função de uma propriedade, por exemplo, "em que o carvão é preto e há madeira preta", porque, na verdade, o raciocínio pré-conceitual se move sobre propriedades que se comportam como funções discriminativas e por isso não podem ser estabelecidas hierarquias a partir delas, mas que formam relações dois a dois. O fato de que muitas crianças definam o ser igual sob a forma "se parecem em que" nos mostra como o pensamento pré-conceitual é estático.

VII,5   Também analogias opostas, que já vimos na IV,6, exigem a esta altura um pensamento reversível. Na verdade, aos quatro anos é dito ao sujeito "uma mesa é de madeira, uma janela é de...", e a partícula "de" dá a direção das respostas. Em compensação, diante da instrução "o passarinho voa, o peixe..." é o sujeito quem deve discriminar não só qual é a ação que no peixe corresponde ao valor do passarinho, mas que se trata precisamente de uma ação locomotora que deve incluir tanto o nadar como o voar.

VII,3   As outras duas provas se referem à organização representativa espacial e temporal. Quanto à espacial, a VII,3 estabelece a tarefa de copiar um losango; mede então a adequação perceptivo-motora em uma figura onde aparecem mudanças de orientação que também fazem referência à maturação neurológica. Porém o que interessa, especialmente, é a determinação das oblíquas, que supõe um espaço euclidiano liberado das demarcações horizontais e verticais absolutas.

VII,6   Quanto à temporal, a prova VII,6 estimula a repetição de cinco algarismos, pela qual já não se dá a possibilidade de regular os dados intuitivamente. A ordem surge de uma estruturação melódica que considere os valores dos algarismos, comparando-os em uma só organização mais além do valor individual de suas partes.

Aos oito encontramos provas que supõem operações no nível da classificação, como são a de vocabulário e a de semelhanças e diferenças.

VIII,4   Sem dúvida, a coordenação da reversibilidade que possibilita simultaneamente a determinação de uma classe inclusiva e a das complementares sob o mesmo conceito, supõe um princípio de quantificação de classes que leva o pensamento lógico concreto a uma melhor equilibração. Assim, a criança que inclui bola e laranja entre as coisas redondas e expressa ao mesmo tempo suas diferenças, poderá determinar que há mais coisas redondas do que essas

136 Psicometria Genética

frutas, pois algumas são brinquedos. Esta prova mede as condições para a quantificação de classes cuja importância foi acentuada por Inhelder e Piaget em *Gênese das estructuras lógicas elementaees*, com aquele material clássico das bolinhas de madeira, muitas pretas e poucas brancas, que faziam os sujeitos pequenos dizerem: "há mais pretas do que de madeira, porque há poucas brancas". Trata-se de verificar então a relação "todos", "alguns", entre classes inclusivas.

VIII,1 Em vocabulário, as palavras que devem ser respondidas aproximadamente nesta idade supõem também certa discriminação diferencial de subclasses; assim, por exemplo, "pestanas", como parte do olho com pêlos e distinta de "sobrancelhas". Outros como "Marte" supõem informação, e os demais como "observar", "tolerar", remetem a situações que os incluem, e fazem parte da experiência verbal.

VIII,3 As provas que tornam a causalidade eficiente também são duas: a VIII,3 expõe situações que são absurdas na forma verbal, isto é, que apresentam uma relação entre os termos do contexto que não cumpre com a legalidade das circunstâncias do mesmo. Não se trata de postulações ilógicas em sua exposição, mas impossíveis do ponto de vista empírico. A captação desta impossibilidade é um traço de socialização, porque o indivíduo percebe a lei do objeto. Ocorrem casos em que o sujeito percebe que a situação é absurda, e até ri por essa defasagem, mas não acerta ao descrever o porquê causal que torna o fato impossível. É porque há um nível regulador do absurdo, a percepção de que "algo não vai" e um nível conceitual do mesmo, que permite à criança encontrar a relação impossível. Por isso, absurdos gráficos se tornam mais fáceis porque há sinais perceptíveis que podem ser assimilados rapidamente aos esquemas de ação eficiente, por exemplo, o do guarda-chuvas para proteger-se da chuva.

VIII,5 A VIII,5 é uma das provas chamadas "de compreensão", a primeira das quais seria melhor denominada "de explicação", pois solicita "o que faz um barco à vela andar?". Para a criança pequena, encontrar uma causa alheia ao próprio barco ou ao elemento água, à qual quase sempre o relaciona, fica muito difícil, já que sua atitude de egocentrismo é projetada nos objetos como animismo. E neste sentido as explicações animistas do movimento são as últimas a desaparecer.

Os outros itens desta mesma prova se referem a normas que põem em evidência a possibilidade plástica do sujeito para levar em conta as condições de uma situação e adequar-se a ela. Assim, para a

A medida da inteligência na criança 137

pergunta "o que você deve dizer quando está numa cidade estranha e alguém pergunta a você como achar um determinado endereço?", responder "eu lhe digo", não significa ter incluído a instância de que se trata de uma cidade desconhecida e a norma que se deriva disso. A criança conhece uma norma "que quando alguém pergunta deve-se responder ", e a aplica sem discriminação ainda que não possa acomodá-la às peculiaridades das circunstâncias na instrução.

VIII,6 Entre as provas de oito anos aparecem duas de memória. A última de "memória de sentenças", e a segunda, que consiste em um interrogatório a respeito de um conto impresso, imediatamente depois que a criança o lê em voz alta. No primeiro caso trata-se de memória imediata dificultada pela inclusão de elementos supérfluos ao sentido geral da sentença. No segundo caso, pelo contrário, é sobretudo a compreensão do sentido da seqüência temporal, o que facilita a estruturação de uma situação complexa, onde cada momento é antecedente de uma conseqüência.

A falta de socialização, dependente freqüentemente de um prolongamento da etapa de assimilação lúdica, fará com que o sujeito deforme o conto com apreciações próprias, tornando evidente a inadaptação por preponderância assimilativa. A comparação de ambas as provas de organização de estímulos ordenados para sua repetição imediata tem um valor diferencial nos problemas de aprendizagem.

As provas dos nove anos nos indicam que nessa idade, ainda que não seja produzida uma mudança de estruturas, estas adquirem uma coordenação e plasticidade o que permitirá à criança relacionar séries e classificações entre si por operações multiplicativas, que tornarão possível antecipações cada vez mais corretas, diminuindo o tateio.

IX,1 Duas provas evidenciam esta antecipação no nível da representação. Em uma delas o examinador dobra um papel, primeiro em dois, depois em quatro partes, faz um corte, e o sujeito deve desenhar como ficaria o resultado desdobrado, colocando as dobras e o buraco resultante do corte. Para fazê-lo corretamente, o sujeito deve reverter o processo da ação observada, de tal maneira que certas partes sejam conservadas e outras transformadas. Há uma verdadeira projeção da transformação no papel dobrado ao papel desdobrado que podemos equiparar a outras similares no estudo da geometria do espaço, da qual Piaget conclui que não é a intuição que é responsável por tais comportamentos, mas a coordenação de

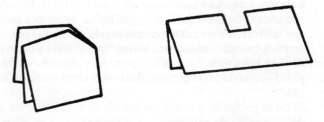

Papel cortado
Terman L, IX,1 (demonstração do papel recortado)
Gravura 23

operações, isto é, de ações imaginadas neste caso e transformações operadas.

IX,3 A memória para desenhos consiste em reproduzir uma figura complexa onde ocorrem múltiplas relações topológicas (inclusão, simetria), e operatórias (identidade, proporção), cuja organização formal exige a coordenação simultânea de vários fatores em jogo. Como não se trata de cópia mas de memória, torna-se evidente como essa única coordenação operatória garante a conservação da configuração. Esta operação é de caráter infralógico enquanto relaciona partes com todos.

IX,4 A prova IX,4 também se baseia em indícios perceptivos, mas de tipo acústico, que propõe à criança achar rimas para certas palavras, referindo-se à classe em que deve ser incluída como signo. Assim pois, a resposta deve cumprir uma condição dupla (multiplicação), a primeira morfológica, que supõe a análise da palavra em sílabas e a determinação da última delas (ordem) para estabelecer a identidade, e a segunda, semântica, justaposta a ela. Por exemplo, diante da instrução "um animal que rime com calção?" a superposição lógica da classe dos nomes terminados em ão com a classe dos "animais", daria uma subclasse com vocábulos tais como leão, camaleão, leirão[2], etc.

IX,6 A prova IX,6 se refere à repetição de algarismos, mas desta vez na ordem inversa. A conservação se dá então como seqüência, e a transformação consiste na inversão de sentido dessa seqüência no tempo. Também neste caso, como em outros nesta idade, ocorre

---

2 N. T. Mamífero roedor muito parecido com o rato.

A medida da inteligência na criança 139

uma coordenação entre as ações internalizadas ou imagens, e as operações exercidas sobre elas.

IX,5 Assim, com a mesma estrutura, mas em outro nível, encontramos na prova IX,5 um problema aritmético do seguinte teor: "se você fosse comprar Cr$ 12,00 de bala e desse Cr$ 15,00 para o vendedor, quanto receberia de troco?"[3]. A necessidade de um pensamento reversível, para compreender o mecanismo de troco, evidencia-se na própria instrução, já que a conservação dos Cr$ 15,00 deve ser assegurada através da transformação em bala e troco.

IX,2 Para completar os nove anos temos o teste de absurdos verbais. A dificuldade desta prova, em relação à anterior do mesmo tipo, é a presença de elementos supérfluos e de relações mais complexas que as solicitadas anteriormente. Por exemplo, se aos oito anos se exige uma noção de ordem de ocorrência para achar absurdo um segundo tiro que não faz muito dano, depois de um primeiro que mata; aqui a relação temporal se dá em um contexto mais complicado onde "Num velho cemitério da Espanha descobriram um pequeno crânio que se supõe ser o de Cristóvão Colombo, quando ele tinha mais ou menos dez anos". No primeiro caso é uma impossibilidade evidente em nível prático, mas no segundo é necessário ter a noção temporal construída como dimensão contínua, porque a criança pequena considera com razão que Colombo tinha um crânio aos dez anos, não levando em conta a transformação da mesma no tempo.

A partir dos nove anos, o conteúdo das provas se repete com leves variações ligadas especialmente à possibilidade de experiência e informação. Conseqüentemente com razões estatísticas que justificam plenamente a crítica que D. Wechsler, entre outros, fizeram à noção de quociente intelectual como relação entre idade mental e idade cronológica, assim as provas que procuram discriminar a diferença de nível quando não aparecem novas estruturas que possam justificar uma mudança marcante, só se justificam por acumulação quantitativa.

Só alguns itens, que analisaremos em detalhe, parecem supor um nível de formalização que os diferencia qualitativamente dos comportamenos expostos até agora.

XII,6 Assim, o item XII,6 apresenta uma prova criada por Minkus, na qual é necessário unir uma frase primária e uma secundária por meio de conjunções tais como: e, *ainda que, porém,* etc., que têm

---

3 N. T. Alterado conforme a tradução usual do teste no Brasil.

140 Psicometria Genética

um valor lógico relacionado não imediatamente com a lógica intraproposicional, mas com a interproposicional que nos aproxima da possibilidade de formalização do pensamento. Assim, por exemplo, na frase "os rios estão secos... tem chovido muito pouco", a partícula "porque" ou similar denota a implicação suposta entre os dois fatos.

XIII,5 De maneira semelhante, a ordenação de sentenças em desordem supõe certo grau de formalização da linguagem, em um nível ao mesmo tempo sintático e semântico. Para construir uma frase com sentido a partir deste conjunto de palavras " *ao — pedi — lição — minha — professor — corrigir — meu — para — eu*", é necessário estar munido de um modelo prévio de estrutura idiomática quanto à ordem (pronome, verbo, objeto direto, etc.) funcional.

XIV,2 No décimo quarto ano aparecem três provas novas, mas que vão se repetir dali em diante, o que nos indica que mais ou menos nesta idade se produz o acabamento de uma nova estrutura nos comportamentos inteligentes. A segunda se chama precisamente de indução, e trata-se de pedir ao sujeito a elaboração de um princípio que explique o fato da multiplicação dos buracos feitos numa folha de papel que vai sendo dobrada sucessivamente. Não é o número de buracos que o sujeito deve antecipar, pois nesse caso voltaríamos aos nove anos, mas uma regra aplicável a um número qualquer de dobras.

A passagem da experiência para a regra generalizada supõe um procedimento lógico-dedutivo, que para Piaget corresponde a uma estrutura de grupo formal na qual o sujeito não coordena as ações exercidas sobre os objetos, como ocorre no nível concreto, mas é capaz de coordenar as próprias ações como conteúdos do pensamento. Como o sujeito pode verificar suas antecipações até a quinta dobra, pode corrigir suas próprias hipóteses aventurando outras implicações a confirmar.

XIV,4 A quarta prova tem um título surpreendente, denomina-se Engenhosidade e, segundo Terman, esta engenhosidade provém de uma centelha intuitiva pela qual a solução é reconhecida, depois de várias tentativas que seriam outras tantas estratégias. Por esse motivo é uma prova à qual se concede certo limite de tempo, e que começa com uma solicitação mais simplificada que orienta a solução das seguintes. A prova consiste em solucionar a seguinte situação: "Uma mãe mandou o seu filho ao rio para buscar exatamente 3 litros de água. Ela lhe deu uma lata de sete litros e outra de quatro litros. Como fará o menino para cumprir essa tarefa ?". A solução do problema contudo não parece obra de um súbito

A medida da inteligência na criança

insight, mas supõe a tentativa mental de várias ações possíveis: "se encho A, logo...; se encho B ...; etc.". Recordemos a este respeito aquela frase com a qual Piaget diferencia o pensamento adolescente do pensamento infantil, e que se refere à tendência formalizante que subordina o possível ao real: "Em que o possível se manifesta simplesmente em forma de um prolongamento do real em sua ação executada sobre a realidade, pelo contrário, o real se subordina ao possível".

XIV,5 Também em um nível de operações infralógicas encontramos uma prova que nos indica a possibilidade de integrar dois sistemas de referência na orientação espacial como são os pontos cardeais e a direita-esquerda. Trata-se de uma série de situações expressas da seguinte forma: "Suponha que você vai indo para o oeste e vira para a direita, em que direção você vai agora?".

A análise das provas escolhidas por Terman para a confecção de seu teste e discriminadas pela razão estatística de terem sido superadas por 50% dos sujeitos em uma dada idade, permite um diagnóstico mais preciso do comportamento infantil, geral e individual. Na verdade, ainda que, como vimos, a cada período de idade correspondam estruturas básicas de pensamento ou graus de coordenação particular dentro das mesmas, o sujeito pode responder com um nível de rendimento distinto a diferentes estimulações, pois enquanto alguns são favorecidos frente a indícios perceptivos ou representações morfológicas, outros se beneficiarão com a solicitação verbal da situação. Enquanto alguns operam com maior facilidade sobre o infralógico, outros exibem melhor rendimento em formação de conceitos e os terceiros se desenvolvem no âmbito da causalidade, ou seja, da socialização. Dentro dos limites para organizar a realidade em cada idade encontramos então diferenças individuais, originadas em uma multiplicidade de fatores constitucionais, ambientais, afetivos, etc., que incidem na dispersão de seu rendimento.

Capítulo 8

Medida multifatorial das habilidades primárias:
O SRA de Thurstone

Escolhemos especialmente para analisar a prova de Thurstone, "SRA", Habilidades Mentais Primárias, de cinco a sete anos, por seu caráter multifatorial. Nela foram discriminadas quatro habilidades ou fatores de grupo que são o verbal, o perceptivo, o quantitativo e o espacial. Do ponto de vista estatístico, pela própria índole do tratamento fatorial não caberia achar nenhuma correlação entre o grupo e grupo de provas, já que ao separar cada fator ou habilidade a matriz residual sobre a qual se opera para determinar um novo fator já se supõe vazia do fator descartado anteriormente.

Portanto Thurstone considera que tais habilidades, integradas no sujeito de modo que este possa adaptar-se mais ou menos inteligentemente às exigências do meio, são independentes entre si. Na verdade, do ponto de vista sincrônico podemos considerar que os distintos aspectos promovem um nível de comportamento distinto conforme o indivíduo, já que se verificam frente a estímulos diferentes e obedecem a ordens distintas. Desta maneira, para a mesma nota, soma dos pontos ponderados, que permite obter uma idade mental global, diferentes sujeitos apresentaram perfis muito desiguais quanto à distribuição relativa dos rendimentos parciais em cada habilidade.

Porém a partir do ponto de vista diacrônico, que é o que nos interessa especialmente, não podemos deixar de constatar que a evolução das condutas em cada área pode ser explicada pela aquisição sucessiva de certos esquemas que não são exclusivos de cada habilidade, mas comuns a todas elas. Então os resultados obtidos pela análise fatorial se justificam uma vez que põem

144 · Psicometria Genética

em jogo processos de acordo com o tipo de estímulo empregado — quer seja signos, indícios ou sinais — e o tipo de problema a ser resolvido — quer seja de identificação, designação, comparação —, mas podem ser completados com uma análise de como essas diferenças se articulam por assimilação a esquemas estruturantes da realidade que variam com a idade da criança.

E isso é factível porque a prova foi elaborada levando em conta distintos níveis de idade cronológica, dividida em intervalos muito pequenos de dois meses. Thurstone nos permite observar no protocolo o peso de cada rendimento no total, já que a distribuição dos pontos brutos não está reduzida a

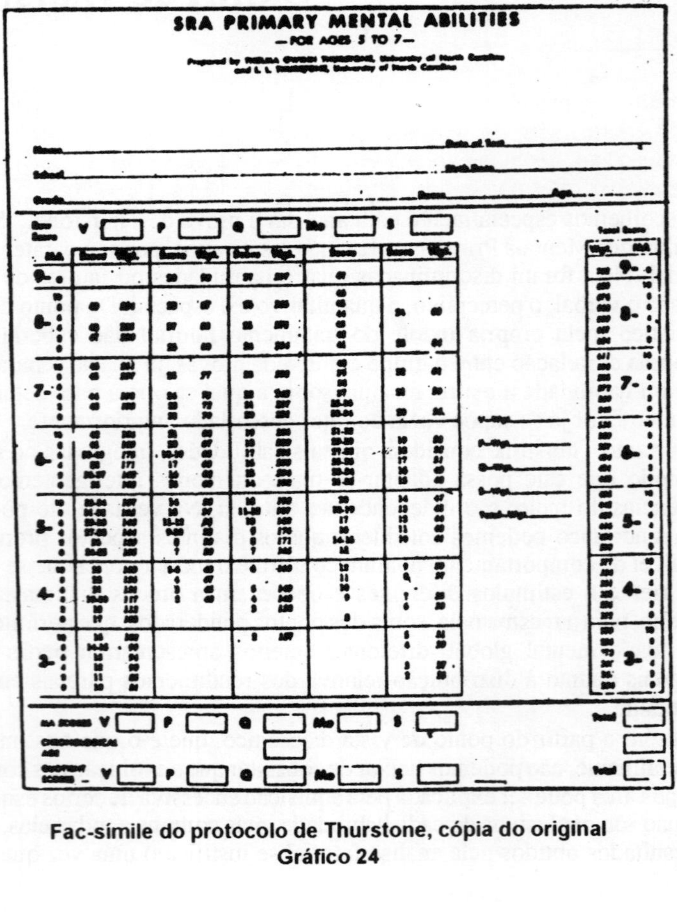

Fac-símile do protocolo de Thurstone, cópia do original
Gráfico 24

Medida multifatorial das habilidades primárias 145

seu valor normalizado mas mostra, precisamente, seu valor relativo a respeito de um rendimento global esperado para cada idade.

Para simplificar, se pegamos os pontos ponderados parciais que correspondem respectivamente a um total de 624 e de 468 correspondentes, em média, às idades mentais de oito e seis anos, e determinamos sua diferença:

	Verbal	Perceptivo	Quantitativo	Espacial	Total
8 anos	216	80	264	64	624
6 anos	162	60	198	48	468
diferença	054	20	066	16	156

concluímos que a habilidade quantitativa e verbal revelam mais a inteligência do sujeito, do que a perceptiva e a espacial. Na verdade, se relacionamos a pontuação ponderada com a pontuação bruta, ou seja a quantidade de itens superados no mesmo período, obtemos:

	Verbal	Perceptivo	Quantitativo	Espacial
8 anos	47	26	24	23
6 anos	35	15	14	15
diferença	12	11	10	08

o que significa que no nível verbal cada item correto aumenta em seis pontos a pontuação ponderada; em compensação, no nível espacial só se beneficia com mais dois pontos. Em conclusão, para demonstrar um nível de inteligência superior parece mais importante ter um bom rendimento quantitativo do que um bom rendimento espacial, por exemplo. E isso não deve nos surpreender, pois os tipos de comportamentos envolvidos nas provas verbais e de manipulação de quantidades apontam mais para uma estrutura operatória do que a das outras.

Por outro lado, este teste noS interessa especialmente, porque se situa em um período de transição entre o pensamento pré-operatório e o operatório, lógico e reversível. Poderemos destacar, então, o limite preciso em que uma tarefa deixa de ser resolvida num nível intuitivo, configural, e só pode ser assimilada a uma estrutura mais equilibrada do pensamento.

Habilidade verbal

Segundo o manual, trata-se da habilidade de compreender idéias expressas por palavras. Na realidade, a prova consiste em relacionar dois significantes, um signo e um símbolo gráfico a um mesmo significado e, deste ponto de vista, trata-se de medir o nível da função semiótica. Porém já sabemos que esta função que se constrói no estádio da representação, integra-se às estruturas operatórias, pelas quais a criança começa a hierarquizar e classificar seus conceitos, de tal maneira que aqueles significativos que antes dos seis anos são intuições baseadas em arquétipos quase simbólicos, transformam-se em verdadeiros conceitos.

Analisaremos em detalhe os itens que supõem uma mudança de critério em sua construção; o número assinala a ordem da folha de prova que se computa e a letra a ordem do item nessa folha.

1a
Instrução: "marquem a fruta" (coletivo), "mostre a fruta", "ponha o dedo sobre a fruta":

3.1

Das quatro alternativas apresentadas, três são comestíveis; portanto, ainda que se trate de uma denominação substantiva as coleções não figurais devem estar construídas. "Fruta", apesar de ser um nome genérico, não é entendido aqui como uma classe mas como um conjunto de objetos, tanto é assim que a representação é feita através de um montão delas. Piaget se refere à precocidade das noções genériCas que são promovidas por hábitos verbais, uma vez que a criança considera como "fruta" diversas frutas, mesmo antes de especificá-las. Porém, tais noções não resistem nem à definição — já que as crianças antes dos seis anos dizem que a laranja é "para comer" e dificilmente "uma fruta" —, nem à quantificação, pois diante de oito laranjas e duas maçãs dizem que "há mais laranjas do que frutas, porque há muito poucas maçãs". Em resumo, a criança indica aqui uma coleção e não

Medida multifatorial das habilidades primárias

uma classe, esgotando-se a sua compreensão na figuração e na funcionalidade de seus membros individuais.

Os objetos seguintes, ainda que sejam designados por substantivos, acham-se mais afastados da experiência imediata da criança como "coroa" e "flecha"; mas as alternativas não perturbam a escolha. Em compensação, para marcar o "cisne", a criança deve conhecer uma característica específica dessa ave, como por exemplo, que não voa, pois uma alternativa mostra um pato voando. No item seguinte se supõe uma definição pela classe superior, dado que solicita que assinala a "fera", e a figura correspondente mostra um leão, porém, de certa maneira, o leão também simboliza as feras, pelo que poderíamos chamar aqui de uma transição entre símbolo e conceito. No último item da página, a instrução é "assinale o artista", mas as alternativas supõem a compreensão do agente da ação:

3g

Tal agente deve ser discriminado do fim e dos meios, dentro de um esquema comum ao qual podem estar assimilados os distintos objetos.

Na página seguinte dá-se outro tipo de instruções; assim para o primeiro item é: "O que poderiam dar de presente a você no Natal?. Mostre-me."

4a

As quatro alternativas apresentadas têm relação com as festividades do Natal; portanto trata-se de saber se a criança discrimina funcionalmente, dentro do esquema global, ao qual se refere. Os itens subseqüentes complicam a tarefa, não só porque as instruções supõem uma condição dupla, mas porque as alternativas favorecem uma assimilação egocêntrica. Assim "mandar uma carta" é assimilado diretamente com carteiro, sem atender à condição "o mais rápido possível" que supõe, além disso, a ordenação dos objetos apresentados segundo sua velocidade, mesmo qUando esta possa ser realizada passo a passo como transição. O quarto item da página mostra:

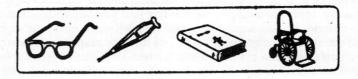

4d

Com a instrução de: "Assinale o que é que ajuda um senhor velhinho, que não pode ver bem para ler seu livro". A criança pequena indica em geral o livro, por ser a palavra nomeada, diretamente assimilada à imagem. Também a cadeira de rodas é assimilada por compartilhar o esquema de "senhor velhinho". Para poder considerar a modalidade da situação supõe-se na criança certa socialização paralela a uma descentração que lhe permita levar em conta mais de uma perspectiva ao mesmo tempo. O penúltimo item nos permite ver como a criança não pode aceitar uma informação enquanto não dinamiza seus esquemas de modo a integrá-la. Assim, apesar de reconhecer a medalha e saber que se dá medalhas "a alguém muito valente", assinala os bombons diante da seguinte figura:

4f

Cuja instrução é "Marque o que deram a um soldado muito valente".

Na página cinco não se trata de discriminar modalidades de uma mesma situação para verificar a mobilidade dos esquemas, mas se os esquemas são discriminados entre si. Os primeiros itens se referem a distinção dos meios para conseguir um fim e os objetos são definidos pela sua funcionalidade: para saber quanto frio faz, para abrir uma porta. Em seguida, destinam-se mais a verificar o agente efetivo de uma ação, por exemplo:

5d

com a instrução: "Assinale quem cultiva aquilo que nós comemos". O pensamento egocêntrico, reduzido à experiência imediata e mágico-fenomenista, considera que a mãe provê tudo aquilo que se come, ou quando muito o quitandeiro "da esquina". O fato de que os alimentos devam ser cultivados, é, em si, uma noção estranha para uma criança da cidade porque os supõe sempre no estado em que os vê. A outra alternativa verifica o alcance da ação de cultivar, como modo específico de prover alimentos, tarefa que o pescador também cumpre.

O item seguinte pergunta: "Qual é o animal mais forte? Marque-o". É surpreendente encontrar, em um nível verbal, uma prova nítida de seriação, a menos que a entendamos como a informação que o sujeito tem sobre essa aptidão nos animais, base para a ordenação efetiva. Em vez disso a última, que mostra três frutas e uma cenoura, é preponderantemente informativa, pois solicita assinalar "o que cresce embaixo da terra?".

Na página seis a instrução se dá de tal modo que a criança deve completar o pensamento que é sugerido. Assim o primeiro item:

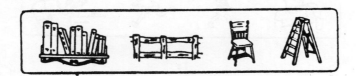

6a

tem por instrução: "Assinale a figura que completa esta história: se você tem que pegar um livro em uma estante, e não tem uma escada, pode usar...". Em primeiro lugar a criança deve determinar a diferença entre meio e fim, para não escolher a estante. Esta possibilidade, que começa a se compor no último estádio sensório-motor do bebê por eficiência das próprias ações, é ainda mais estabelecida na etapa representativa porque é possível antecipar a ação. Apesar disso a criança costuma assinalar a escada por não ter incluído na situação o fato de que deveria prescindir dela; isto ocorre quando os indícios perceptivos são ainda mais fortes do que a reconstrução imaginária que, neste caso, deve conotar uma classe, já que a negação "não-escada" supõe uma subtração entre os objetos para alcançar. Pelos esquemas motores que são supostos podemos falar ainda de transição entre configurações e conceitos. Em outras situações propostas deve-se considerar "que é inverno", ou que "se trata de um menino grande", o que sempre supõe subclasses dentro de classes. Talvez um exemplo mais evidente do que dissemos seja o penúltimo item no qual diante de um cofrinho, uma caixa registradora e uma carteira de mulher, o sujeito deve completar "quando o dono do armazém me deu o troco, eu vi o dinheiro que ele tinha em ...". Aqui se especificam as várias classes dos objetos onde se guarda dinheiro de acordo com o agente que o faz.

A verbalização que vimos até agora estava centrada na compreensão da frase e no sentido de estabelecer a modalidade e a circunstância do objeto que se procurava definir. As alternativas verificavam a construção correta de esquemas de ação, coleções e classes, e eventualmente de classes complementares. Na página sete as alternativas representam momentos de uma seqüência ou história em que a criança deve determinar, dentro da mesma, a situação que é descrita como atual. Assim, a instrução do primeiro item diz: "Depois de lavar o rosto e tomar seu desjejum, Juan levou seus livros ao colégio. Marquem".

7a

A criança deve aceitar que o ato do qual se fala aconteceu depois dos outros; portanto uma primeira ordenação se impõe conforme um antes e um depois, mas de tal maneira que essas noções se complementem e se anulem. A seqüência temporal é construída passo a passo, no período sensório-motor, ao mesmo tempo que são determinadas certas relações muito primitivas de antecedentes e conseqüentes em ações afetivas, a princípio assimiladas indiscriminadamente a um mesmo esquema circular. Porém para reconhecer um momento em uma seqüência é necessário que uma imagem temporal de ordem imediata tenha sido internalizada.

Medida multifatorial das habilidades primárias

No quarto item não verifica a discriminação antes-depois mas, na mesma situação atual, distingue o real do desejável, ou seja, mede o nível de socialização no sentido de que deixa de predominar a assimilação sobre a acomodação e há adaptação completa. O item representa o seguinte:

7d

E a instrução diz: "Luísa parou diante da janela, olhando como chovia fora, e desejou poder caminhar pela rua, debaixo do guarda-chuva".

Como se pode observar, nesta prova não é tão importante a instrução e a sua resposta, mas a índole das alternativas que, por sua escolha, nos indicam diretamente o tipo de raciocínio e de confusão que guiou a criança. Assim, no último item, cuja história é "José está transportando folhas em seu carrinho para fazer uma fogueira", se o sujeito escolhe a representação da criança levando as folhas em uma cesta confunde o meio, se escolhe a representação da criança vendo queimar a fogueira confunde a ordenação temporal, se escolhe a "José juntando as folhas com o rastelo", indica a necessidade da criança de voltar a começar a história desde o princípio, por falta de reversibilidade na ordenação.

A prova verbal seguinte é de índole muito distinta em relação às que analisamos até agora e seria muito importante adaptá-la a nosso idioma, pois, por suas características constitui um instrumento precioso de prognóstico para a aquisição adequada da escrita e da leitura no início da vida escolar.

Na verdade, cada item representa dois objetos, cujos signos do ponto de vista fonético diferem muito pouco. Assim, inglês, *cake* (queik) e *skate* (squeit); depois *bed* e *bread* (bred), etc.; que no idioma espanhol traduzem dificuldades de reconhecimento entre palavras tais como *hilo* e *hielo*; *capa* e *carpa*; *hombro* e *hombre*; *calvo* e *clavo*; etc. Já sabemos que a determinação correta provém de bons esquemas construídos no nível sensório-motor, ou nos quais é coordenado um esquema auditivo que compromete o som ouvido, e um esquema fonético que compromete o sistema neuro-muscular do aparelho fonador e, de certa maneira, também o respiratório. Porém também aparecem problemas de ordem em sílabas ou labilidade na contrução de sílabas de três letras (cla-cal), que supõem uma coordenação por imitação acomodadora, já que não são sílabas que aparecem espontaneamente no balbucio. De qualquer forma este comportamento compromete sobretudo a percepção, os esquemas sensório-motores e a formação de imagens por imitação, não interessando muito ao nosso propósito observar como se passa do nível intuitivo para o operatório.

Habilidade perceptual

Na realidade, a prova se chama "velocidade perceptual" e segundo os autores, mede a habilidade para reconhecer semelhanças e diferenças, rapidamente e com segurança. A referência à velocidade é necessária porque através dela nós tomamos conhecimento da estratégia que a criança usa para chegar à solução. Se a tarefa é cumprida por regulação perceptiva e o sujeito se centra sucessivamente em cada parte do modelo e em cada parte de cada alternativa, o tateio necessário para tal empresa lhe permitirá solucionar só os itens mais simples e em um tempo muito longo. Se por descentração intuitiva a criança é capaz de determinar ao mesmo tempo várias partes ou infraclasses, poderá diminuir em parte o tateio, uma vez que organiza a busca de semelhanças; assim poderá solucionar outro grupo de problemas que supõe dois fatores em jogo. Porém alguns itens exigem uma classificação mais ordenada, pois estão representadas partes de partes, o que supõe uma hierarquização infralógica da configuração que depende de uma estrutura de pensamento operatória.

Para a administração individual a instrução geral é a seguinte: "Qual destes (e mostra-se a fila de alternativas) é igual a este (e mostra-se o modelo, emoldurado à esquerda). Continuem trabalhando até que lhes diga (espera-se um minuto e meio e interrompe-se a tarefa das páginas onze e doze)".

10a

· Este primeiro item não obtém resposta positiva enquanto a criança não começa a organizar as primeiras coleções. Antes disso insiste em que "são todos porquinhos", e por isso mesmo, iguais. Quando discrimina, explica

Medida multifatorial das habilidades primárias 153

afirmando "porque olham para lá" e assinala também o quarto porquinho. Depois notam que o pescoço é diferente, estabelecendo a primeira descentração, que, a princípio, é sucessiva já que o sujeito volta ao modelo para buscar outro indício de reconhecimento, torna-se rapidamente simultânea. Ao organizar infraclasses, como pescoço, orelhas, orientação, e suas especificações, liso, baixas, perfil parcial, a tarefa se equilibra até tal ponto, que o reconhecimento poderia ser tomado por um *insight*.

Os itens subseqüentes aumentam sua dificuldade enquanto só um fator é considerado para a discriminação, que pode ser de forma ou orientação, porém tais indícios são confundidos cada vez mais na configuração total, sobretudo se o sujeito se baseia somente neles. Na página onze o primeiro item combina com os dois critérios, o formal e o de orientação, tornando obrigatória a descentração que torna possível o reconhecimento. Outro, onde aparecem quatro flores, relaciona o centro das mesmas e as pétalas, isto é, dois critérios formais aplicados a duas partes distintas da configuração. Certamente, a coordenação de descentrações aparece como uma transição para a etapa operatória que se dá com maior rigor na penúltima figura da página.

11f

Como se pode observar, ocorre uma primeira dicotomia entre árvores com e sem copa e, só depois deste descarte, outro que se apóia no critério formal pela divisão dos galhos, por exemplo, ou pela linha marcada na base da árvore. Isto supõe uma operação infralógica, capaz de hierarquizar partes significativas dentro de uma configuração.

Para as páginas doze e treze o tempo limite de execução é de dois minutos, com a mesma instrução para a administração individual. Como se observa na figura que corresponde ao primeiro item, trata-se de uma representação esquematizada de um objeto e as alternativas referem-se ao mesmo objeto total, variando a coloração das partes:

12a

Assim, a operação é obrigatória, ainda mais neste exemplo em que a distribuição é por metades. Contudo, a dicotomia não é obrigatória porque o quarto desenho é o único que possui cada um dos critérios de escolha. Em compensação, na última figura a solução é encontrada multiplicando "os arcos na frente" pelos de "olho redondo", dado que as outras opções, determinadas se for levado em conta um só fator, estão presentes.

12h

Em alguns itens, além de uma primeira dicotomia por forma ou cor, aparece uma comparação posterior de tamanho de algum detalhe ou sua posição relativa na figura que leva a criança a assumir certas relações topológicas; por exemplo, a de em cima-embaixo, na penúltima figura da página treze:

13g

Habilidade quantitativa

Segundo os autores, e falamos no plural porque Thurstone construiu este teste com a colaboração de sua esposa Thelma Gwinn Thurstone, a quantitatividade supõe comportamentos que tendem à compreensão do significado dos números e ao reconhecimento de suas diferenças quantitativas. Contudo, as provas que serviram para isolar o fator quantitativo neste caso, não só tratam de relações de quantidade (de mais que, de menos que, e proporcionais), mas de um fator que em provas para adultos já havia sido definido como distinto e que é o fator numérico, o qual se refere mais à determinação dos conjuntos cardi-ordinais e ao estabelecimento entre eles de relações de cálculo, como a adição, a subtração, a multiplicação e a divisão.

Todos os itens da página quinze têm por tarefa a delimitação de um conjunto em outro maior, que se expressa assim: "risque três tesouras ..., risque seis regadores...,etc.", estando as figuras respectivas representadas repetidamente em fileiras contínuas como a seguir:

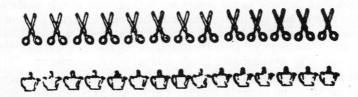

Em primeiro lugar, a tarefa supõe o conhecimento da série numérica; além disso, a capacidade de atribuir cada número da série a cada objeto de maneira progressiva e unívoca e, em último lugar, compreender que o último número da série contada designa o conjunto de elementos que inclui o conjunto. Esta integração de série e conjunto de elementos é que promove a noção de número à sua classe conceptual e operatória. É evidente que para determinar três coisas não se necessita ter essa noção, já que a quantidade aparece na configuração e até por meio de retornos contínuos à unidade a criança poderá representar um conjunto dígito; porém isso não será possível quando se tratar, por exemplo, de treze objetos, pois a esta altura a criança necessita de um pensamento reversível, que lhe garanta a conservação das treze unidades ao aumentá-las uma a uma. Por isso é interessante, nesta prova, não se ater só ao resultado, mas observar a estratégia da criança durante a execução, especialmente observar se conta as marcas, ou se risca e conta cada vez para verificar o número de objetos já marcados. No primeiro caso a criança atua

156 Psicometria Genética

a partir de uma estrutura operatória, no segundo caso, a regulação de sua conduta é intuitiva.

Na página dezesseis a distribuição gráfica da tarefa é similar, mas as instruções são muito distintas. No primeiro item se solicita à criança que risque o primeiro e o último dos peixinhos. É evidente que só um pensamento descentrado pode observar as duas relações ao mesmo tempo. O segundo item impõe a determinação de conjuntos, mas de maneira que um seja maior do que o outro, assim não será necessário contar os elementos pois os intervalos são iguais; neste sentido não podemos estar seguros de medir a noção de maioria em seu sentido numérico, já que é provável que a criança aceite o indício perceptivo do espaço ocupado para orientar a comparação. Para efetuar a tarefa de marcar o vaso que está junto ao último, duas relações devem ser coordenadas, e ainda que se dêem configuralmente a tarefa supõe uma transição para a reversibilidade que deve ser cumprida no item seguinte que tem por instrução: "Risque todos os espanadores menos três". Na verdade, a relação entre o todo, o que fica e o que se risca deve constituir um sistema completamente equilibrado. Os últimos itens propõem o mesmo problema, mas especificamente na ordenação, ao pedir, por exemplo, "Risque todos os cabritos, menos o segundo". Quanto ao último supõe uma divisão pela metade que alguns representam riscando a figura pelo meio e outros, com um nível melhor, contam o total, dividem-no por dois e limitam o respectivo conjunto. Os menores procuram, regulativamente, estabelecer por comparação dois conjuntos iguais, mas geralmente fracassam.

Na página dezessete os objetos estão distribuídos por fileiras, do mesmo modo que vimos no exemplo, mas antes de marcar a criança deve resolver um problema; assim para o primeiro item: "João e Pedro querem remover a terra, quantas pás necessitarão?", a criança pode resolver no nível imaginativo antecipado a ação dupla de "uma pá para cada um", mas igualmente pode ser resolvido no nível prático. O problema seguinte, em compensação, é de transição para o nível operatório, pois para a instrução "todos os carros estavam estacionados, dois foram embora, marque os que ficaram", a criança deve determinar que os que não foram, ficaram, como classes complementares.

O terceiro item da página traz um problema que preocupou Piaget quando estudou a socialização do pensamento como possibilidade de integrar uma multiplicidade de pontos de vista. Assim, a criança pequena não conta a si mesma como irmão, pois não relativiza essa relação; só depois dos cinco anos é capaz de integrar sua perspectiva como irmão e a de seu irmão em relação a ele. À parte deste problema, a situação proposta pela instrução "um ratinho tem duas irmãzinhas e dois irmãozinhos, quantos ratinhos há na família?" obriga a uma adição de termos que ainda podem ser resolvidos passo a passo na própria configuração.

Os últimos itens, por suporem uma reversão forçada, indicam que o sujeito que os supera trabalha sobre os números de maneira lógica e operatória. Assim, diante do enunciado que diz: "as crianças da escola enfeitaram a arvorezinha, os meninos puseram quatro enfeites, quantos enfeites puseram as meninas?", é necessário que dentro do "todo", "os enfeites colocados pelos meninos", e "os enfeites colocados pelas meninas", ocorra uma relação que possa ser lida em ambas as direções, conservando-se o todo e as partes apesar das transformações que são exercidas sobre eles pelas respectivas operações de adição e subtração.

Habilidade espacial

A espacial é considerada pelos autores como uma habilidade para visualizar e pensar acerca de objetos em duas dimensões. Recordemos brevemente que, para Piaget, a noção de espaço não se constrói a partir da percepção, nem é menos ainda uma categoria prévia que o ser humano projeta sobre os objetos; a fonte da noção de espaço para ele é a ação; em primeiro lugar a do próprio corpo do bebê sobre os objetos, que posteriormente e como esquema converte em uma propriedade dos objetos, para terminar coordenando, por integração dos deslocamentos, o grupo prático como estrutura geral e reversível da atividade prática. No nível representativo, as imagens, como internalizações de ações de imitação por acomodação, conservam o aspecto sensório-motor original, integrando-o em uma função semiótica, já que a imagem se constitui em um símbolo figurativo do esquema do objeto. Porém esta imagem é estática e não pode responder pelas transformações e, portanto, pelo espaço como sistema de transformações possíveis, se não se integra em uma estrutura equilibrante operatória como as operações infralógicas. Tais operações exercidas sobre um objeto contínuo, dão lugar a três sistemas progressivos de organização do espaço. Primeiramente o topológico, no qual aparecem relações de "proximidade", "separação", "rodeio", etc., que fazem a geometria intuitiva do objeto. Para passar desta geometria egocêntrica para uma verdadeira representação do espaço por coordenação de perspectivas é necessário passar ao sistema projetivo que, em um nível muito elementar, permitirá à criança de sete anos o desenho da oblíqua em qualquer enquadre. Porém só com a passagem ao espaço euclidiano se garante a conservação das relações mútuas da orientação dos objetos apesar das transformações de enquadre, como por exemplo na tarefa de colocar palitos-árvores no sopé oblíquo de uma montanha e representar tal situação.

A tarefa que a prova de Thurstone propõe aos sujeitos para medir seus rendimentos na habilidade espacial é de dois tipos, embora incluam operações comuns. Os itens que aparecem nas páginas vinte e vinte-um obedecem a instrução "indique qual destas figuras (alternativas) completa um quadrado com esta (primeira figura da esquerda)". O primeiro item é o seguinte:

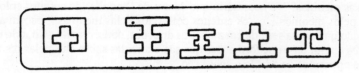

20a

Como se pode observar, trata-se de transportar áreas. Os indícios perceptivos, regulados em uma imagem antecipatória, substituem a ação do transporte prático da peça respectiva. A representação é simbólica, já que as crianças pequenas interrogadas clinicamente respondem "procurei uma cruzinha", para a pergunta "como você fez para saber qual era?". No quarto item assimilam o modelo a um vaso, mas a presença de oblíquas obriga a criança a procurar padrões patológicos de referência, assim afirma "tem que ir para o meio". O modelo seguinte traz uma dificuldade especial, pois a

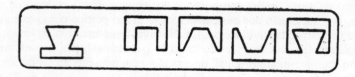

20d

peça que falta deve deslocar-se no sentido contrário ao que é determinado intuitivamente pelo ângulo, ainda que não haja alternativas para tornar patente a dificuldade que esta coordenação provoca, sistematização prévia do espaço. Na página seguinte a prova se complica pois a criança deve

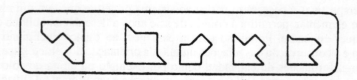

21d

Medida multifatorial das habilidades primárias

considerar vários critérios ao mesmo tempo, estabelecendo infraclasses dentro da configuração. Assim, no caso do quarto item da página vinte e um, algumas crianças procuram "um quadradinho e uma ponta", e outras marcam ao mesmo tempo a segunda e a terceira figura, não constatando diferença entre elas. Aos sete anos, geralmente passam o dedo pelo que falta, já subtraído o quadrado e afirmam "aqui há três lados". Podemos observar então como é a operação necessária para resolver por antecipação o completamento de configurações complexas, porém como, ao mesmo tempo, a atividade e a imagem conseqüente dirigem e coordenam tais operações.

No segundo tipo de provas espaciais se propõe uma tarefa de adequação perceptivo-motora e, portanto, não se verifica por escolha múltipla. Como no caso anterior deve completar uma figura, mas neste não se vai de duas partes para o todo imaginado, mas o modelo está presente e uma das partes deve ser reconstruída. Ao descrever a prova estamos já nos referindo agora a um isomorfismo parcial entre a adição no nível da regulação e no nível lógico; só que a regulação serve para enquadres muito simples e outros não podem ser equilibrados a não ser operatoriamente.

Depois de haver exercitado em uma folha de prova que não é computada, a instrução usada, é a seguinte: "Complete, desenhe o que falta neste desenho (à direita) para que fique igualzinho a este (à esquerda)". No primeiro item da página vinte e três aparece

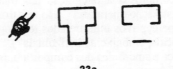

23a

que já exige uma descentração, pois os traços que faltam dois e são descontínuos. A criança pequena realiza esta tarefa em dois momentos, voltando ao modelo para completar a boa forma, a criança de cinco anos executa diretamente duas paralelas. A dificuldade que as oblíquas impõem à criança é vista na diferença de nível de execução da segunda e da quinta figuras, apesar de que nesta última a resposta esteja sugerida.

23b   **23c**

Que a imagem antecipatória da rotação provém da ação se torna evidente na posição que adotam muitas crianças para efetuar a tarefa, ou rotação que elas mesmas imprimem ao protocolo para "vê-lo de frente".
Na página seguinte há uma operatividade infralógica necessária que determina as subformas e suas respectivas carências. Assim, no primeiro item, as crianças descrevem sua atividade dizendo "falta um lado do quadradinho e, para o grande falta este lado"; a tarefa se complica no penúltimo item que a criança vê, quer como dois triângulos, quer como "um triângulo no qual aparece uma pontinha por baixo".

24a   24c

Neste último item, o aspecto projetivo do desenho se torna evidente e o que a criança pretende representar é, justamente, a inter-relação das partes ou "tirinhas" em função de um observador, ou ponto de vista possível. Aqui também é possível comprovar a integração das imagens cinéticas ("vai embaixo") e a sistematização operatória ("são três tirinhas"), com aproveitamento dos índices perceptivos interpretados topologicamente ("em cima são marcadas as verticais, embaixo as horizontais").
A análise diacrônica e sincrônica dos comportamentos promovidos pelas provas criadas pelos Thurstones, permite-nos um diagnóstico individual da inteligência a partir do nível de aquisição das estruturas gerais e como se aplicam, conforme os estímulos que importam para resolver os problemas. Sendo o aspecto configural tão importante na construção geral da prova, convém recordar a alusão feita por Piaget sobre a conveniência de um estudo topológico da imaginação, que do faz Com que alguns sujeitos chamados "intuitivos" aproveitem melhor que outros os dados visuais, ou motores, ou auditivos, integrando-os mais dinamicamente a seu pensamento.

Capítulo 9

A inteligência no adulto: Análise da bateria de provas Wechsler-Bellevue

Contrariamente ao que ocorre com a prova de Terman, derivada de uma revisão do Binet, a medida da inteligência para Wechsler não está relacionada a um critério evolutivo. Especialmente por motivos estatísticos, Wechsler evitou determinar os comportamentos significativos dos sujeitos de uma mesma idade e criticou especialmente o uso do quociente intelectual quando o desenvolvimento da inteligência deixa de ser proporcional à progressão da idade cronológica. Ele enfatizou a distribuição normal do rendimento dos sujeitos nas próprias provas, em distintas idades. Seu quociente intelectual não tem então um valor de relação, mas pode ser considerado como uma pontuação convertida, que determina o maior ou menor desvio do rendimento de cada sujeito em relação à média, sempre levando em conta que 50% da população está compreendida entre o QI 90 e o QI 110.

Porém na realidade o que determina o uso de cada um dos critérios a respeito do quociente intelectual não são tanto as diferenças teóricas, como as diferenças de objetivo. É certo que se a intenção é medir a inteligência no adulto interessa muito mais compará-lo com sujeitos de sua própria idade do que com os de outras idades. Podemos perguntar-nos qual seria a possibilidade de aplicação do modelo genético na conduta inteligente do adulto, pois se supõe que este já adquiriu as estruturas de pensamento formal que lhe permitem resolver qualquer tipo de problema criado igualmente por adultos. No entanto, a análise do comportamento médio vai nos mostrar que o nível de conceituação manifestado não é sempre ótimo e que mesmo os

162 Psicometria Genética

sujeitos normais apresentam dificuldades para a aplicação correta dos recursos intelectuais sob certas condições do estímulo.

Todas as provas supõem a aquisição de um esquema de ação com certa estrutura, mas aparecem certas tendências para a regressão, isto é, uma labilidade funcional pela qual o sujeito responde em um nível nem sempre correspondente a suas possibilidades reais em um exame clínico no qual é dirigido ou é ajudado a pensar. Por outro lado, costumam ser observadas diferenças significativas entre o rendimento verbal e o de execução de um mesmo sujeito, e também disparidades evidentes em seu perfil pessoal nas distintas provas. Isto nos indica que distintos fatores cognitivos perturbam ou facilitam o desenvolvimento das estruturas não só no sentido geral, mas no sentido individual, dado que cada sujeito tem uma constituição peculiar, experiência, ambiente, etc.

Será interessante então, em relação ao Teste de Wechsler, descrever os processos psicológicos envolvidos na resolução de cada subteste, levando em conta uma dimensão diacrônica, que nos daria o nível genético das estruturas presentes, e outra sincrônica, que seria a expressão da relação entre os componentes atuais dos distintos comportamentos.

D. Wechsler divide suas provas em duas áreas principais de comportamento sobre as quais nos proporciona dados estatísticos parciais: a verbal e a de execução. A diferença fundamental entre ambas é de natureza semiótica, dada a diferença da captação dos dados no estímulo ou tarefa sobre a qual se determina o comportamento. Nas provas verbais o sujeito trabalha basicamente com signos, isto é, com equivalentes significativos determinados socialmente; sua tarefa principal é estabelecer relações entre os significantes verbais compreendidos na solicitação e os significados elaborados a partir da aprendizagem e da experiência social, mas graças a estruturas que permitem a organização sistemática do conhecimento. Por outro lado, as respostas verbais exigem percorrer o caminho contrário, isto é, expressar os significados pelos respectivos signos. Recordemos que os signos não esgotam o significado, pois cada noção se refere além disso a imagens e representações dos objetos concretos; e se a palavra pode conotar um conceito, contudo não se confunde com o próprio conceito, que não é produto de uma operação verbal reversível capaz de hierarquizar logicamente a realidade concreta. Assim, para Piaget a palavra não é nem imagem, nem conceito, mas o significante de um processo que integra ambos os níveis, o da representação e o da conceituação, segundo um sistema referencial construído por operações classificatórias.

Quanto à área chamada de execução, os estímulos são concretos, materiais e as solicitações estimulam uma tarefa específica de ordenação desses objetos. Aqui não haveria signos, mas indícios perceptivos que nos permitem construir um objeto a partir dos dados ou partes e símbolos gráficos,

A inteligência no adulto

individuais, de situações ou objetos. As operações envolvidas são infralógicas, isto é, da parte para o todo configural, e algumas se baseiam nas relações topológicas, porém todas supõem uma organização de estratégia, medida por outro lado pelo tempo de execução, que se refere a operações francamente lógicas, como a seriação, ou causais.

Testes verbais

Informação

Material: trata-se de uma série de perguntas em número de 25, da qual damos três exemplos:

6) Onde se compra açúcar?
15) Por que o óleo flutua na água?
27) Que é um barômetro?

Trata-se então de um interrogatório composto por perguntas sobre as condições em que diferentes fatos se dão, condições de certa maneira arbitrárias e convencionais cuja determinação, por parte do sujeito, supõe uma experiência prévia que o tenha posto em contato com o tema da questão. As perguntas começam por advérbios interrogativos que orientam a resposta, eles são: *para que* (informação sobre o uso), *de que* (informação sobre o gênero), *quem* (informação sobre os agentes da ação), *quando* (informação sobre a localização temporal), *onde* (informação sobre a localização espacial), etc.

Em resumo, indagam sobre as relações de tipo causal ou modal que se dão em diversos acontecimentos. Supõe-se que as informações adquiridas são de domínio público ou pelo menos de acesso regular ao adulto alfabetizado com instrução primária. Mede-se assim a abertura, a capacidade de integrar fatos, a aprendizagem como incorporação de informação articulada no espaço e no tempo. Certamente todos lemos ou escutamos alguma vez sobre o que é o Alcorão, ou a primeira expedição ao Pólo Norte. A incorporação ou não desta informação é função da inteligência, enquanto esta supõe a captação, organização e integração de dados. Certamente que, assim mesmo, há uma seletividade motivacional que procura o aprofundamento em certos campos em detrimento da incursão nos diversos aspectos

164   Psicometria Genética

do conhecimento; por isso a prova mede também o nível de abertura do
intelecto em questão.

A dificuldade crescente depende da menor redundância com a qual o dado
aparece na experiência, podendo esta ser provocada pelo ensino sistemático
mas, muitas vezes, incrementada por atividades cognitivas de busca no
sujeito, o que se chama, em geral, inquietude para aprender.

Semelhanças

Material: Doze pares de palavras; o sujeito deve dizer em que se parecem,
por exemplo: laranja-banana.

A prova de semelhanças mede a possibilidade de estabelecer analogias.
Supõe a inclusão de duas classes em outra hierarquicamente superior, que
abranja a ambas. Portanto, a resolução de um problema do tipo "em que se
parecem um cachorro e um leão?", consiste em determinar aquela classe na
qual podem ser incluídos todos os cachorros e todos os leões, ainda que não
exclusivamente eles. A classe "animais" será efetivamente superior, porém
em seqüência indireta, portanto será de maior nível a resposta "mamíferos",
e com maior razão "carnívoros", porque evidencia a construção de hierarquias mais ricas e reversíveis. Deixemos claro que se denomina hierarquia
de classes a sua ordenação inclusiva, tal que enquanto a compreensão
diminui (quantidade de características definidoras), aumenta a extensão
(quantidade de indivíduos possíveis). Um exemplo: seres / seres vivos /
animais / vertebrados / mamíferos / felinos / gatos. É evidente que há menos
gatos do que animais, porém sendo gatos, são acrescentados aos seus
caracteres de gatos os que têm por serem felinos, por serem mamíferos, por
serem vertebrados, etc. A resposta "em que têm rabo" seria referente à
superposição das duas coleções de objetos conforme suas características
configurais ou partes; uma resposta do tipo "o leão come o cachorro" seria
resultado da simples assimilação dos objetos nomeados a um esquema de
ação de cuja internalização as palavras se tornam símbolos, sempre a nível
representativo.

A dificuldade crescente para determinar a classe superior depende do
afastamento progressivo dos elementos envolvidos. Deste modo a classe
"animais" é empírica no sentido de que mesmo a criança pequena denomina
com este vocábulo a muitos animais mesmo antes de conhecer seus nomes
específicos. Assim, por exemplo, no caso do "poema e a estátua", se o
sujeito pode definir a cada um em separado como "obras de arte", não terá
dificuldades para responder corretamente; porém se simplesmente chega a
uma definição sinônima ou descritiva como "verso", "pedra talhada", não

A inteligência no adulto

conseguirá incluir as duas subclasses na hierarquicamente superior. Em outros casos, como o de "... ovo e semente", a referência comum é mais do que conceitual, porque o fato de ser a origem da vida poderia ser considerado como causal.

Ainda que Wechsler aceite as respostas funcionais, considera como pontuação zero as que se baseiam em indícios configurais ou que confundem a parte com o todo, como por exemplo para "... bicicleta e automóvel", as respostas "ser de ferro", ou "ter rodas". Insiste bastante no sentido essencial da semelhança considerando negativo para o item "ovo-semente" que possam ser considerados como alimentos, ou para "recompensa-castigo" que possam ser considerados "para se corrigir". Entre as respostas negativas figuram também as que fazem analogias entre as partes, como por exemplo, "que as moscas têm asas, e a árvore tem folhas."

Estes resultados nos indicam que os sujeitos adultos, apesar de terem adquirido estruturas hierárquicas através das operações de classificação, são passíveis de apresentar comportamentos regressivos quando os objetos da tarefa escapam à sua experiência.

Compreensão

Material: 10 perguntas, do tipo:

5) Por que os sapatos são feitos de couro?
10) Por que as pessoas que nasceram surdas são incapazes de falar?

Os problemas expõem situações que são resolvidas pela aplicação, tanto seja de normas éticas, como de leis. Outras vezes é diretamente a razão do uso de tais regras de comportamento. As respostas positivas supõem a superação da etapa egocêntrica e a socialização progressiva, que permite julgar os fatos de uma perspectiva social total como sistema de coordenação de pontos de vista.

A prova mede a disponibilidade de critérios de ação maduros e não a possibilidade de aplicá-los, o que derivaria em um problema de personalidade não controlável pela pergunta. Na verdade, uma pessoa pode responder positivamente que "ao perceber fogo em um local público, trataria de avisar as autoridades da sala", e contudo gritar espantada se a ocasião ocorresse realmente.

A dificuldade crescente desta prova consiste nos níveis de generalização das normas em questão, passando assim de regras a serem seguidas nas relações domésticas e concretas a leis jurídicas que produzem a organização da sociedade inteira. Assim, por exemplo, a pergunta seguinte: "por que um terreno na cidade custa mais do que no campo?", supõe no sujeito a capacidade de ponderar os fatores de oferta e procura em jogo em ambas as situações, e não buscar uma solução parcial, como por exemplo "a cidade tem mais gente". Entretanto, em função da freqüência deste tipo de respostas as mesmas se beneficiam com crédito de um ponto, considerando-se negativas as eminentemente egocêntricas como "é mais agradável viver na cidade".

Quanto às normas, há uma pergunta que interroga diretamente sobre a necessidade da lei, considerando-se dignas de dois pontos as respostas que definem a situação social formalmente, e de um ponto quando a compreensão se verifica no nível prático: "Se não houvesse leis as pessoas fariam o que quisessem". É notável o egocentrismo ainda evidente em alguns adultos normais que dizem: "as leis são para obedecer", resposta que não merece bonificação.

Aritmética

Material: apresentam-se 10 problemas, cujos enunciados são, por exemplo:

4) Quantas laranjas você pode comprar com Cr$ 36, se uma laranja custa Cr$ 4?
9) Se um trem percorre 150 m em 10 segundos, quantos decímetros percorre em 1/5 de segundo?

O problema é proposto por meio de um enunciado que expõe uma situação na qual se dão relações quantitativas. Interroga-se sobre um dado capaz de ser derivado por meio de um cálculo definido pela compreensão das relações apresentadas. Assim, por um lado, o sujeito deve determinar que tipo de relação se dá entre o conhecido e a incógnita e, por outro, deve efetuar mentalmente o cálculo correto. Tanto a operação como o cálculo supõem basicamente o mesmo nível de operação reversível para integrar mutuamente a classificação e a seriação, porém a realização da conta supõe certos automatismos de cálculo que podem determinar o fracasso no item, mesmo quando tenha havido uma boa compreensão das relações em jogo.

A dificuldade progressiva dos itens consiste no uso de números mais altos na série, o que impossibilita uma referência unívoca com elementos para contar, especialmente os dedos; isso evita que a contagem possa ser efetuada a partir da unidade, a qual constitui uma soma pré-operatória, uma simples reunião de coleções. Um adulto médio é capaz de responder a problemas que

A inteligência no adulto 167

supõem duas operações consecutivas das quais a segunda integra os dados da primeira; deste modo, o problema seis está construído conforme esse esquema, e corresponde à pontuação bruta 6, a ponderada 7, limite inferior do primeiro desvio.

Há um problema que é interessante pois supõe duas estratégias distintas, diz assim: "Se 7 kg de ameixas custam Cr$ 25, quantos kg podem ser obtidos com Cr$ 100?". A redução à unidade, que é o estereótipo usado na escola, dificulta a resolução por que 25 não é múltiplo de 7; em compensação, a proporcionalidade entre 100 e 25 pode ser aplicada rapidamente à razão 7/x. A compreensão e aplicação das proporções supõem a capacidade de construir um sistema coordenado, não mais simplesmente de séries (tabelas), mas das próprias operações.

O último problema diz: "8 trabalhadores podem terminar um trabalho em 6 dias, quantos trabalhadores são necessários para terminá-lo em 1/2 dia?". É sobretudo a dificuldade para conservar idêntica a quantidade de trabalho em ambos os casos o que determina o fracasso freqüente nas respostas, pois o sujeito tende a pensar que em meio dia se trabalha menos do que em 6 e, portanto, que se necessitam menos trabalhadores. A resposta 24 é freqüente, e indica a fragilidade da construção operatória que não resiste em relação ao indicador de metade, usado estereotipadamente. Neste problema é dada bonificação por tempo, já que é possível tatear ante a impossibilidade de dividir 8 por 6; se em vez de 8 fosse usado o número 12 seguramente o erro indicado seria muito mais favorecido.

Dígitos ou Números

Instrução: "Eu vou dizer alguns números: escute com atenção e quando eu terminar repita-os exatamente". Para a repetição no sentido inverso se acrescenta: "Desta vez quando eu terminar você tem que dizê-los ao contrário".

Há um máximo de nove dígitos na série direta e oito na inversa.

Trata-se da repetição imediata de uma série arbitrária ou seqüência de números.

Assim, pois, resolve-se por imitação, uma imitação que se organiza em um nível representativo temporal. Quando se trata de dois números os estímulos são organizados em pares, e a mesma percepção de três, com seu elemento médio favorece a regulação. Porém dados quatro elementos só a descentração em pares pode favorecer a solução intuitiva. Depois desta quantidade será necessário organizar os estímulos conservando não só os elementos individuais mas as relações entre eles, o que supõe certa métrica

168 Psicometria Genética

que dará ao conjunto uma "forma" melódica, não apriorística, mas construí-da. A inclusão desta prova entre as verbais e não entre as de execução, revela justamente este aspecto conceitual do número.

Vocabulário

O material consiste em uma lista de 42 palavras para definir. Como exemplos:

10) toucinho
20) nitroglicerina
30) lantejoula
40) asséptico

As palavras são signos, isto é, cumprem uma função significante, enquan-to indicam significados constituídos por compreensão das respectivas pro-priedades específicas e as das classes onde estão incluídas. Ao ser solicitado o significado de uma palavra, o sujeito a assimila a um esquema referencial complexo no qual tal conceito é um elemento inter-relacionado. A definição do mesmo se realiza, precisamente, tornando essas relações explícitas. Assim quando se pergunta o que quer dizer "maçã", não se trata de saber se o sujeito seria capaz de reconhecer uma maçã entre outros objetos, mas de verificar se o objeto está situado em um sistema de referências, isto é, se tem significado.

Este sistema de referências pode ser primitivo quando o sujeito responde "para comê-la", pois a palavra assumiria a representação quase-simbólica do esquema sensório-motor no qual está assimilado o respectivo objeto. Esta definição instrumental é enriquecida no nível representativo com outros fatores que configuram a situação, mas que não são sempre essenciais: "descasca-se, dá-se de sobremesa". No nível conceitual é definida como uma fruta, referindo-se ao conceito superior onde se inclui como classe e não como uma coleção particular de objetos. O mais correto é chegar a uma definição que convenha só a este significante e a seus sinônimos, por exemplo, "fruto da macieira".

Na prova de Wechsler, o vocabulário é pontuado com um ponto e meio. Em geral, esta diferença se refere ao nível de generalização conceitual que as respostas evidenciam. Por exemplo, tratando-se de "diamante" a defini-ção de "pedra preciosa muito dura" recebe todo o crédito, mas se as mesmas qualidades são descritas como uma função, por exemplo "serve para fazer jóias", "serve para cortar vidro", o crédito se reduz à metade.

A inteligência no adulto

Certos vocábulos, como por exemplo, "xiling", "cedro", "nitroglicerina", não medem tanto o nível da função semiótica, mas a diversidade e a amplitude das classificações sistemáticas, isto é, o conhecimento verbal. Em compensação, é interessante observar as respostas a uma palavra comum, como pode ser "unha", que alguns definem como "extremidade dura do dedo", outros como "serve para arranhar", e já na qualidade de resposta sem valor, como "para se pintar". Talvez sejam estas palavras mais simples as que permitem discriminar com maior facilidade a capacidade verbal como disponibilidade operatória. Assim, uma palavra como "borda", que é freqüente no uso, para muitos sujeitos está assimilada à noção de fim ou término, em vez de considerar simplesmente seu significado de limite concreto.

Os últimos termos, afastados de certa maneira da experiência cotidiana, permitem enfatizar certo tipo de confusões, como a definição de um vocabulo pela situação à qual está unido "estrofe ... do Hino", ou por sua semelhança morfológica com outra, por exemplo, para "dilatação", "que aumenta seu tamanho" (dilatação).

Em resumo, com esta prova se procura medir a riqueza e a plasticidade dos sistemas de referência significativa e certamente a possibilidade de construir classificações.

Testes de execução

Cubos

Material: Dezesseis cubos nos quais cada face está pintada de uma cor distinta e nove cartões com os modelos para reproduzir (dois são de demonstração). Administra-se com limite de tempo.

Trata-se da prova clássica de S. Kohs para medir a adequação da manipulação de áreas, isto é, os deslocamentos e rotações antecipatórios que se dão no nível representativo a partir da organização dos índices perceptivos. A base de tal organização é o estabelecimento de relações topológicas normais, isto é, que as referências "em cima-embaixo", "fora-dentro", etc. não estejam perturbadas por lesões corticais que poderiam alterar a leitura imediata da realidade, em nosso caso, o modelo e os cubos. Em segundo lugar ocorrem operações infralógicas de divisão que permitem ao sujeito a análise do modelo em função do elemento quadrado que vai servir para reconstruí-lo, isto é, que o modelo será dividido em quatro quadrados.

Finalmente, por regulação analógica e adição de partes a síntese original do modelo III poderá ser recomposta:

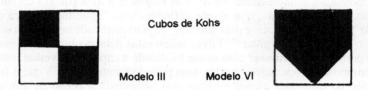

Quando aparecem diagonais verifica-se um problema de orientação que supõe a conservação de certas relações espaciais no todo que não corresponde à mesma relação na parte. Assim, o que é um triângulo virado para baixo (vermelho) na parte inferior da figura VI, não é um triângulo vermelho de um lado do cubo. Os comportamentos imitativos de maior custo são então aqueles que obrigam à destruição de boas formas, por fechadas ou contínuas, com o objetivo de submetê-las a uma análise obrigatória para a reconstrução.

Na realidade, para realizar os últimos modelos em tempo ótimo deve-se ter construído previamente uma matriz espacial de quadrados submetidos a todas as possibilidades de orientação e cor, a qual já exige a sistematização dos deslocamentos em uma combinatória de 2 (orientações) por 2 (cores), mais os idênticos, substituídos por lados de uma só cor. Este comportamento que exige uma estrutura formalizante, seria refletido em termos de pontuações nos resultados superiores a 30 pontos brutos, que coincide com a qualificação ponderada de 14.

Então é principalmente o fator duração que vai nos dar o padrão do nível de atuação, pois por ensaio e erro é provável chegar a representar o modelo, mas isso à custa de um tempo próximo ao limite. Em termos qualitativos a duração do comportamento poderá ser traduzida em estratégia, e esta em estrutura operatória vigente.

Armar Objetos

O material consiste em peças de madeira que unidas no plano, convenientemente, formam um objeto: um manequim, um perfil e uma mão. Já haviam sido usadas previamente por Pintner-Paterson. A instrução não faz alusão ao objeto de referência e diz: "Arrume estas peças o mais rápido que puder".

A inteligência no adulto

Nestas provas, se a execução for perfeita é dada bonificação por tempo, mas também se atribui pontos por certas uniões bem feitas, dentro de um tempo limite.

Também neste caso se trata da recomposição de um modelo por manipulação de áreas. Aqui, contrariamente à prova anterior, o modelo não é geométrico, mas consite na representação de um objeto conhecido tal como um rosto e/ou uma mão. Além disso, o modelo não está presente de modo que os indícios perceptivos possam ser determinados por identificação regulativa de parte para parte. Por outro lado, as peças não correspondem às partes do objeto com significação própria (exceto, e de certa maneira, o manequim), mas são pedaços do mesmo, contendo por sua vez pedaços de partes. Esta particularidade torna mais difícil a execução, pois o sujeito deve coordenar os pedaços para reconstruir uma parte, por exemplo, o olho no perfil (gráfico 26).

Porém não só a continuidade gráfica permite a confecção de um encaixe que corresponda a uma imagem, mas também certas distinções no perímetro das peças, muito notavelmente na reconstrução da orelha de perfil, para a qual é necessário reconstruir o retângulo que aparece recortado. Tanto é assim que se concede um ponto de crédito para a "orelha invertida".

Assim, que esta prova mede fundamentalmente adaptação, no sentido de uma integração plástica, da assimilação e da acomodação. Assimilação, enquanto obriga a coordenar os indícios perceptuais com esquemas prévios ou imagens do esquema corporal; e acomodação, enquanto esse esquema deve ser transformado pelas particularidades das peças que constituem o estímulo. Na realidade, parece que se trata de uma tarefa regressiva, no sentido de que aponta para mecanismos básicos, partindo de uma realidade desintegrada da qual obtemos indícios e sinais com escassa intervenção operatória.

E, na verdade, se somamos apenas a pontuação básica atribuída por Wechsler para a construção correta dos três quebra-cabeças obtemos uma pontuação ponderada de 10, correspondente a uma pontuação bruta de 18. Portanto, o que diferencia um rendimento superior à média é a execução, mas tempo para efetuá-la, isto é, à estratégia posta em jogo para abordar a tarefa. Esta estratégia pode se basear no ensaio e erro, isto é, em uma série de tateios práticos para descartar as uniões que não podem ser previstas como impossíveis; e esta previsão não pode ser realizada enquanto não se conta com esquemas móveis e completos pelos quais, diante de cada peça, o sujeito prevê todas as suas posições e "conveniências" possíveis. Assim, a estratégia que permita uma execução mais rápida será aquela que considere a integração possível de todas as peças segundo as particularidades de cada uma para a figura resultante. Deste modo, descarta-se a intervenção de uma peça com um ângulo reto em toda outra configuração que não o inclua.

172   Psicometria Genética

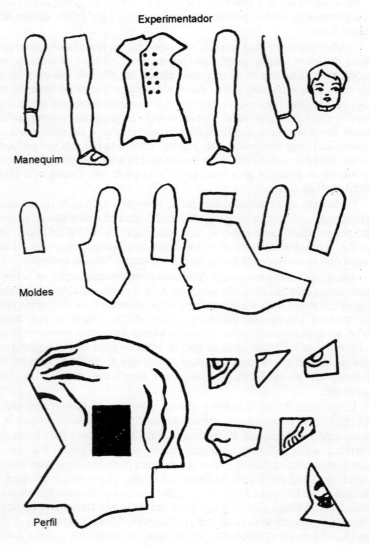

Sujeito
Ordem de apresentação
Subteste de armar objetos
Gravura 25

A inteligência no adulto

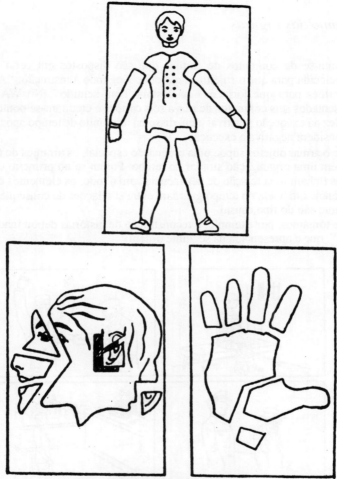

Figuras quase unidas
Gravura 26

Contudo, é muito notável perceber em muitos sujeitos tal falta de previsão que os faz tentar a introdução de um ângulo agudo no espaço de um reto ou vice-versa. Falta, neste caso, a seriação angular internalizada e seu caráter transitivo, mas não tanto no sentido estrutural, dada a idade dos sujeitos, mas na atitude de "experimentar para ver", em lugar de integrar o que vêem em um sistema.

Arranjo das Figuras

Trata-se de conjuntos de cartões que são dispostos em certa ordem estabelecida para que o sujeito as reordene. Segundo a instrução: "Arrume os cartões para que formem uma história com sentido". No WAIS são apresentados seis conjuntos de três a seis cartões e creditam-se pontos pela rapidez na execução positiva: além disso há um limite de tempo após o qual se considera negativa a execução.

Se o armar objetos supõe uma ordenação espacial, os arranjos de figuras supõem uma organização similar no tempo. Porém se no primeiro caso as partes tinham uma relação de pertinência com o todo, os elementos de uma seqüência ordenada no tempo guardam entre si relações de conseqüência e, portanto são do tipo causal.

Se tomamos, por exemplo, a reconstrução de histórias denominada "assalto", que é apresentada na seguinte ordem:

Subteste de Arranjo de Figuras, série II, "o assalto"
Gráfico 27

o sujeito deve, a partir dos momentos expostos (correspondentes a momentos especiais), deduzir a temática básica e aplicar a regra que a rege. Assim, o assalto deverá preceder a ação policial e esta preceder a ação do juiz, à qual sucederá o castigo. As relações "preceder a" e "suceder a" são reversíveis e transitivas.

A inteligência no adulto   175

Temos então um importante esquema operatório para organizar a seqüência intercalando momentos intermediários e, além disso, a suposição de uma socialização capaz de encarregar-se de uma legalidade eficiente entre os acontecimentos distintos.

A complexidade crescente da tarefa provém da inclusão progressiva de mais elementos de análise que determinam a impossibilidade de raciocinar passo a passo. Isto faz com que algumas vezes não seja possível admitir uma só interpretação do acontecimento, considerando-se positivas mais de uma resposta a um mesmo problema.

A presença de detalhes entre um momento e outro também dificulta progressivamente a prova, pois são sucessivos, dentro do mesmo contexto e da mesma cena. Na verdade, só a expressão do rosto varia na prova do taxímetro, contendo além disso certos sinais, como o rubor, valorizados por certa cultura.

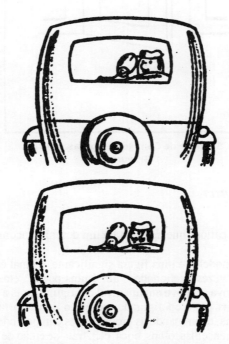

Subteste de Arranjo de Figuras, item 5, "o taxímetro"
Cartões 2 e 6 (quarta e quinta)
Gravura 28

Subteste de Completar Figuras, figura 8
Gravura 29

Completar figuras

Trata-se de 15 cartões que apresentam um desenho incompleto, no qual falta uma parte.

Cada um dos modelos é uma figura significante, o sinal é transformado em signo, muitas vezes explicitado: "ah! é uma porta", etc. (gravura 29). Significa que a prova se move em um nível configural, pois a carência se dá como falta de uma parte configurada; porém o conceito também guia a procura da carência, examinando as propriedades compreendidas no objeto. Um rosto tem sobrancelhas, olhos, boca, etc., trata-se então de comparar este inventário construído por operações infralógicas de partes para o todo com o desenho do modelo para determinar a carência, também por uma operação infralógica de subtração.

A inteligência no adulto

Subteste de Completar Figuras, figura 15
Gravura 30

Nas primeiras figuras são omitidas partes essenciais que não permitem o fechamento da figura e são detectadas por simples regulação. Progressivamente vão sendo omitidas partes menos essenciais do ponto de vista morfológico, mas incluídas no conceito a que se refere a figura, tal como o losango do naipe. Posteriormente, é a parte de uma parte que falta, o que supõe uma classificação inclusiva, sempre no nível infralógico, tal como o ponteiro de segundos do relógio ou as sobrancelhas, muitas vezes não indicadas por sua assimilação ao próprio olho. Outras figuras, contrariam as leis causais pela sua ausência, como a omissão da sombra do homem contra o sol (gravura 30), ou o jorro de água entre a jarra e o vaso.

Em resumo, é uma prova centrada na construção da operatividade infralógica, baseada no configural, com seu nível pré-conceitual, conceitual e causal.

178   Psicometria Genética

Código

O código do WAIS consiste em uma série numérica de 1 a 9, à qual se atribui de forma unívoca um signo arbitrário. Trata-se de uma prova clássica de aprendizagem imediata, pois em um mesmo intervalo de tempo serão realizadas mais traduções quando todas ou algumas delas tenham podido se relacionar como representações internas.

Porém consideremos além disso uma das séries, a numérica, é conhecido, portanto, o estabelecimento de uma ordem crescente na outra, que permitiria a construção de um sistema completo realizado série a série e não elemento a elemento. Mesmo no tempo limitado do enquadre da prova, respostas rápidas parciais indicam um princípio de organização operatória.

Protocolo de prova do subteste DIGITOS (Army Teste)

Em um minuto e meio o sujeito médio, ou seja, a pontuação ponderada 10, preenche corretamente de 41 a 44 quadradinhos. Devemos crer que, a esta velocidade, o sujeito recorreu sempre ao controle perceptivo ainda que dirigindo sua busca pelo conhecimento da série; porém aqueles que demoram aproximadamente três segundos para fazer um signo e que o procuram contar os números cada vez a partir do um, como se não soubessem contas, constituem 15% aos 20 anos.

A conversão de todas as pontuações brutas em normalizadas segundo uma escala comum, permite a construção de um perfil característico para cada protocolo particular. Quando o rendimento nas diversas provas se situa

A inteligência no adulto

entre a pontuação ponderada 7 e a pontuação ponderada 13, podemos considerá-lo apropriado, em relação à população nesta prova. Os pontos ponderados que ultrapassem esses limites denotam um menos ou um mais na área correspondente, que pode ser analisado quantitativamente, em função do desvio e, qualitativamente em função dos processos mentais que supõe. Este tipo de consideração vale certamente no WISC e no WAIS desde os 14 anos, pois por exemplo as crianças de 10 anos com um QI de 100, têm apenas uma somatória de pontuação ponderada de 55 pontos brutos, erro enorme que praticamente invalida esta forma em idades menores do que 14 anos. Além disso interessa só em sujeitos cujo QI não suponha um déficit grave ou uma inteligência superior, pois nestes casos o diagnóstico geral envolve a participação simultânea de todas as atividades mentais em um nível comum.

Como vimos, os comportamentos inteligentes evidenciados no teste de Wechsler comportam vários aspectos estruturantes e dinâmicos; por isso torna-se interessante comparar as provas nas quais o sujeito obteve um rendimento fora do normal, com o objetivo de determinar os fatores comuns que perturbaram ou favoreceram a atuação nessas provas. Para tal fim compararemos as provas por pares, considerando primeiro que ambas estejam afetadas pelo mesmo signo (fator comum) e depois, que seu signo seja contrário (fatores complementares).

Compreensão-informação: têm em comum a abertura para a realidade, uma atitude viva em contato com os signos humanos, boa adaptação ao conhecimento não-sistemático. Diferenciam-se porque a prova de compreensão exige maior socialização em nível normativo e, em compensação a de informação põe o sujeito diante de fatos já prontos, seu interesse não o compromete (r: 0,66).

Compreensão-dígitos: sua comunalidade reside na necessidade de estabelecer relações para construir uma situação global retendo-a até sua resolução. A divagação é justamente a impossibilidade de manter essa construção interiormente. Porém enquanto na prova de dígitos os estímulos são percebidos, na de compreensão os percebidos devem ser relacionados a outras noções envolvidas na instrução e que se supõem interiorizadas (r: 0,444).

Compreensão-aritmética: em ambos os casos o sujeito deve coordenar os termos da instrução para compor uma situação e encontrar a atividade que a resolva; porém em compreensão esta será a aplicação de uma norma, e em aritmética será a aplicação de uma operação. A norma supõe socialização, a operação, reversibilidade, porém não há uma sem a outra, pois toda sociali-

180 Psicometria Genética

zação supõe uma integração operatória de possíveis pontos de vista (r: 0,517).

Compreensão-semelhanças: o nível conceitual e o nível normativo se encontram naqueles comportamentos nos quais uma organização dos valores é necessária de maneira que os imediatos se incluam nos indiretos, porém ainda que estes justificam um maior grau de amplitude na conduta. A diferença reside em que a conceituação que tem lugar em semelhanças considera simultaneamente a extensão e a compreensão das classes; enquanto que a normativa, ao hierarquizar, limita as ações prováveis em função das possíveis, uma vez que estas são válidas para um maior número de pessoas e este último aspecto requer maturidade na socialização (r: 0,721).

Compreensão-vocabulário: no nível superior de compreensão o conhecimento do significado é necessário para a compreensão da instrução. Assim, por exemplo, a pergunta "Para que se solicita o *Habeas Corpus?*", supõe a própria definição do que é *Habeas Corpus*; porém enquanto os vocábulos que entram em compreensão se referem exclusivamente a normas e leis de ação social, vocabulário abrange a significação de uma dimensão muito mais ampla, exigindo sobretudo descrições e não determinando finalidades como no caso da compreensão (r: não há dados).

Compreensão-arranjo de figuras: a comunalidade entre as duas provas reside em que ambas propõem situações nas quais se faz necessário aplicar um esquema de legalidade, mas na ordenação há uma necessidade[1] temporal, e em compreensão uma necessidade social e atemporal (r: 0,391).

Compreensão e completar figuras: para que certas figuras possam ser completadas adequadamente é imprescindível compreender toda a situação; e não exclusivamente no nível configural, mas também no que diz respeito a relações legais, como por exemplo a falta de sombra. Contudo, há uma grande diferença quanto à estimulação, já que as instruções dadas em compreensão tendem diretamente ao significado verbal da causa, enquanto que é uma falta configural o que desequilibra o nível da representação do fenômeno figurado (r: 0,456).

Compreensão-cubos: ambas as provas têm uma alta correlação com o total e por isso não é difícil que sua correlação mútua seja bastante considerável. Seguramente, porque apesar da disparidade dos processos que põem em jogo, a socialização e a construção espacial estão intimamente ligadas como

---

1 N.T. No original a autora usou o termo *necesariedad.*

A inteligência no adulto

formas paralelas das estruturas de pensamento. Recordemos que, para Piaget, a própria possibilidade de distinguir no espaço a esquerda e a direita individual é uma forma de socialização, uma saída de si mesmo para coordenar multiplicidade de pontos de vista dos objetos a partir de si.

Sua diferença mais marcante é que enquanto a prova de cubos não tem nenhuma implicação verbal nem cultural, compreensão está intimamente ligada a esquemas de ação alheios ao sujeito e adquiridos em e através de uma cultura (r: 0,465).

Compreensão-código: A prova de atribuição unívoca entre signos é a base de qualquer aprendizagem e, justamente, a prova de compreensão supõe a aquisição prévia de um código, no qual as palavras não só indicam um significado conceitual, mas também se constituem em sinais, como por exemplo a fumaça e o fogo que remetem ao perigo da situação proposta na pergunta 2. Porém enquanto código se refere a determinar as possibilidades de aprendizagem momentânea e imediata, compreensão investiga mais a integração dessas aprendizagens circunstanciais e a estrutura completa da personalidade inteligente (r: 0,478).

Compreensão-armar objetos: Tanto na composição de objetos como na composição de situações é necessário ter em conta os elementos e suas relações mútuas, mas em armar objetos as partes são pedaços do todo, em compensação, em compreensão as partes estão significantemente integradas no todo, dando coerência conceitual à situação. A conveniência da reunião é configural, a conveniência da compreensão é normativa, causal (r: 0,286).

Informação-dígitos: já vimos que a informação supõe certa atitude de abertura que se completa com a capacidade de organizar os estímulos de maneira tal que estes possam ser integrados. Esta organização momentânea dos estímulos se evidencia em dígitos, mas enquanto informação supõe uma integração prévia em um corpo de conhecimentos gerais, dígitos se atém a uma situação imediata (r: 0,484).

Informação-aritmética: além do fato de que certos problemas propostos em informação supõem uma apreciação quantitativa da realidade, como por exemplo a quantidade de quilos que tem uma tonelada ou a distância entre o Rio de Janeiro e Buenos Aires, o enunciado dos problemas aritméticos supõe informação, especialmente sobre magnitudes. Estas duas provas implicam uma escolaridade obrigatória para que possam ser superadas, já que alguns dos temas abordados constituem estereótipos no ensino escolar (r: 0,596).

182   Psicometria Genética

Informação-semelhanças: para que a informação se integre com plasticidade suficiente para ser utilizada pelo sujeito diante das instruções, é certo que deve ser organizada conceitualmente através da construção de hierarquias, operação esta medida explicitamente pela prova de semelhanças. O que não é medido na prova de informação é o nível de conceituação, pois em todos os casos é determinada descritiva ou funcionalmente (r: 0,679).

Informação-vocabulário: estas duas provas abrangem um aspecto similar na função semiótica, mas vocabulário se atém mais à adequação do signo com o significado, enquanto que informação obtem mais um conhecimento das modalidades do fato sobre o qual se interroga. Poder-se-ia dizer que uma trata dos signos semanticamente e a outra dos fatos aos quais os signos se referem, isto é, pragmaticamente (r: não há dados).

Informação-arranjo de figuras: para poder ordenar as histórias é necessário aproveitar cada um dos dados trazidos pelas diversas figuras para converter um índice perceptível em uma informação válida para a compreensão de toda a seqüência, e já vimos como informação mede este aspecto de aproveitamento da leitura da realidade.

No entanto, o fundamental na ordenação das figuras é a seqüência têmporo-causal que só alguns itens de *informação* contemplam porque tratam em geral de situações singulares, como por exemplo, o fato de que Roma seja capital da Itália ou que Cervantes tenha escrito o Dom Quixote (r: 0,384).

Informação-completar figuras: Em algumas traduções a prova de completar figuras recebe o nome de "observação", uma vez que supõe uma atitude de revisão dinâmica do objeto que esgote todas as suas possibilidades de aparecer. Estas diversas modalidades estão presentes em informação, uma vez que esta acumula dados circunstanciais. A diferença se baseia, sobretudo, em que os dados de completamento são morfológicos, enquanto os dados de informação são verbais (r: 0,465).

Informação-cubos: Por ser esta uma tarefa eminentemente morfológica é difícil determinar traços comuns com as demais provas de vocabulário ainda que seja evidente que, de um ponto de vista estrutural, a manipulação de áreas está na base de toda compreensão espacial a partir dos dados perceptivos. Ainda que na prova de cubos estes dados sejam visuais, as pertubações são freqüentemente comuns na coordenação visomotora e na audiomotora (r: 0,488).

A inteligência no adulto

Informação-código: A própria informação pode ser definida em um nível molecular como a capacidade de codificação. Assim, a informação supõe o rápido reconhecimento dos signos e sua integração nos textos mais variados. Então, a possibilidade de transformação signo a signo determina certa facilidade para relacionar os fatores distintos de um mesmo acontecimento; porém, enquanto o código de Wechsler está integrado por fonemas, a informação se centra mais sobre o próprio significado dos signos (r: 0,561).

Informação-armar objetos: Se podemos falar de uma informação verbal, também podemos falar de uma informação morfológica, para a qual o termo tem maior vigência; na verdade, informação seria justamente a imagem prévia do objeto à qual os pedaços nos levam, mas nesse caso a referência é configural, isto é, as partes não são signos, mas sinais (r: 0,224).

Dígitos-aritmética: Sem dúvida a resolução de problemas supõe basicamente a possibilidade de estruturar o enunciado enquanto se escuta com o objetivo de operar sobre os dados coordenados. A repetição de dígitos mede essa possibilidade, permitindo-nos discriminar, no caso de um rendimento baixo em aritmética, a incapacidade de organizar os dados para assegurar a retenção momentânea do enunciado. Os dígitos apresentam a dificuldade de que sua organização depende de uma organização no tempo, enquanto que o problema aritmético deve ser resolvido através da operatividade respectiva (r: 0,443).

Dígitos-semelhanças: As possibilidades conceituais e de organização seqüencial não parecem ter — fora dos processos fundamentais que constituem a operatividade — maior atenção (r: 0,379).

Dígitos-vocabulário: Os dígitos e vocabulário têm uma relação em um nível primário de discriminação adequada na organização de seqüências, por isso talvez estas provas estejam muito mais correlacionadas na infância do que no adulto. Os problemas de dislexia ocorrem muitas vezes como uma inversão na ordem dos fonemas e aparecem claros na repetição de seqüências. Porém no adulto as confusões são mais raras.

No entanto, é evidente que o enriquecimento do vocabulário se deve em grande parte à leitura, e esta tem um rendimento maior, quanto maior for sua fluidez, que depende diretamente de uma boa organização dos signos, fato que dígitos mede precisamente (r: não há dados).

Dígitos-arranjo de figura: Exceto no sentido da orientação temporal é pequena a relação existente entre repetir e ordenar, pois esta atividade supõe

184 Psicometria Genética

que entre o antecedente e o conseqüente há uma relação necessária, ausente na repetição de dígitos (r: 0,264).

Dígitos-completar figuras: Tal como o indica a correlação encontrada, as duas provas são independentes, enquanto na repetição predomina a acomodação, no completamento a assimilação (r: 0,297).

Dígitos-cubos: Tanto para repetir uma série como copiar um modelo por meio de unidades desiguais é necessário ter em conta, ao mesmo tempo, o todo e a relação mútua de suas partes. Assim, pois, a simultaneidade analítico-sintética é necessária em ambos os casos com participação do fator tempo entre as unidades. Os problemas de lateralidade e demais perturbações na organização representativa podem alterar ao mesmo tempo ambos os rendimentos. É claro que a prova de cubos é eminentemente espacial e o modelo se encontra presente durante toda a prova (r: 0,539).

Dígitos-armar objetos: Não há semelhança evidente entre os comportamentos inteligentes que compõem a repetição de dígitos e aqueles evidenciados na prova de armar objetos, só que os estímulos se organizam basicamente, no nível representativo (r: 0,155).

Aritmética-semelhanças: Como sabemos, o número é a ordenação de conjuntos; portanto além da seriação a classificação hierárquica tem uma grande importância para a compreensão das relações quantitativas (r: 0,600).

Aritmética-vocabulário: Não há relações específicas comuns entre a inteligência quando sinaliza e quando quantifica, mas, como ambos os níveis são exercitados especialmente na escola, podemos encontrar protocolos nos quais ambas as habilidades apareçam correlacionadas por influência dessa variável ambiental (r: não há dados).

Aritmética-arranjo de figuras: Em ambas as provas é necessário estabelecer relações entre várias instâncias tendo em conta uma seqüência permanente, lógico-matemática em um caso, causal no outro (r: 0,366).

Aritmética-completar figuras: Nos dois casos aparece uma incógnita cuja resolução equilibra um conjunto de relações, mas enquanto em completar figuras este conjunto é morfológico e a falta é percebida por regulação intuitiva nos casos mais fáceis, em aritmética só uma operação reversível pode equilibrar o sistema indicado pela instrução (r: 0,403).

A inteligência no adulto

Aritmética-cubos: Como vimos repetidamente, a prova de cubos supõe processos básicos na representação (análise, relações unívocas, rotações, deslocamentos, síntese) que estão presentes em todas as habilidades, e na aritmética, enquanto supõe o estabelecimento de relações de partes a todos. É na captação do problema que se poderia achar especialmente certa comunalidade entre ambas as provas (r: 0,514).

Aritmética-código: O manejo reversível da série numérica facilita o retorno ao signo correspondente em dígitos. As provas estarão mais relacionadas no WISC ou nos níveis mais baixos de resolução, pois nos mais altos, aritmética supõe processos de equilibração ausentes na prova de código (r: 0,429).

Aritmética-armar objetos: A correlação entre ambas as provas é muito pobre, enquanto armar objetos é eminentemente morfológica, de relações espaciais, e aritmética operatória, de relações quantitativas (r: 0,233).

Semelhanças-vocabulário: O nível de conceituação alcançado pelo sujeito em vocabulário dependerá dos processos postos em evidência em semelhanças, enquanto organização hierárquica inclusiva de significados, mas conta muito no vocabulário a experiência vital com os vocábulos solicitados (r: não há dados).

Semelhanças-arranjo de figuras: Embora a primeira seja sobretudo conceitual e a segunda têmporo-causal, a possibilidade de integrar os momentos em uma mesma classe de acontecimento facilita a compreensão básica do sentido da história (r: 0,488).

Semelhanças-completar figuras: Ambas as provas se correlacionam a um nível pré-conceitual, já que se trata de estabelecer relações de parte para todo, como quando certos sujeitos fazem analogia entre o cachorro e o leão "porque têm rabo"; mas em um nível mais alto de rendimento os aspectos revelados por cada prova são evidentemente distintos (r: 0,456).

Semelhanças-cubos: As duas provas têm uma alta correlação com o total, pois representam dois aspectos básicos da atividade mental: a conceituação e a representação, com operações comuns de inclusão, adição, etc., e outras diferentes como a classificação e a partição (r: 0,537).

Semelhanças-código: A codificação está na base de toda classificação verbal efetiva, enquanto as palavras são signos assimilados a um significado peculiar. Porém exige, além disso, uma hierarquização adequada desses significados, que código não contempla (r: 0,508).

186   Psicometria Genética

Semelhanças-armar objetos: É muito baixa a correlação entre as duas provas, uma vez que estão centradas em aspectos muito distintos do comportamento inteligente; só em níveis baixos de rendimento a coleção pode servir para determinar o objeto de que se trata e sua possível aparência (r: 0,306).

Arranjo de figuras-completar figuras: Em ambas há relação de parte para todo, mas em arranjo de figuras é parte de uma seqüência, enquanto na outra é parte de uma configuração. No entanto, mesmo a captação da diferença entre uma figura e outra em arranjo de figuras comporta uma facilidade para os processos regulativos que verificam as transformações perceptíveis, tal como o mede completamento de figuras (r: 0,389).

Arranjo de figuras-cubos: O sentido de cada parte ou quadrado para a composição do modelo é dado pela análise prévia deste e a manipulação de áreas no nível representativo que antecipam a posição das mesmas; em compensação, o sentido de uma parte da seqüência deve ser procurado nas relações de antecedência e conseqüência que mantêm com as outras dentro da coerência da seqüência total da qual será um momento (r: 0,484).

Arranjo de figuras-código: Em ambas as provas o processo se dá na dependência de uma ordem nos níveis inferiores de execução; a construção e conservação desta ordem será básica para a realização da tarefa e a correlação será visível sobretudo nos créditos de tempo (r: 0,444).

Arranjo de figuras-armar objetos: Nos dois casos partimos de dados sem modelo pré-estruturado e, por isso, se torna importante a fidelidade dos esquemas internos de organização sistemática do tempo e do espaço respectivamente (r: 0,273).

Completar figuras-cubos: Em completar figuras o modelo é interno e constitui uma configuração significativa; em compensação, em cubos o modelo está dado, assim como também os elementos de sua reestruturação. Em completar figuras o "elemento" que falta surge também de uma análise partitiva, não espacial mas configural (r: 0,566).

Completar figuras-código: O código é, de certa maneira, um comportamento binário. A cada signo corresponde outro que completa um par. Em compensação, um rosto tem um conjunto de sinais que não são observados com a mesma freqüência e os mais redundantes, como o nariz, serão muito mais facilmente notados que os menos freqüentes, como as sobrancelhas. Percebe-se aqui como a parte do olho fica incluída nele, como sinal (r: 0,400).

A inteligência no adulto 187

Completar figuras-armar objetos: Ambas as provas constituem uma tentativa de integração de configurações com sentido. Em um caso se trata de achar uma parte em relação a um todo apresentado e com uma única carência; no segundo caso trata-se de pedaços em relação a um todo não presente e, portanto, a exigência de acomodação aqui é maior (r: 0,439).

Cubos-código: Está claro que o código tem que apresentar uma alta correlação com todas as tarefas que suponham substituição, sobretudo entra em jogo o fator duração da execução como ocorre em cubos, quando é necessário substituir com as faces dos cubos as figuras resultantes da análise do modelo plano (0,538).

Cubos-armar objetos: Trata-se, evidentemente, de provas de construção que supõem manipulação de áreas (rotações, deslocamentos, continuidade), mas, no caso de cubos, a representação atua sobre um modelo perceptível, enquanto que em armar objetos só os pedaços o são. Portanto, o controle da execução se dá na conveniência morfológica (r: 0,536).

Código-armar objetos: Entre estas duas provas não há muita correlação uma vez que supõem comportamentos muito distintos, porém, do ponto de vista semiótico, ambas atuam a partir de sinais; em uma, relacionadas entre si, em outra, relacionadas com uma imagem prévia do objeto (r: 0,319).

A análise do perfil individual por comparação dos processos implicados nas provas que se desviam acentuadamente do rendimento normal permite determinar os fatores específicos que incidem no do sujeito. Esta consideração é muito importante no diagnóstico psicológico geral, realizado com um objetivo clínico, pedagógico, ocupacional, vocacional, etc., e sobretudo para encarar a orientação de cada caso, modificando no possível os aspectos negativos e aproveitando os positivos.

Assim, por exemplo, se um sujeito consulta por problemas de aprendizagem, é necessário determinar em primeiro lugar se existem perturbações em níveis básicos de estruturação sensório-motora (dígitos, código), em manipulação de áreas com comprometimento orgânico (cubos, dígitos), na constituição de imagens (armar objetos), na socialização (compreensão, arranjo de figuras), em segundo lugar, em que áreas pode atuar melhor, se quando se trata de estruturar algo dado na instrução (aritmética, cubos, dígitos), quando se dão relações temporais (dígitos, arranjo de figuras) ou quando é importante a conceituação (semelhanças, completar figuras), e sempre atender à índole das estratégias envolvidas: tateio, antecipação representativa, organização operatória, formalização das relações em jogo. Desta maneira resultará um diagnóstico rico, não só no sentido descritivo, mas no sentido

188 Psicometria Genética

explicativo e, portanto, útil para a confecção de um programa adequado que contemple os distintos aspectos.

Do mesmo modo é muito efetivo para avaliar o aspecto intelectual do comportamento do sujeito que requer ser orientado vocacionalmente. É incontestável que certos ofícios ou profissões, assim como o tipo de estudos que supõem para poderem ser exercidos, acentuam um ou outro aspecto, seja ele causal, o conceitual, o configural; as relações temporais, espaciais, quantitativas; a abertura para a realidade, a socialização, a manipulação e outra série de dados que a análise do rendimento nos permite discriminar.

Falamos aqui do aspecto intelectual do comportamento e de nenhuma maneira do comportamento intelectual, que só existe para análise de certos processos intimamente ligados com a estrutura total da personalidade e integrados nela de uma maneira indissolúvel. Um sujeito não pensa de uma maneira porque é assim, nem é o que é porque pensa dessa maneira, se tomamos a este "por que" em um sentido causal. De preferência consideremos que há entre a estrutura da personalidade e a estrutura do pensamento individual uma implicação dialética, a estreita solidariedade que se dá entre o como se pensa e o que se pensa, entendendo por pensamento toda a atividade, consciente ou inconsciente, simbólica ou conceitual, que supõe processos assimilativos a esquemas de ação prévios e coordenação dos mesmos.

Capítulo 10

A medida de uma inteligência "G": o Teste de Matrizes Progressivas de Raven

A prova de Raven se apresenta como muito distinta daquelas que abordamos até agora. Na verdade, enquanto estas põem em jogo uma série de comportamentos muito diferentes a partir de estimulações, situações e instruções variadas, o Raven apresenta ao sujeito uma tarefa única e um material uniformemente organizado sob a forma de uma tabela de dupla entrada, pela qual recebe o nome de matrizes progressivas. Matriz, porque cada dado se relaciona com qualquer dos outros em uma interseção, e progressiva, porque sua construção deriva da aplicação de critérios cada vez mais complicados. Além disso, como se trata de uma prova de escolha múltipla, a análise não se esgotará na matriz, mas será possível interpretar a escolha de certas alternativas[1] que representam uma abordagem específica da tarefa.

Como se sabe, Raven construiu esta prova para destacar a presença de um fator geral, único e comum, que Spearman havia conseguido determinar através da conversão fatorial das correlações entre provas em saturações. Como Spearman adotou uma atitude realista, atribuiu à presença matemática do fator "G" uma entidade descrita como energia mental, capaz de promover atos legitimados pelas chamadas leis neogenéticas. Raven construiu os itens da prova baseando-se em tais leis, já que a resolução dos mesmos supõe a

---

1 N. T. No original a autora usa o termo *distractores*, que não tem um equivalente em português.

edução de relações e de correlatos, obviamente, à parte da própria consciência de atuar inteligentemente.
Tomemos, a título de exemplo, a matriz do sexto item da série B:

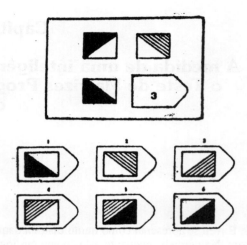

Podemos deduzir as relações apresentadas entre os elementos horizontais: identidade de forma (retângulo dividido pela diagonal), simetria e diferença de cor, e outra relação entre as verticais: identidade e simetria. A alternativa numerada com o número três está correlacionada com ambas as relações, conforme sejam consideradas no sentido vertical ou horizontal.

Porém uma análise baseada no sentido das eduções não nos permite dar conta da dificuldade progressiva dos doze itens em cada uma das cinco séries que constituem a prova total; em vez disso, uma análise genética, nos permitirá pôr em evidência os distintos processos envolvidos, que vão da simples regulação perceptiva até o pensamento formal. O fato de se tratar de uma prova não-verbal, na qual o fator cultural representa um valor mínimo, facilitará a tarefa; e são escassas as possibilidades de técnicas de tentativa e erro, como demonstra o escasso proveito que os sujeitos podem tirar da execução da prova com tempo ilimitado de duração.

Um fato muito interessante a considerar é acentuado por B. Inhelder em *A gênese das estruturas lógicas elementares*, editado em 1959. Diz a autora, que a configuração perceptiva, organizada como matriz, é tão importante que não só pode facilitar, mas provocar uma solução pré-operatória em um problema que alguém se sentiria tentado a considerar claramente operatório, por exigir uma multiplicação. Pareceria que "as próprias condições da

A medida de uma inteligência "G" 191

classificação operatória multiplicativa já são satisfeitas pela configuração perceptiva da matriz,... e só resta, para o elemento que deve ser encontrado, prolongar essas propriedades figurais". A solução operatória se diferencia da configural pelo fato de que as coleções e subcoleções elaboradas intuitivamente se promovem à categoria de classes e subclasses e, portanto, as semelhanças e diferenças são atribuídas aos elementos como tais, independentemente de sua disposição espacial.

A análise dos itens desta prova nos levará a definir com maior rigor a diferença entre coleção figural, coleção não figural e classe, como também o problema da quantificação de classes, a relação entre a adição e a multiplicação e, finalmente, as operações de seriação de relações assimétricas transitivas. Em primeiro lugar definiremos as características materiais de cada série e depois procederemos à análise item por item:

Série A

Os itens da série A se caracterizam por apresentar um fundo contínuo e, portanto, a incógnita não constitui exatamente uma parte que equilibra as relações existentes entre as presentes, mas é um pedaço e como tal guarda com o todo relações de continuidade e conveniência. A determinação das mesmas supõe, primeiramente, uma simples regulação perceptiva e, sucessivamente, intuições pré-operatórias de distribuição e descentrações na horizontal e na vertical. A operatoriedade estréia com a incorporação da oblíqua e a integração multiplicativa de duas progressões de sentido igual e finalmente de sentido contrário.

A - 1   Na realidade, esta primeira prova está verificando a possibilidade do sujeito de integrar um objeto total por simples assimilação de pertinência, partindo da percepção em um nível sensório-motor. A inclusão de um problema tão elementar serve apenas para a compreensão da instrução e a confirmação de que o sujeito exibe um grau mínimo de saúde para assumir a continuação da prova.

A - 2   A demonstração é semelhante à anterior, mas só com duas possibilidades de escolha, uma delas o espaço branco, escolhido em casos de situações de confusão, freqüentemente psicótica.

A - 3   A proposta é similar à anterior, mas com três possibilidades de escolha, uma delas parcial, índice de transtornos profundos e de possível origem orgânica da personalidade.

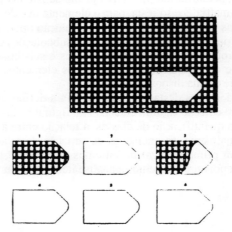

A - 4   Ainda que apresente igualmente o problema de integrar um fundo por regulação, os elementos em forma de pontos tornam necessária a discriminação, não só da participação do elemento em si, mas também dos intervalos que os separam e que são o padrão da distribuição. Três das seis alternativas apresentam pontos, uma é a correta, outra constitui uma boa forma constituída por quatro pontos, selecionada quando não se leva em conta a distribuição; a escolha de um único ponto pertence a quadros de confusão, assim como os riscos, por constituírem abstrações parciais do elemento e da distribuição, respectivamente.

A - 5   A proposta é semelhante à anterior, ainda que os elementos apresentados fiquem menos claros. O fato de apresentar uma alternativa com um reticulado semelhante, porém mais reduzido, introduz um problema de comparação, efetuado por regulação simples, dado que a diferença é muito evidente.

A - 6   Para solucionar este item deve ser conservada, no nível representativo, a direção horizontal do deslocamento perceptivo nesta direção à qual o desenho obriga. Duas alternativas são indicativas: a que supõe uma inversão de sentido — quer seja pela labilidade, quer seja por confusão — e a que supõe uma inversão figura-fundo em situações de deterioração.

A - 7   Neste caso o deslocamento se dá no sentido vertical e horizontal e supõe então a descentração sucessiva dos esquemas aos quais os movimentos perceptivos em ambas as direções são assimilados e

A medida de uma inteligência "G"

sua integração intuitiva em uma imagem única em cruz. Já vimos, em várias oportunidades, as experiências de conservação da quantidade, da massa, etc., nas quais as crianças em um estádio pré-operatório conciliam dois fatores separados por descentração e compensação sucessiva.

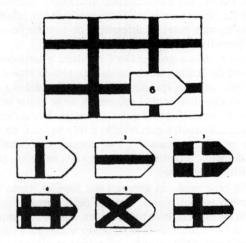

As possibilidades de escolha nos permitem avaliar erros por falta de descentração, isto é, há centração em uma única direção (1 e 2), por perturbações figura/fundo (3), ou por confusão no intervalo envolvido (4).

A - 8 A inclusão da dualidade como elemento a integrar indica que a solução pode se dar por intervenção de uma operação reversível, já que a descentração horizontal/vertical deve ser coordenada à relação singular/dual. A interseção das duas relações é uma multiplicação lógica, expressa graficamente nesta matriz de dupla entrada. Podemos dizer que, de certa maneira, este é um item de transição no sentido de que a imagem simboliza configuralmente a operação facilitando sua resolução em um nível intuitivo. Porém as alternativas medem este limite já que, em tal nível, seria difícil evitar a (1) ou a (6).

Note-se que neste item a alternativa (5) corresponde à solução correta do item anterior, e sua escolha poderá ser interpretada como um comportamento estereotipado.

A - 9 Este item propõe uma ordenação sucessiva e complementar pela espessura no sentido vertical. A possibilidade de retomar a série pela metade nos indica a reversibilidade da operação de seriação. Na verdade, recordemos as múltiplas experiências de Piaget sobre tamanhos seriados e a dificuldade que apresentam sistematicamente as crianças para fazer ingressar um elemento intermediário se ainda não tiverem adquirido uma estrutura reversível de operatividade. Neste caso as alternativas não fazem referência a esta dificuldade, mas antes às diferenças de orientação (5), ou a alterações figura/fundo.

A - 10 Neste caso a progressão é contínua e também complementar no sentido horizontal. A maior dificuldade reside na obliqüidade do deslocamento, que dificulta a solução intuitiva e obriga a formar o conceito. Isto ocorre, sobretudo, ao se tornar necessária a consideração simultânea de que a superfície branca aumenta, enquanto a preta diminui, e esta relação é reversível. É comum nesta prancha a escolha errônea (6), que resulta da inversão de cor, e mais adequada, a partir do ponto de vista intuitivo, por ser uma parte já dada do conjunto.

A - 11 Há progressão na abertura dos ângulos, tanto no sentido vertical como no horizontal. Trata-se de determinar um entrecruzamento ou multiplicação de progressões. Não basta simplesmente entrecruzar a continuação do já figurado, visto que a interseção se dá como uma superfície tornada óbvia na alternativa (1). Também aparecem inversões de sentido (3), sempre ligadas a problemas de lateralidade.

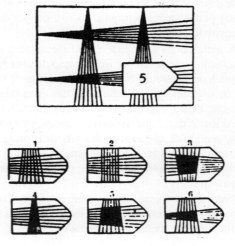

A medida de uma inteligência "G"

A -12   Consiste em coordenar os deslocamentos em ondas complementares, já que se aproximam e se afastam regularmente com o fator cor, que difere segundo o sentido. A dificuldade está em integrar as alternativas quando as mesmas se superpõem com sentido contrário. Em termos lógicos, trata-se de uma multiplicação de alternativas complementares.

Série B

A relação apresentada pelas demais séries se dá entre elementos discretos. Na série B, a situação apresenta três figuras distribuídas em um quadro de dupla entrada, dois a dois, no sentido vertical e no sentido horizontal. O quarto elemento deve cumprir as relações vigentes para ambos os pares ao mesmo tempo. A metade dos itens da série é resolvida no próprio plano configural, mas a classificação é imperativa para responder positivamente aos demais.

B -1   A relação analógica entre os elementos idênticos se realiza por simples regulação perceptiva de comparação dois a dois. Esta matriz, na realidade, representa uma transição entre fundo contínuo e conjunto de elementos discretos. Uma escolha errada neste item supõe um estado confusional intenso, pois sua única intenção é colocar o sujeito na pista da tarefa.

B -2   O problema proposto é igual ao anterior, mas a acomodação na escolha pode ser dificultada pela variação de tamanho nas alternativas. A determinação pode ser verificada perceptivamente por regulação dois a dois, pois se trata de estabelecer uma diferença de tamanho, pré-inferencial, baseada nas mesmas figuras. Já num período operatório torna-se necessário comparar cada alternativa com o modelo, pois, dado o caráter transitivo das relações assimétricas, uma vez ordenadas as alternativas determina-se a correspondente simultaneamente.

B - 3   Observa-se uma relação de igualdade de forma, cor e orientação na vertical; e na horizontal, identidade de forma e cor, mas as figuras se orientam em sentido oposto, percebido como uma simetria. Inclui-se aqui, então, uma relação topológica que supõe uma manipulação correta de áreas no nível representativo. A descentração é imprevisível para considerar, simultaneamente, ambos os sentidos no espaço. A escolha errônea (2) pode dever-se a um problema de lateralidade. A alternativa(5) supõe um a confusão entre a

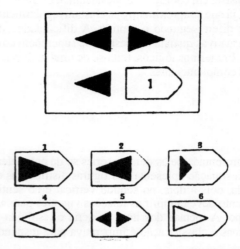

        solução e o processo que leva à mesma; vamos encontrar uma forma similar de escolha em outros itens como índice de estados psicóticos. As outras alternativas se referem a integração do fator tamanho (3), ou o fator cor (4) e (6).

B - 4   Nesta matriz influi a assimilação dos dados a um esquema de "boa forma" circular por reversão do movimento de deslocamento das partes. No entanto, a escolha correta supõe uma nova análise para determinar correções que permitam evitar erros de representação, assim a escolha comum (3), em sujeitos que verbalizam, contudo, "falta um que complete o círculo".

B - 5   Também aqui são supostas partes deslocadas de uma "boa forma", porém nela torna-se necessária uma subclassificação entre curvas e retas. A indeterminação desta distinção torna-se evidente na escolha (2) ou (4), e a boa escolha ainda que sem atender a referências das figuras, produz a escolha (5). Como vemos dão-se simultaneamente operações infralógicas e lógicas, isto é, de partes e de classes.

B - 6   A consideração da matriz total como uma só figura dividida em quatro partes torna-se aqui mais difícil, pois supõe a partição de uma "boa forma" central (losango) e a determinação da parte pelo sentido da oblíqua e a cor do triângulo correspondente. Uma só destas considerações isolada leva aos erros (4) e (6), respectivamente (ver exemplo).

A medida de uma inteligência "G"

B - 7 Propõe um problema similar ao anterior, com simetria nos dois eixos, o que determina uma configuração forte, difícil de analisar. A presença da oblíqua, sem as referências retas, apresenta uma nova dificuldade superável pela consideração dos distintos elementos topológicos e de cor, considerados como critérios de subclassificação vicariante. As alternativas (1) e (6) nos dão dados sobre o erro na manipulação de áreas, quer seja "em espelho" ou por inversão completa, se a complementar for escolhida.

B - 8 Dentro da série B, os quatro itens restantes constituem um subgrupo, pois deixam de aparecer os problemas de simetria e manipulação de áreas que tornavam relevante a configuração total. Este item nos apresenta problemas de classes, pois se trata de uma classe superior caracterizada por "figuras coloridas na parte inferior com duas subclasses, a dos círculos e a dos quadrados; sendo a vertical uma relação de igualdade e a horizontal de correspondência complementar à solução verificada". A inversão (2) é muito comum, indica justamente a ignorância da classe superior.

B - 9 Neste caso aparece uma identidade de forma na horizontal, também entendendo por forma a orientação no espaço, pois se trata sempre de quadrados e diferença de cor. Na vertical, identidade de cor e diferença de formas. Trata-se da distribuição vicariante de cor e forma como subclasses. As alternativas supõem identificações parciais, pois a falta de operatividade não permite a sistematização das superposições.

B - 10 A dificuldade, neste caso, é determinar as relações entre o quadrado e o quadrado com o ponto na vertical, já que não se trata de uma diferença qualitativa, mas de um elemento acrescentado em cima, que, sobretudo nas crianças, não modifica a figura como classe. Assim, o losango da figura anterior é definido como "losango preto", e este como "losango com um ponto". Do ponto de vista figural, o losango branco simboliza uma coleção, na qual o losango com o ponto seria uma subcoleção; do ponto de vista operatório, ambos são subclasses complementares dos losangos possíveis, não figurados. A inferência para conseguir a solução é muito mais equilibrada, quando se classifica, pois a intuição em geral leva à escolha errada (1).

B- 11 A proposta é semelhante à anterior, porém no sentido geral do raciocínio da esquerda para a direita na horizontal, o elemento não é acrescentado, mas é subtraído. Além disso é difícil não tratar os elementos como classes singulares, pois a cruz é menos separável da figura do que o ponto. Assim, pois, trata-se de determinar a complementar de uma classe pela relação de subtração.

B - 12 Eis aqui um problema muito interessante de composição de classes. Trata-se de determinar em primeiro lugar a classe hierarquicamente superior que inclui as demais: na horizontal superior temos as duas subclasses complementares da classe "quadrado com losango inscrito"; na vertical esquerda temos as duas subclasses complementares da classe "quadrado com círculo". Ambas são por sua vez subclasses da classe superior "quadrado" à qual se chega por uma composição de subtrações, que é evidentemente a divisão, inversa

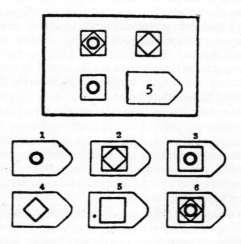

da multiplicação, como composição de somas. Uma vez terminada a administração completa da prova, vale a pena interrogar o sujeito sobre o motivo da escolha no item, para considerar a estratégia seguida e o grau de reversibilidade dos esquemas. É importante que o sujeito veja na solução (5) uma subclasse de todos os quadrados possíveis, e não o símbolo do quadrado.

Série C

Os itens da série C se caracterizam, antes de tudo, por se constituírem em tabelas de dupla entrada de três por três e apresentarem oito opções na escolha múltipla, em vez de seis. Quase todos apresentam relações de

A medida de uma inteligência "G" 199

seqüência, quer seja de progressão quantitativa, contínua ou numérica, quer seja no sentido dos deslocamentos. A participação de nove elementos permite transcender as relações uma a uma e construir séries.

C - 1 Apresenta-se uma seriação cardinal na vertical conservando-se a identidade completa dos elementos na horizontal. A simples homologação por regulação, neste último sentido, permite a solução. As alternativas verificam sobretudo a adequação do número na escolha, especialmente o (2), que se supõe que se tenha verificado a progressão mas não se levou em conta o número de círculos concêntricos.

C - 2 A mesma progressão crescente aparece na horizontal e vertical, porém a resposta correta pode ocorrer depois do completamento da série a uma entrada, mais ainda se consideramos que a resposta correta é a única possível uma vez captada a progressão: evidentemente com outras alternativas teria sido possível verificar a captação da transitividade nas relações assimétricas. Já sabemos que os primeiros itens de cada série da prova tendem unicamente a estabelecer o enquadre dos mecanismos que procura medir.

C - 3 Também há progressão em dupla entrada neste item, porém em vez de contínua, numérica. Trata-se de uma simples multiplicação aritmética auxiliada configuralmente pela distribuição de pontos que, no entanto, leva em geral à escolha falsa (1). Uma alternativa com doze pontos permitiria contudo discriminar a aplicação errônea de "o dobro de" derivado de uma captação incompleta das relações.

C - 4 Apresenta um problema de composição de seriações, uma horizontal e outra vertical; na intersecção da superposição dos elementos comuns. É necessário que o sujeito considere a dupla entrada, pois é necessário integrar classes definidas pelo sentido, e séries definidas pela progressão. Da superposição resulta a subclasse "três verticais" da classe "três horizontais" (na vertical), ou a subclasse "três horizontais" da classe "três verticais" (na horizontal), cuja representação é a mesma.

C - 5 Este item é parecido com o anterior, porém a progressão vai se dando na horizontal, no sentido dos ponteiros do relógio, e na vertical na rotação contrária. A composição de ambos os deslocamentos, que definiriam as subclasses e a seriação numérica, comporão a solução. A escolha (2) supõe a única menção ao número de pétalas, porém a resposta correta implica, além disso, a melhor forma; geralmente, os erros são produtos de análises incompletas, assim (4), pela consideração apenas da primeira linha.

200 Psicometria Genética

C - 6 Aqui, em vez de uma progressão crescente se dá uma progressão decrescente, nos dois sentidos, por terços. A intersecção se dá deste modo na intuição geométrica, ainda que estejamos ante uma multiplicação de séries descrescentes. É interessante a escolha, comum e errônea da alternativa (8), que evidencia a impossibilidade do sujeito de estabelecer uma unidade de progressão, que torna possível a divisão.

C - 7 Neste caso, a seqüência consiste no deslocamento de uma parte nos elementos que permanecem constantes. As operações envolvidas são infralógicas (partição e deslocamento) e as relações em jogo, que definem as infraclasses, são topológicas (acima, no meio, abaixo, ao lado). As relações de simetria do conjunto contribuem para a sua solução, porém ao acomodar as alternativas podem aparecer perturbações na orientação espacial.

C - 8 Neste caso também os elementos permanecem idênticos e vão se "enchendo" por metades horizontais e verticais. O interesse deste item está na superposição de oblíquas de sentido distinto. Se o sujeito não o resolve com certa rapidez, é porque vai superpondo metade por metade, mas se desorienta porque a solução não apresenta "partes". Entendendo a multiplicação, se opera diretamente por superposição do terceiro horizontal pelo terceiro vertical.

C - 9 Aparece uma seqüência horizontal com deslocamento de três elementos, primeiro separados, depois superpostos, por último incluídos partitivamente. São infraclasses de um mesmo conjunto configural. Na vertical as três instâncias pertencem a uma mesma distribuição, mas seus elementos pertencem a conjuntos distintos. É um bom modelo de integração de seqüências e classes.

C - 10 Também neste caso se dá uma seqüência dinâmica, idêntica na horizontal e na vertical, com duplicação do elemento e depois separação, mas a seqüência intermediária supõe superposição e pode confundir a continuidade da progressão geométrica (2, 4, 8...) alternada no aspecto morfológico.

C - 11 Há aqui uma evidente progressão numérica, decrescente na horizontal e crescente na vertical. Porém o mais interessante é o deslocamento particular dos pontos, que obriga a discriminar entre todas as alternativas de quatro pontos. Trata-se de combinar uma legalidade dupla aplicando-a a termos distintos, com o que ingressamos na etapa formal de pensamento.

A medida de uma inteligência "G" 201

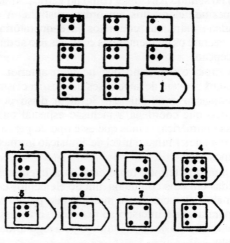

C - 12   Já havíamos visto um problema de superposição de oblíquas por metade (C - 8); agora trata-se de uma apresentação parecida, porém progride por quartos. A superposição das zonas coloridas deve coordenar-se ainda com a espessura das linhas e sua orientação. Só uma combinatória que se encarregue de transformações simultâneas pode ser o comportamento adequado para uma solução integrada.

Série D

Os itens da série D se caracterizam por determinar para o sujeito a busca de um elemento de uma classe definida de um conjunto ou uma coleção configural. Já não se trata aqui como na série anterior de compor seqüências, nem como na B de determinar vicariâncias entre classes singulares; a presença de nove instâncias permite analisar as atividades operatórias da classificação, a adição e a multiplicação lógica.

D - 1   Apresenta três classes de elementos idênticos que se diferenciam pela forma; ou três conjuntos iguais de elementos distintos, conforme se analise no sentido de filas ou de fileiras. De qualquer maneiras, é resolvida por analogia simples no nível das regulações perceptivas, assimiladas a esquemas intuitivos.

202   Psicometria Genética

D - 2   Tanto no sentido horizontal como no vertical, trata-se de conjuntos
         dos mesmos elementos em ordem distinta. A determinação da
         identidade entre tais conjuntos já é operatória, pois a relação
         unívoca entre os elementos das coleções não se dá diretamente para
         a percepção.

D - 3   O princípio é o mesmo que no item anterior, porém como os
         elementos provêm de subclasses da mesma classe ou infraclasse a
         discriminação é dificultada. Se além disso pensamos no fator
         numérico que coordena a inclusão espacial ou partitiva, com a
         inclusão numérica, vemos que este tipo de prova pode ser interes-
         sante para determinar o nível de aquisição aritmética por volta dos
         oito anos.

D - 4   Cada um dos termos representa uma intersecção de subclasses
         incluídas em dois conjuntos, um de elementos e outro de figuras.
         O primeiro elemento seria multiplicado por uma classe nula. As-
         sim, para achar a intersecção que falta, é necessário completar o
         sistema sugerido no nível intuitivo pela regularidade dos elementos
         em jogo.

D - 5   O item é muito semelhante ao anterior, porém como não há apre-
         sentação do elemento isolado é necessário primeiro discriminar os
         seis fatores em jogo antes de realizar a intersecção.

D - 6   Até aqui os dois critérios permaneciam constantes por linha e por
         coluna, neste item trata-se de coordenar um conjunto de três ele-
         mentos distintos e uma classe, com três subclasses de "molduras",
         mas os elementos do conjunto variam em sua distribuição, o que
         obriga a construção operatória daquilo que se dava sistematizado
         para a percepção.

D - 7   Este item propõe o mesmo problema que o anterior, porém a
         discriminação dos elementos, por suas características formais, é um
         pouco mais difícil já que as linhas cruzadas, por exemplo, poderiam
         participar do conjunto dos elementos e não das figuras envolventes
         que constituem outra classe. É necessário reconstruir as superposi-
         ções para separar os fatores; em resumo, dividir.

D - 8   Dos critérios de classificação, a cor e a forma produzem nove
         combinações. É necessário operar superpondo ou multiplicando
         duas subtrações, organizando primeiro o sistema para saber que
         forma e que cor "falta", para integrá-las em uma única configura-
         ção.

D - 9   As operações a serem realizadas neste item são as mesmas que no
         anterior, porém o que varia é a apresentação, que complica a tarefa
         fazendo intervir sub-relações como a orientação das linhas e da cor,
         dada por um reticulado.

A medida de uma inteligência "G"   203

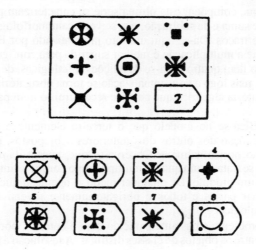

D - 10 Esta matriz apresenta dificuldade na definição dos conjuntos cujas subclasses procura-se integrar. Como não há fatores morfológicos claros (forma, cor, figura envolvente), trata-se primeiro de organizar as classes controlando as superposições presentes, pois algumas, como a que figura na alternativa (8), não se torna lícita, já que se trata de subclasses de um mesmo conjunto. O esquema aplicado é de nível formal, porque é necessário reconstruir o critério com que se vai operar.

D - 11 Neste item torna-se ainda mais clara a necessidade de construir o sistema antes de resolvê-lo, já que a matriz apresenta uma série de variáveis (figuras incompletas, sem base, retas, cortadas, curvas, fechadas...) que são três momentos ou infraclasses de três figuras geométricas envolvidas que é necessário reconstruir por reversão.

D - 12 Aparece acrescentado o elemento numérico, facilmente discernível, que determina que a solução se comporá de três elementos, contidos em cinco seleções. A dificuldade reside em formar conceito a classe superior comum a cada um dos conjuntos em fileiras (orientação: horizontal, oblíqua, curva), e dos conjuntos em fila (figura: fechadas, cruzes, riscos); assim, a solução riscos-curvas aparece como algo contraditório, se todas as possibilidades não foram combinadas.

Série E

Os itens que compõem esta última série se caracterizam por apresentar problemas de soma e de subtração, que se verificam morfologicamente, por conjunção de traços. Dá-se aqui um fato já enfatizado por B. Inhelder no sentido de que a multiplicação é melhor sugerida pela configuração do que a soma. Até o item quatro trata-se de adições infralógicas, de partes definíveis no total, mas logo a conceptualização se torna obrigatória e mais tarde uma combinatória algébrica que permite reconstruir o item para resolvê-lo.

E - 1   Verifica-se no modelo que o terceiro elemento é formado pela conjunção dos outros dois anteriores sobrepostos, tanto vertical, como horizontalmente.Observa-se que, apesar da dupla entrada, não se trata de um quadro multiplicativo porque as intersecções não são um produto. De qualquer modo, a operação que permite relacionar partes e todos é obrigatoriamente reversível, ainda que infralógica.

E - 2   O problema é bastante parecido com o anterior, porém a soma se dá entre os objetos de classes distintas. A resolução é facilitada pois basta considerar uma só direção no raciocínio, sem necessidade de integrar as somas verificadas em ambos os sentidos.

E - 3   A complicação deste item em relação aos anteriores se verifica no nível da acomodação, pois as linhas curvas, côncavas e convexas podem determinar manipulações de áreas errôneas, como indica a escolha (2). Na soma se observa bem seu caráter associativo, não percebido por alguns sujeitos que consideram que a solução vertical não pode ser igual à horizontal, o que expressam por "poderia haver duas soluções...".

E - 4   Trata-se da operação inversa à verificada nos itens anteriores desta série. Portanto, a configuração inicial se separa em suas partes ou infraclasses, fato que se observa melhor uma vez que não há um limite claro entre o todo e aquelas, que determine a dicotomização intuitiva da figura.

E - 5   Também neste item há subtração, porém a heterogeneidade das infraclasses em jogo produz maior confusão, sobretudo porque a resposta correta comporta a representação de uma cruz, difícil de isolar das respectivas formas das quais faz parte.

E - 6   Como a classe superior que se analisa ocupa o lugar médio, a reversibilidade da operação se torna evidente, podendo ser considerada, simultaneamente, uma soma e uma subtração. Assim:

A medida de uma inteligência "G"

E - 7   Daqui em diante trata-se de somas e subtrações, nas quais se considera que os elementos comuns estão afetados por sinais contrários e que ao serem somados dão zero. Os não-comuns não se simplificam e aparecem em cada figura em relação aos outros dois. Cada parte de cada elemento deve ser considerada como um valor entre parênteses, de maneira que:

$$\left(\vcenter{\hbox{∴}} + \bigcirc\right) - \left(\square + \vcenter{\hbox{∴}} + \diamond\right) =$$

$$\left(\diamond - \vcenter{\hbox{∴}} - \square - \bigcirc + \vcenter{\hbox{∴}}\right) =$$

$$= \left(\vcenter{\hbox{∴}} - \vcenter{\hbox{∴}}\right) + \left(\bigcirc - \square - \diamond\right)$$

os primeiros se anulam por serem iguais e de sentido contrário, e os outros são representados em seu valor absoluto.

E - 8   Neste item, muito semelhante ao anterior, a tarefa é dificultada porque os caracteres fazem parte de uma mesma figura e então a subtração dos traços comuns se complica. É comum a escolha da complementar, ou seja, a figura (2) com o argumento "é o que está mais em todas as partes", dada a atitude primária da conservação que caracteriza os rendimentos imaturos.

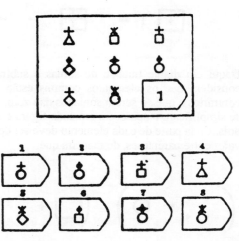

E - 9   Cada terceiro elemento é a reunião de uma característica de cada um dos outros dois na mesma fila ou na mesma fileira; as características complementares se anulam. Como nos casos anteriores, a instância pode ser ela mesma considerada como adição, porém aqui se anulam duas classes e se retêm duas em consideração à ordem e à localização; do primeiro "o de cima", do segundo "o de baixo". Observa-se neste item uma dificuldade acessória de *ser*, isto é, a índole do material leva à busca de outras regularidades.

E - 10 O problema é proposto como se os arcos de curvatura oposta fossem de sinal contrário, posto que se anula o terceiro termo. Para não cometer erro se facilita marcando o zero da operação através da linha reta. Esta é uma verdadeira soma algébrica e, por coordenar dois sistemas, promove um processo mental de índole formal.

E - 11 Neste item, cumpre-se um critério no sentido vertical e no sentido horizontal: por um lado, anulam-se os traços "não comuns" e, por outro, conservam-se os comuns que não supõem complementaridade. A maior dificuldade está na opção (1) e (3), se a regra não foi suficientemente generalizada.

E - 12 Há uma exposição clara de um problema de soma algébrica na qual as relações topológicas "para dentro" e "para fora" representam os sinais das operações. Inclui-se aqui o problema numérico e a combinatória de ambos os sistemas supõe certa formalização no pensamento para que a situação da figura possa ser interpretada

A medida de uma inteligência "G"

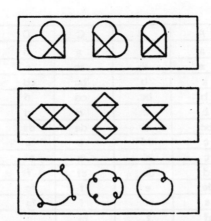

Proposto na primeira linha horizontal dos três últimos itens do Raven.

Vamos procurar dar em um quadro a distribuição total dos itens do Raven por séries, em relação com o nível dos comportamentos que supõe sua resolução:

a) regulação perceptiva assimilada a esquemas de ação;
b) regulação imaginativa e representação centrada;
c) regulação intuitiva e representação descentrada; coleções não figurais;
d) operação precária e classificação vicariante;
e) operação reversível, multiplicação e adição lógicas;
f) coordenação de operações reversíveis;
g) formalização ou combinação de sistemas.

	A	B	C	D	E
1	a	a	a	b	c
2	a	ab	ab	c	c
3	a	b	bc	cd	d
4	b	bc	cd	d	d
5	b	c	d	d	de
6	bc	c	de	de	e
7	c	cd	e	e	f
8	c	d	e	ef	f
9	d	de	ef	f	f
10	de	e	f	fg	fg
11	e	ef	f	fg	fg
12	ef	f	fg	g	g

A partir deste quadro será interessante observar qual é o nível de rendimento médio de um adulto normal. Aproveitando a tabela de discrepâncias sabemos quais são os itens respondidos corretamente por série pelos sujeitos cuja pontuação corresponde à mediana, isto é, aqueles que superam 50% da população.

Se tomarmos as tabelas de distribuição dos percentis das pontuações obtidas por Raven com quase seis mil sujeitos, na forma coletiva e auto-administrada, observamos que aos vinte e cinco anos a pontuação que corresponde ao percentil 50 é de 44 pontos distribuídos da seguinte maneira:

Série A	Série B	Série C	Série D	Série E
12	10	9	9	4

Observemos que o sujeito normal adulto não chega ao pensamento formal espontaneamente, aparecendo dificuldades quando a distribuição da matriz não oferece a organização que forneça índicios perceptíveis que dirijam a inferência no próprio nível da configuração. Notemos na tabela X, da edição dirigida por Jaime Bernstein, que 50% da amostra de uma população de estudantes de Filosofia e Letras consegue uma pontuação maior do que 54, com dificuldades, quase exclusivamente, na construção de matrizes algébricas.

A medida de uma inteligência "G"

Se observarmos a tabela II da edição vemos que nas medianas dos seis aos nove anos há só um leve aumento nas pontuações, de cinco pontos nada mais, enquanto que dos nove aos onze anos se registra a diferença notável de treze pontos, que não deve nos surpreender dado que a maioria dos itens supõem um nível de operatividade efetiva e coordenação de fatores.

Para facilitar a respectiva análise, quando o Raven infantil for administrado, apresentamos a seguinte tabela, que descreve esquematicamente o nível de pensamento a que a resolução de cada um dos problemas apresentados pelo mesmo obriga.

	A	A B	B
1	a	a	a
2	a	a	ab
3	a	ab	b
4	b	b	bc
5	b	c	c
6	bc	cd	c
7	c	d	cd
8	c	de	d
9	d	de	de
10	de	de	e
11	e	e	ef
12	ef	f	f

Capítulo 11
A diferenciação das aptidões individuais: os Testes do D.A.T.

O Teste de Aptidões Diferenciais, de cuja análise vamos nos ocupar no presente capítulo, é obra de três autores, George Bennet, Harold Seashore e Alexander Wesman, os quais construíram a bateria com o objetivo preciso de conduzir o diagnóstico psicológico dentro do enquadre da orientação vocacional e profissional, aplicada às áreas educacional e ocupacional.

As tarefas propostas aos sujeitos determinam diferenças notáveis de rendimento entre os subtestes, não somente entre indivíduos, mas, precisamente, no mesmo sujeito. Isso se deve à diversidade dos processos psicológicos postos em marcha por sugestão das solicitações respectivas no nível da informação que cada prova supõe conforme o âmbito da realidade que compreenda e, além disso, à peculiaridade dos estímulos apresentados, sejam estes signos, ou símbolos configurais. Assim, pois, o que distingue este teste dos outros vistos até agora é o fato de que nos fornece tanto um dado que nos permite situar o rendimento de cada sujeito em relação ao de uma população definida, como nos oferece toda uma série de dados simultâneos que justificam a distribuição original de suas disposições pessoais para cumprir as diversas tarefas propostas.

Porém para converter o rendimento do sujeito em um teste em índice do grau de presença de uma aptidão definida no mesmo, deve-se determinar em que medida cada uma das tarefas propostas está correlacionada validamente com o critério de compreensão de cada aptidão em particular. Conseqüentemente, para orientar um sujeito em uma disciplina dada, será necessário considerar como essas aptidões se integram na aprendizagem e no exercício

212   Psicometria Genética

das diversas profissões ou ocupações, pois a cada uma delas não corresponde uma aptidão específica, mas um perfil particular e extremamente dinâmico, dada a mudança contínua a que estão submetidas pelas transformações sociais e técnicas.

De sua parte, os autores descrevem a aptidão como uma capacidade para aprender, isto é, como uma potência que, através do exercício, pode determinar uma real habilidade específica. Não pretendem em nenhum momento discriminar os fatores pertinentes na constituição da aptidão, sejam estes ambientais ou hereditários; basta-lhes comprovar a presença de tal aptidão na operatividade atual do sujeito ante situações de prova que levam, em si mesmas e através de sua própria distribuição, à diferenciação de aptidões. Dessa forma, tanto o perfil individual, como o profissional, estão submetidos a diversas transformações pessoais e sociais por seu próprio caráter de documento de um estado dentro de um processo, que, ainda que não tenha sentido fora deste, ajuda a conhecê-lo determinando certas tendências mais gerais do comportamento.

É nossa intenção, tentar analisar em detalhe os processos psicológicos que se verificam no cumprimento de cada tarefa com o objetivo mais geral de explicar a noção de aptidão, e o mais prático de chegar à descrição qualitativa dos quadros vocacionais pessoais e profissionais. Definiremos os diversos comportamentos, segundo um ponto de vista genético, conforme o estádio em que os esquemas que os tornam possíveis foram construídos e a maneira como foram integrados em estruturas cada vez mais equilibrantes e coordenadas, conforme as estratégias que o sujeito ponha em jogo para resolver os problemas em seus diversos níveis de dificuldade.

Raciocínio verbal

Nas instruções desta prova indica-se aos sujeitos que serão apresentadas cinqüenta orações de duas frases, em cada uma das quais foi omitida uma palavra que deve preencher o respectivo espaço em branco. A seleção é múltipla e facilitada pelo fato de as alternativas correspondentes ao primeiro espaço terem sido discriminadas com números e as correspondentes ao segundo espaço com letras.

Dentro da prova de raciocínio verbal a tarefa básica é estabelecer uma relação entre dois termos que possa ser aplicada a outros dois. O fato de que sejam escolhidas duas incógnitas simultaneamente torna relevante o papel das alternativas, que ora ajudam a resolver a discriminação pela sua total falta de conexão com o dado, ora confundem o sujeito pela sua conveniência parcial, eufônica ou de conteúdo, com a palavra a ser relacionada. Ainda que

A diferenciação das aptidões individuais

a tarefa imposta leve a determinar uma relação e aplicá-la, nem sempre essa relação é lógica, nem sua aplicação supõe uma coordenação de classes. Assim no item nove,[1]

9. *Entre* _____ *e rolha há a mesma relação que entre caixa e*
_____

1. garrafa	*2. peixe*	*3. frágil*	*4. cortiça*
A. luta	*B. tampa*	*C. chapéu*	*D. cesto*

a rolha e a garrafa são assimiladas ao mesmo esquema de ação, assim como também, a tampa e a caixa, corroborando-se *a posteriori* a analogia funcional dos componentes. Vamos procurar ordenar os itens segundo a natureza das relações aplicadas:

a) Relação de identidade: Os pares de palavras abrangem exatamente o mesmo significado, mas se referem a ele em um código distinto. Assim, no item um verifica-se uma relação de abreviatura, no cinco uma relação de sinonímia, no dezessete de nome e apelido, no vinte e um se dá uma tradução da mesma palavra em linguagem culta e popular, ocorrendo o mesmo no vinte e sete, no quarenta e no quarenta e oito:

1. *Entre* _____ *e excelentíssimo há a mesma relação que entre*
_____ *e Srta.*

1 rua	*2. av.*	*3. Exmo.*	*4. Ex.*
A. sinhá	B. exame	C. jovem	D. senhorita.[2]

5. *Entre* _____ *e refutar há a mesma relação que entre rejeitar e*
_____

1. repartir	*2. remorder*	*3. rebater*	*4. retroceder*
A. repelir	*B. responder*	*C. respeitar*	*D. restaurar*

---

1 N.T. Os itens apresentados aqui foram traduzidos sob a forma como aparecem no texto da autora. Há divergências em relação à edição brasileira do teste, tanto na numeração dos itens quanto no conteúdo dos mesmos uma vez que as duas traduções devem ter sofrido adaptações em relação ao original americano. Na edição brasileira o enunciado dos itens é apresentado da seguinte forma:
"........está para rolha, assim como caixa está para ...."

2 N.T. Neste item foram utilizadas as abreviaturas usadas na forma brasileira do teste, pela falta de correspondência com as abreviaturas da forma argentina.

214 Psicometria Genética

17. *Entre* _____ *e José, há a mesma relação que entre Isabel e*
_____

| 1. Juca | 2. Francisco | 3. Diogo | 4. Manuel |
| A. Maria | B. Belinha | C. Joana | D. Lúcia[3] |

21. *Entre* _____ *e topo há a mesma relação que entre base e*
_____

| 1. cabrito | 2. escorregar | 3. lado | 4. ápice |
| A. baixo | B. bola | C. alicerce | D. casa |

27. *Entre* _____ *e prosseguir há a mesma relação que entre
parar e* _____

| 1. aproveitar | 2. deter | 3 .recuar | 4.interceder |
| A. prevenir | B. pretender | C. seguido | D. seguir |

40. *Entre* _____ *e prender há a mesma relação que entre gerar e*
_____

| 1. redimir | 2. restituir | 3. reprimir | 4. encerrar |
| A. condescender | B. procriar | C. impedir | D. alentar |

48. *Entre* _____ *e estático há a mesma relação que entre*
_____ *e dinâmico.*

| 1. rádio | 2. político | 3. inerte | 4. ar |
| A. locutor | B. motor | C. ativo | D. órgão |

Estes itens se referem sobretudo à riqueza de códigos possuídos pelo sujeito.

b) Relação de modalidade: ou também genérica, no sentido de que um dos termos se inclui no outro como exemplar, indica sua origem material ou indica sua modalidade aparente, como entre cavalo e cavalaria no item dois, entre homem e masculino no item quatro, entre infância e criança no item dezoito. A referência é quase simbólica, pré-conceitual. Também a relação do verso com o poeta, no item seis; do bicho da seda com a seda no item oito; do motim com o mar no item vinte e nove; ou no item cinqüenta:

---

3 N.T. Os apelidos apresentados na forma argentina do teste foram substituídos pelos que aparecem na edição brasileira.

A diferenciação das aptidões individuais 215

50. *Entre* _____ *e papel há a mesma relação que entre giz e*
_____

   1. lápis   *2. compasso*   *3. borracha*   *4. tinteiro*
   A. esquadro   *B. quadro-negro*   *C. carteira*   *D. ponteiro*

constitui uma relação de conveniência circunstancial que caracteriza as coleções não-figurais. Dentro do que o raciocínio verbal faz, estes itens se referem à compreensão das situações por mobilidade dos esquemas.

c) Relações opostas: cada um dos termos de cada dupla se refere a um objeto ou qualidade complementar com relação a um aspecto determinado. Portanto, ao escolher o contrário o sujeito propõe uma classe superior, posto que se refere à classe complementar. Entre estreito e largo, apresentado no item três; entre belicismo e pacifismo, no trinta e seis; entre lentidão e destreza e entre ordenado e caótico, e também nos itens subseqüentes entre os termos que aparecem no item quarenta e sete:

47. *Entre* _____ *e descorar há a mesma relação que entre enrubescer e* _____

   1. colorir   *2. alegre*   *3. ovelha*   *4. combinar*
   A. ruborizar   *B. secar*   *C. empalidescer* *D. trufa*

dá-se uma relação de complementaridade de pontos extremos de uma ordenação de larguras, atitudes frente à guerra, habilidade, ordem e matizes, aplicadas a duplas respectivamente paralelas.

As relações opostas definem bem o processo de construção de classes que supõe ao mesmo tempo uma ordenação de qualidades. A operatividade se torna evidente na reversibilidade que a prova com duas incógnitas exige.

d) Relação de parte para todo: Dá-se quase sempre entre determinantes configurais que 'se referem à imagem dos objetos estabelecendo conveniências intuitivas por assimilação a esquemas mentais como, evidentemente, no item sete, a relação que se dá entre elo e corrente; no dezenove entre acorde e nota; no vinte e seis, entre preâmbulo e constituição; no trinta e um, entre umbral e porta; e no quarenta e seis, entre enredo e ópera.

Porém quase todos os itens que supõem uma relação de parte para todo realizam uma aplicação da função que se estabelece entre as mesmas. Assim, entre os muitos que estão estruturados desta maneira por exemplo, o doze:

216 Psicometria Genética

12. *Entre* _____ *e enforcar há a mesma relação que entre guilho-tina e* _____
 1. *quadro* 2. *patíbulo* 3. *criminoso* 4. *punir*
 A. *revolução* B. *decapitar* C. *capitular* D. *cidadão*

Na maioria coexistem o aspecto configural e o funcional, como ocorre no vinte e três, que completado diz "entre margem e rio há a mesma relação que entre costa e mar", mas dada a natureza das alternativas a dificuldade de resolver estes problemas em um nível intuitivo é certa, pois a inclusão de rio e mar em uma classe superior e ao mesmo tempo incluída na das "coisas com margens" facilita a tarefa e evita tateios inúteis.

e) Relações de classe: finalmente, há itens destinados a verificar diretamente a plasticidade nos processos de classificação conceitual, estabelecendo não só relações inclusivas como no item vinte:

20. *Entre* _____ *e cão há a mesma relação que entre* _____ *e vaca.*
 1. *fox-terrier* 2. *cauda* 3. *ladrar* 4. *gato*
 A. *shorthorn* B. *elefante* C. *nobre* D. *mobília*

mas adições e multiplicações lógicas, como no item vinte e dois que, completado expressa "entre pardal e águia há a mesma relação que entre pequinês e São Bernardo", o que supõe além da distinção entre pássaros e cães, a intersecção com os "menores", que indica uma seriação.

Desse modo, as provas de raciocínio verbal que nos confrontam com um raciocínio analógico exigem seu cumprimento em vários níveis, quer funcionais e intuitivos, quer conceituais e operatórios. Além disso, são determinantes a abertura pessoal do sujeito para a informação e sua oportunidade de armazenamento. A função semiótica se torna amplamente discriminada em seu aspecto simbólico e em seu aspecto indicativo.

Raciocínio mecânico

A prova de raciocínio mecânico sugere um problema que preocupou a escola de epistemologia genética de Genebra e cujo propósito se centra no valor da leitura da experiência, que interessa principalmente para uma teoria da ciência física, protótipo de disciplina empírica. A respeito deste tema são possíveis duas posições extremas: a mantida pela escola francesa (Duhem, Poincaré), que considera que toda a leitura já é uma interpretação do fato e

A diferenciação das aptidões individuais

que portanto este não existiria como tal, mas simplesmente a estrutura abstrata capaz de compreendê-lo; e a mantida pelo empirismo lógico, herdeiro do Círculo de Viena (Mach, Carnap), que considera a leitura como registro perceptivo da forma lógica dependente da significação (semântica) e das regras do idioma (sintática). Os dados psicogenéticos trazem uma nova possibilidade para o problema da leitura da experiência, a qual começa como uma assimilação de dados perceptivos a esquemas de ação, mesmo antes da verbalização, e depois passa a integrar quadros de explicação antropomórfica, descentralizada posteriormente ao incluir-se em estruturas lógico-matemáticas, sem as quais nenhuma interpretação da realidade se torna completamente equilibrada.

A distinção decisiva entre ciências empíricas e ciências formais se limitaria se for considerada a objetividade ligada a um processo de descentralização gradual como resultado de coordenações operatórias, e não de um estado definitivo e dado de antemão. Assim, todo conhecimento físico seria proveniente de uma ação do sujeito sobre os objetos, porém nestas ações é preciso distinguir as coordenações gerais (de ordem, de hierarquia, etc.) e as ações particulares que dariam as informações físicas (pesagem, determinação de um sentido), etc. As provas de raciocínio mecânico que analisaremos medem justamente o grau de integração mútua das estruturas e dos dados, através da adaptação assimilativa-acomodativa do sujeito à situação que é proposta graficamente.

Os itens que se referem ao mesmo problema físico são apresentados de forma alternada, mas em um contexto que facilita ou confunde a determinação das relações em jogo, colocando à prova a mobilidade de coordenações entre sistemas reversíveis. Os temas principais que aparecem são:

a) a conservação de um sentido em um sistema cinemático. A possibilidade de antecipar um deslocamento por transitividade do movimento se constitui, no nível prático e mesmo no item dois: é possível "seguir" com a vista o movimento sugerido descentrando intuitivamente as dimensões de frente e de perfil.

218   Psicometria Genética

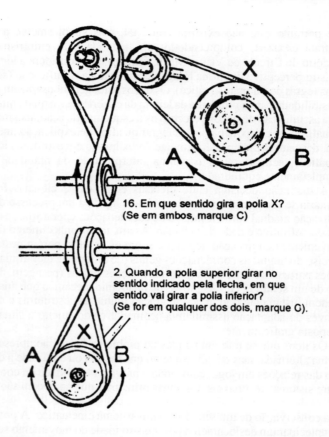

16. Em que sentido gira a polia X?
(Se em ambos, marque C)

2. Quando a polia superior girar no sentido indicado pela flecha, em que sentido vai girar a polia inferior?
(Se for em qualquer dos dois, marque C).

Porém no item dezesseis é necessário coordenar dois sistemas móveis estabelecendo uma analogia que evita o tateio. Os sistemas de engrenagem dificultam a tarefa ao inverter o sentido das rodas e exigir a coordenação de um sentido e seu inverso; assim a reversibilidade deve ser completa, no item dezenove, trinta e cinco e quarenta e oito, entre outros.

Também podem ser considerados itens de conservação do movimento os itens que propõem problemas de bilhar, embora não se trate tanto do sentido como da direção do movimento por transformação da trajetória depois de um choque. A composição de forças é precisamente para equilibrá-las; portanto, trata-se de um sistema reversível de ação e reação. Um último problema de inércia é constituído pelo item vinte e quatro, que propõe a forma da trajetória de uma bomba que cai de um avião; a escolha da linha

A diferenciação das aptidões individuais 219

reta indicaria a consideração da gravidade, mas não de sua aceleração, que implica uma combinatória formalizada.

b) A relação tempo-espaço na noção de velocidade, tema ao qual Piaget dedicou muitos capítulos de sua obra. Como se sabe, as três noções estão confundidas a princípio e o tempo se reduz a ser um espaço em movimento. A criança pequena chega à conclusão paradoxal de que mais rápido supõe mais tempo (diz que o carrinho que chegou mais longe andou mais tempo que o outro, tendo os dois saído juntos diante de seus olhos), mas logo separa as duas noções em dois sistemas e pode coordená-los. A prova nos permitirá medir a vigência das intuições egocêntricas no sujeito. Assim, no item quarenta o sujeito deve antecipar as trajetórias a serem cobertas por cada esteira e, mantendo constante o tempo transcorrido, concluir sobre a velocidade.

c) Relações de eficácia em sistemas de forças representados por balanças, alavancas, polias, planos inclinados. Na realidade, trata-se de problemas de equilíbrio porque é necessário precisar de que maneira um esforço se opõe. Assim, no item vinte e um é representado um sistema de balança em equilíbrio, e o tamanho igual das caixas propicia um pensamento egocêntrico de conservação do peso, sem considerar o comprimento do braço da alavanca, que, ainda que fosse usado pelo sujeito na prática para pesar-se, pode não estar sistematizado em uma estrutura que coordene peso e comprimento.

Também podem ser considerados dentro deste aspecto os que relacionam peso com equilíbrio; assim por exemplo o de um cilindro virado com um lastro de chumbo ou, em outro caso equivalente, com uma buraco ora na parte inferior, ora na parte superior; ou os que fazem alusão ao centro de gravidade em relação à altura e ao peso. Em todos os casos trata-se de ver a maior ou menor formalização do senso comum do sujeito que, evidentemente, sabe que tem que se agachar quando corre perigo de cair.

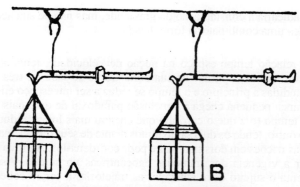

21. Qual das duas caixas é mais pesada?
(Se tem o mesmo peso, marque C)

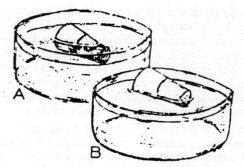

29. Qual destes dois líquidos é mais pesado? (Se são iguais, marque C)

d) A relação de peso e volume, cuja conservação mereceu um tratamento especial por parte de Piaget, pois sua gênese demonstra claramente o papel das operações reversíveis na constituição de um pensamento lógico. Assim, no item vinte e sete, dados um cilindro, um cubo e um poliedro triangular apresentando as mesmas medidas interroga-se sobre qual pesa menos. Outra experiência realizada por Piaget em relação ao egocentrismo está representada no item vinte e nove, onde é ilustrada a noção de flutuação que é absoluta para a criança, isto é, como uma propriedade de certos objetos e não como uma relação entre duas substâncias.

Em resumo, podemos dizer que o raciocínio mecânico mede o grau de objetivação alcançado pelo sujeito, mas através de uma dedução estruturante das regras do funcionamento da realidade.

Raciocínio abstrato

A prova de raciocínio abstrato é composta de cinqüenta itens, cada um dos quais apresenta, de um lado, o problema, e do outro cinco respostas entre as quais deve ser escolhida a correta. Ela será a figura capaz de continuar a seqüência lógica estabelecida no problema por meio de outras quatro que apresentam certas características de conservação e certas características de transformação, que permitem o estabelecimento de uma regra que a incógnita deve cumprir. A dificuldade consiste na coordenação de várias características, na combinatória se há transformações simultâneas, ou na simples discriminação da referência conservada.

Pela índole da prova, cujo material consiste em configurações, as operações se dão tanto em um nível infralógico, de subforma para forma, como em um nível lógico, de subclasse para classe, integrando contudo dados de uma topologia intuitiva. Apesar disso, a tarefa é eminentemente operatória, pois a seqüência não pode ser resolvida passo a passo, mas por uma reconstrução do critério lógico que aparece em aspectos distintos:

a) Adição e subtração partitiva: São acrescentados sucessivamente traços ou partes segundo uma progressão precisa e localizada. Assim no primeiro item, no dezesseis e no vinte e nove exclusivamente subtração; e no dezenove uma combinação de ambas as operações de sentido contrário:

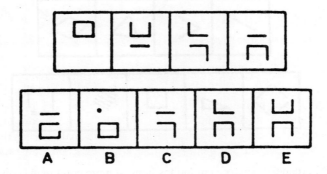

b) Deslocamento: Um traço aparece sucessivamente em lugares distintos como momentos de um deslocamento ou de uma rotação. Isto ocorre na maioria dos primeiros itens e finalmente no trinta, no qual cada triângulo negro se move alternadamente para voltar à posição inicial marcada com C, descartando-se a combinatória justamente pela falta de uma regra que permita escolher A ou B.

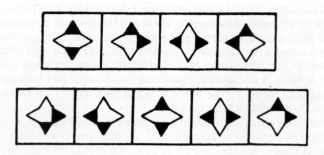

c) Adição e subtração numérica: A operação trata especialmente do número de traços em jogo, quase sempre coordenado com outro fator de tipo formal de orientação ou de cor. Assim, no item quarenta e cinco observa-se a série decrescente nas linhas que, por sua horizontalidade e verticalidade, configuram duas regiões permanentes no desenho. No item cinqüenta se apresenta, além disso, um problema de *set* ou atitude frente à estimulação para separar o fator numérico eficiente relativo aos outros:

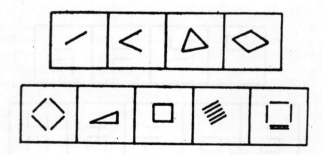

d) Alternância: Aparece em muitos itens, sempre combinada com outras variáveis. Algumas vezes se trata de voltar ao ponto de partida, por esgotamento da série alternada e, portanto, supõe-se a compreensão da reversibilidade do sistema. No item dezessete, a escolha se vê confundida por um elemento conservado, que tende a se modificar intuitivamente, assimilado a outras alternâncias:

A diferenciação das aptidões individuais

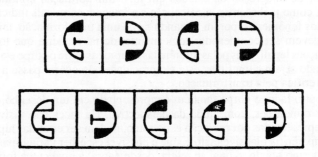

Através dos problemas propostos pelo raciocínio abstrato medimos a capacidade do sujeito para relacionar momentos de uma seqüência e estabelecer uma regra conservando certos fatores e determinando o sentido da transformação dos outros. As covariantes pertinentes não são sempre de caráter formal, embora tal estrutura facilite as soluções e melhore as estratégias.

Relações espaciais

A prova de relações espaciais é denominada assim porque o estabelecimento de relações entre áreas é indispensável para a resolução correta dos problemas. No entanto, os autores evitaram a denominação raciocínio espacial, seguramente para evitar a polêmica de se é possível discriminar um tipo específico de abordagem dos estímulos espaciais, como seria o caso da dedução formal em raciocínio abstrato ou no da dedução empírica, em raciocínio mecânico. Assim pareceria que não há dedução quando se trata de manipulação de áreas, mas, simplesmente, uma intuição do tipo geométrico por captação dos dados trazidos. Tais dados consistem, nesta prova, em um corpo desdobrado cujas partes constituem referências simbólicas dos lados do corpo correspondente, não só por sua forma e sua contigüidade, mas também por certos sinais tais como o colorido, a presença de pontos, etc.

Este tipo de tarefa foi objeto de experimentação por parte de Piaget, que estudou em várias oportunidades o desenvolvimento intelectual das relações espaciais. Trabalhou-se com crianças e em relação ao desenvolvimento do cilindro e do cone, permitindo-lhes reconstruir praticamente os corpos, facilitando a antecipação. No entanto, esta se tornava uma tarefa de nível projetivo, de integração de estados em uma transformação contínua. Na verdade, como já dissemos, a percepção e a imagem como tais indicam um estado dos fenômenos, porém, tratando-se de uma transformação, tais indicações devem ser coordenadas logicamente, de tal maneira que todas as combinações legalizadas pelas referências recíprocas entre o corpo e o molde desdobrado sejam cumpridas; esta reciprocidade não ocorre passo a passo, mas se verifica pela transformação.

Por outro lado, o corpo também é representado em um desenho, isto é, em duas dimensões, com ajuda da perspectiva. Há faces não visíveis do objeto representadas por projeção e, portanto, podem ser emitidas hipóteses sobre a aparência plausível, isto é, que é possível escolher várias aparências de um mesmo objeto, o qual se refere, desde agora, a uma etapa formal de pensamento, capaz de combinar as possíveis rotações do objeto com os possíveis pontos de vista do observador.

Um único exemplo servirá para ilustrar os alcances e os mecanismos desta prova:

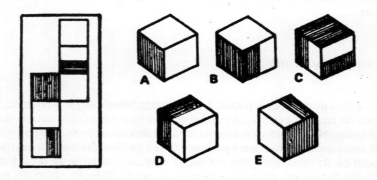

diante do qual o sujeito se perguntará: "é possível A?", sim, porque uma face escura é contígua com duas brancas, que são contíguas entre si; "é possível B?", não, porque um semi-riscado está oposto e o outro cai perpendicularmente à face escura, etc.

Esta prova exige então um alto nível de descentração para determinar o objeto em todas as suas possibilidades, porém, ao mesmo tempo, uma subjetividade madura, não egocêntrica, capaz de construir uma representação projetiva. As imagens de transformação, a manipulação topológica, integradas a estruturas mais reversíveis adquirem elas mesmas a equilibração que permite ao sujeito coordenar suas ações.

A diferenciação das aptidões individuais 225

Habilidade numérica

Aqui também se evitou denominar a prova de "raciocínio" aritmético, já que se considerou a linguagem implicada nos problemas usuais, e preferiu-se descartar o fator verbal no exame da habilidade numérica. Portanto, o sujeito não resolve situações onde ocorrem relações de quantificação, mas simplesmente resolve "contas", através de automatismos adquiridos na escola. Assim, muitos sujeitos podem resolver uma multiplicação por dois algarismos sem saber explicar porque deixam um espaço em branco e nem porque somam depois.

Podemos considerar, contudo, que se o sujeito adquiriu tais automatismos é porque no princípio tornou consciente a necessidade de certos comportamentos e tem uma estrutura capaz de conferir-lhes um nível de generalização suficiente para a compreensão das situações em que tais cálculos são vigentes. Por outro lado, certas relações do tipo das apresentadas no item vinte e cinco:

	RESPOSTA	
25.		
	A	0,20
15 = 75% de?	B	10,25
	C	20
	D	22,5
	E	nenhum desses

implicam a compreensão de proporções e equivalências de correspondências, que se verificam em uma etapa formal do pensamento, pois só na combinatória podem ser resolvidas duas incógnitas ao mesmo tempo.

Podemos considerar que a habilidade numérica mede a capacidade de resolver problemas numéricos, mas que grande parte dessa capacidade provém da aquisição de mecanismos adequados e sua automatização pela prática.

Uso da linguagem

Esta prova se divide em duas partes, uma que se dedica a verificar a ortografia do sujeito e outra que se atém mais à sua capacidade de construir corretamente as operações, ainda que neste aspecto apareçam também problemas ortográficos. As palavras selecionadas são aquelas que apresentam uma pronúncia ambígua em relação ao sinal gráfico que se utiliza para representá-la; assim a palavra sucesso, que aparece "sussesso", a palavra esquerda que aparece "isquerda". Verifica-se então a independência entre um código de sinais e outro, pois os sujeitos que adquiriram só um sistema referencial, o audiofônico, e que traduzem univocamente, apresentam dificuldades para escrever ou para ler; todo um sistema visomotor deve ser coordenado àquele para conseguir uma escrita fluida e sem erros e uma leitura rápida.

A título de exemplo apresentamos o item vinte e oito, com a instrução "marque os lugares em que se percebe um erro":

28. É necessário / que cada um / realize / sua tarefa / como corresponde.
    A   *B*   *C*   *D*   *E*

Rapidez e exatidão

A prova consiste em um modelo com cinco combinações semelhantes de números e letras, uma das quais está sublinhada. A mesma combinação deve ser achada e sublinhada, por sua vez, em outro conjunto idêntico, mas com distribuição distinta. Esta tarefa tem um tempo limitado de execução, pois não supõe nenhum processamento de dados, isto é, não mede nenhuma aptidão específica, mas certas qualidades gerais do comportamento tal como sua plasticidade básica, sua regulação na discriminação perceptiva que se dá sem problema de "alteridades", seu ritmo, na conseqüência da ação.

Damos como exemplo uma parte do exame que aparece nas instruções da prova (página seguinte).

A análise que acabamos de fazer pode servir para vários fins que preocupam especialmente àqueles psicólogos que se dedicam à educação e à orientação vocacional.

A) Por um lado, pode constituir uma constribuição para determinar, dentro do vasto campo de ocupações humanas, aquelas áreas que facilitam o exercício de certas aptidões definidas nos sujeitos. Desta maneira, descrevendo os comportamentos usuais na prática e na aprendizagem das diversas profissões, podem ser catalogados os mais freqüentes e gratificantes, apontando o nível de socialização, objetivação, formalização, verbalização e outras características mentais que apresentem.

Assim pode-se conseguir, para cada profissão, um perfil cognitivo característico adaptado de forma móvel a cada uma das especialidades compreendidas. Por outro lado, tais perfis não podem ser traçados de uma vez para

A diferenciação das aptidões individuais

Item de Test

V.	AB	AC	AD	AE	AF
W.	aA	aB	BA	Ba	**Bb**
X.	A7	7A	B7	**7B**	AB
Y.	Aa	Ba	**bA**	BA	bB
Z.	3A	3B	**33**	B3	BB

	AC	AE	AF	AB	AD
V	:::::	:::::	:::::	———	:::::
W	BA :::::	Ba :::::	Bb ———	aA :::::	aB :::::
X	7B ———	B7 :::::	AB :::::	7A :::::	A7 :::::
Y	Aa :::::	bA ———	bB :::::	Ba :::::	BA :::::
Z	BB :::::	3B :::::	B3 :::::	3A :::::	33 ———

Exemplo de uma folha de resposta
(Instruções do caderno)

sempre, já que a contribuição das novas técnicas e exigências sociais específicas de cada país implicam mudanças profundas no exercício de uma profissão, mudança que se verifica nos perfis como tendência, quer para a objetivação, quer seja para a matematização, etc.

B) Em segundo lugar, servirá para traçar um perfil atual das aptidões pessoais, de maneira que o sujeito se dê conta de suas possibilidades reais de aquisição e das dificuldades que terá que vencer no decorrer de uma carreira, se esta não abrange os aspectos positivos de sua capacidade mental. É evidente que a distribuição das aptidões pode variar no curso da vida por circunstâncias múltiplas, por isso deve-se considerá-las também como certas tendências validadas para a ação, tendências sempre relativas.

C) Por fim, uma análise profunda dos perfis obtidos para populações estudantis fornece dados de interesse para a programação das carreiras universitárias, quanto ao nível de conceituação dos alunos, tipo de leitura

228 Psicometria Genética

que podem chegar sem ajuda, dose de redundância necessária para a compreensão dos temas, participação de teoria e prática para determinar nos alunos a constituição de esquemas permanentes, ordem de matérias que facilitem a aprendizagem, passando pelas etapas racionais de aquisição (esquemas de ação, esquemas intuitivos, formação de conceitos, formalização, etc.).

Apêndice

Objetivo: Determinação da conservação do objeto por associatividade de deslocamentos práticos.
Material: Um brinquedo atrativo, uma caixa, um objeto anteparo (cobertor-zinho).
Técnica: Põe-se o joguinho dentro da caixa e, na frente da criança, retira-se dali e coloca-se debaixo da manta.
Comportamentos: Até um ano de idade a criança insiste em procurar o brinquedo dentro da caixa e até um ano e três meses tende a seguir o percurso realizado pelo examinador.
Interpretação: Até um ano e meio, a falta de um grupo aditivo e associativo não garante ao bebê a permanência do objeto no último lugar de seu deslocamento.

Objetivo: Conservação da massa.
Material: Uma massa de plastilina mole.
Técnica: Divide-se a plastilina em duas partes consideradas como iguais e faz-se duas tortinhas. Toma-se uma delas e amassa-se para formar uma "salsicha", volta-se à forma de tortinha e estimula-se a criança para que a transforme em uma "salsicha" novamente. Ela é interrogada sobre se é igual a massa da "tortinha" testemunha e a da "salsicha", "se há o mesmo de plastilina em ambos os casos".
Comportamentos: Até os quatro anos e meio a criança nega completamente a igualdade, mais tarde concilia o comprimento com "o fininho" e conclui certa conservação; próximo aos seis anos confirma alegando que "nada mudou na plastilina".

230 Psicometria Genética

Interpretação: O sistema reversível que supõe "a tortinha" e "a salsicha", como momentos de uma transformação contínua, garante a invariância da massa, a qual só poderia ser alterada pela retirada ou acréscimo de massa.

Objetivo: Conservação do peso
Material: Balança de dois pratinhos. Massa de plastilina mole.
Técnica: Assegura-se primeiro a compreensão do mecanismo da balança com um peso e uma bolsinha de feijões ou similar. Depois corta-se a plastilina em dois pedaços considerados como idênticos e fazem-se duas tortinhas, põe-se uma em um pratinho e solicita-se à criança para antecipar o que vai acontecer quando se colocar a outra no pratinho correspondente. Confirmada a identidade do peso, isto é, o equilíbrio da balança, deforma-se uma tortinha cortando-a em pedaços ou convertendo-a em "salsicha" e repete-se a pergunta para a criança.
Comportamentos: Até os sete anos toda conservação é negada, depois, estabelece-se, mas por conciliação; finalmente, aproximadamente aos nove anos, a criança assegura que "o peso não tem nada a ver com a forma que lhe é dada".
Interpretação: A invariância do peso em relação à forma provém da construção na qual o peso se dá como uma magnitude suscetível de seriação por adição crescente, se nada é acrescentado, nem tirado, não pode variar. O elemento neutro, característico dos agrupamentos, desempenha aqui um papel explicativo eficiente.

Objetivo: Conservação do volume.
Material: Dois vasos graduados, com água colorida até a metade. Massa de plastilina mole.
Técnica: Assegura-se em primeiro lugar que a criança verifique que quando um corpo submerge o nível de água sobe em relação ao volume do mesmo, para o que pode-se usar três bolinhas de vidro de tamanhos diferentes. Divide-se a plastilina em duas tortas consideradas como iguais. Submerge-se uma delas em um vaso; antes de submergir a outra no vaso solicita-se que antecipe até onde chegará o nível de água. Confirmada a igualdade do nível corta-se uma das tortas em pedaços e interroga-se sobre o nível que o líquido alcançará quando se derrubarem todos eles no vaso, sempre tendo o outro como testemunha.
Comportamentos: Próximo aos onze anos as crianças consideram que "a forma, ou o fato de que esteja em pedacinhos, não altera a quantidade de água que desalojam, porque o total é sempre o mesmo". Anteriormente negam tal invariância, alegando que "ao ser mais fininho oferece menos resistência".

Apêndice 231

Interpretação: Tratando-se de volume a conservação é mais difícil uma vez que sua igualdade é verificada por um intermediário, que é a quantidade de água dasalojada, e torna-se necessário coordenar então dois sistemas de equivalências ordenadas.

Objetivo: Conservação de quantidades, relação com a antecipação.
Material: Dois vasos transparentes da mesma altura, mas de largura diferente. Uma caixa com bolinhas pequenas ou contas. Duas medidas idênticas com líquido colorido.
Técnica: Jogam-se simultaneamente as contas uma a uma em ambos os vasos. Interroga-se a criança sobre a igualdade da quantidade das contas em ambos os vasos. Retiram-se as contas e despeja-se em um dos vasos a água colorida de uma das medidas solicitando à criança que antecipe se o nível no outro vaso ficará mais alto, igual ou mais baixo.
Comportamentos: A identidade é primeiramente negada de imediato. Depois a criança concilia a altura com a largura do vaso e, finalmente, considerando a própria ação e não mais a aparência perceptível dos objetos, considera que são iguais porque "foram colocadas ao mesmo tempo, o mesmo em cada vaso, etc.", próximo aos sete anos. A antecipação da variação no nível do vaso é contemporânea a esta aquisição.
Interpretação: Só a operação reversível que leva em conta a repetição da ação de jogar as contas e o caráter associativo da soma garantem a conservação da quantidade apesar da distribuição diferente. A mesma operação permite a antecipação de uma variação concomitante do nível que anteriormente era negada, pelo que se conclui a influência da operação na adequação das imagens antecipatórias e não vice-versa.

Objetivo: Conservação do número.
Material: Vinte fichas vermelhas e vinte azuis.
Técnica: Colocam-se nove fichas vermelhas em fila e solicita-se à criança que com as fichas azuis faça outra fila que tenha o mesmo número de elementos que a anterior. Uma vez efetuada a correspondência uma a uma, separam-se as fichas azuis, tornando maior o intervalo entre as mesmas, e pergunta-se outra vez sobre a identidade do número de elementos que constitui cada conjunto.
Comportamentos: A correspondência biunívoca para determinar a igualdade de conjuntos é precoce; no entanto, de nenhum modo obedece a uma estrutura operatória, dado que se dá em um só sentido, pois é destruída apenas pela variação da configuração e uma das filas fica mais comprida. Neste caso a criança maior considera ainda que tem que contar para assegurar-se de que são iguais. Só depois dos seis anos a identidade é confirmada em seguida "pois nada foi acrescentado, nem tirado", e ao mesmo tempo a

232   Psicometria Genética

criança procede à contagem de todo o conjunto para determinar o número de fichas que vai usar, abandonando a estratégia da relação biunívoca entre uma coleção e a outra.

Interpretação: A identidade das configurações deixa de ser condição da igualdade no número de seus elementos quando a criança adquire a noção aritmética de número, no sentido de que o relevante é a ordem que limita o conjunto e que esta ordem é independente do intervalo e inclusive do elemento do ponto de vista qualitativo. Assim, em um sistema operatório reversível a identidade numérica é um invariante apesar das transformações na aparência perceptiva do conjunto ou na ordem das fichas.

Objetivo: Quantificação de classes.

Material: Caixa com contas para enfiar consistindo de bolinhas e cubos de madeira, as bolinhas são poucas e vermelhas e há cubos azuis e vermelhos.

Técnica: Consiste em um interrogatório do tipo de "todos os cubos são vermelhos?", "todos os cubos são azuis?", "o que há mais, cubinhos ou contas de madeira?". As crianças pequenas respondem negativamente à primeira pergunta, mas esclarecem "porque também há bolinhas vermelhas". Também consideram até os oito anos que há mais cubinhos do que contas, "porque há muito poucas bolinhas".

Interpretação: Para que a relação "todos" e "alguns" seja correta, a extensão e a compreensão das classes devem ser determinadas segundo uma reciprocidade inversa, a qual supõe uma coordenação de reversibilidades.

Objetivo: Operação de seriação.

Material: Dois grupos de nove tabuinhas, onde cada uma tem entre elas uma diferença de 0,8 cm. O segundo grupo se intercala no primeiro com uma diferença de 0,4 cm.

Técnica: Solicita-se à criança que construa uma escadinha plana com as tabuinhas do primeiro grupo e, uma vez realizada a tarefa, são oferecidas a ela as tabuinhas do segundo em desordem para que faça a escada com todos juntos.

Comportamentos: Aos quatro anos as crianças não levam em conta a base e constroem a escada com qualquer tabuinha ou deixando uma diferença de nível entre o topo de uma e da outra; próximo aos cinco anos, passo a passo e com tateios múltiplos conseguem fazer a escada, mas de nenhum modo intercalar alguma tabuinha do segundo grupo e pretendem desfazê-la toda, "senão é muito difícil". Aos cinco anos e meio, e mediante tentativas, conseguem colocar alguns, mas experimentam se "vão com os outros". Aos seis anos também tentam colocar um par de cada série a intercalar entre os outros e, finalmente, aos sete anos constroem a segunda série e intercalam rapidamente.

Apêndice

Interpretação: Só a reversibilidade da operação de seriar garante à criança a transitividade das relações assimétricas, de tal maneira que o objeto intercalado será menor do que todos que o sucedem e maior do que todos que o precedem. Contemporaneamente pode relacionar as duas séries, o que demonstra que a própria operação confere a determinação da posição de cada tabuinha e que qualquer delas pode ser intercalada sem que as outras o sejam.

Objetivo: Antecipação de uma seriação contínua.
Material: Folha de desenho que representa um quadrado de três por quatro centímetros. Lápis.
Técnica: Solicita-se à criança que desenhe um quadradinho "o mais pequenininho que puder" dentro do quadrado.
Comportamentos: Aos cinco anos a criança desenha um quadrado menor mas não o menor possível, próximo aos seis anos e meio traça espontânea e intencionalmente um quadradinho que seria o primeiro em uma possível série de quadrados.
Interpretação: Para representar "o menor possível" é necessário construir uma série reversível a partir do modelo na qual este seja só uma instância de uma ordem por tamanhos.

Objetivo: Classificações múltiplas.
Material: Do tipo da ilustração (gráfico 31).

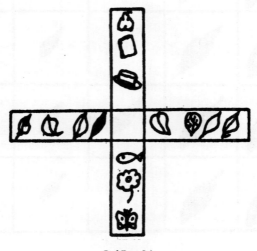

Gráfico 31

Técnica: A criança deve antecipar as características do objeto na intersecção de ambos os conjuntos, um definido como de "coisas amarelas" e outro de "folhas". Aos quatro anos a criança escolhe qualquer objeto que "convenha" aos presentes, tal como "uma arvorezinha para as folhas". Aos cinco anos procura compor um critério, como "um limão", porque todas as coisas são amarelas, ou "outra folha"; depois dos oito anos estabelece a operação escolhendo uma folha amarela, porque vai bem com "todos" em ambas as direções.

Interpretação: A contemporaneidade da classificação e a multiplicação ficam demonstradas a partir do fato de que uma vez que se define cada um dos conjuntos como classes a intersecção se dá no próprio processo.

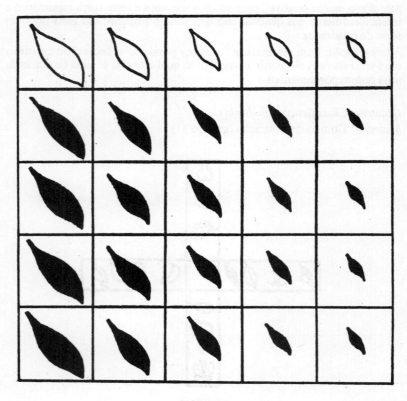

Gráfico 32

Apêndice   235

Objetivo: Multiplicação de relações assimétricas transitivas.
Material: Vinte e cinco folhas de cinco tamanhos e cinco matizes diferentes devem ser colocadas em uma matriz de multiplicação (gráfico 32).
Técnica: Aos cinco anos as crianças fazem algumas seriações parciais de tamanho, sem definir as classes. Durante os seis anos a seriação de algumas classes é determinada, porém a criança não pode ordená-las por sua vez até um ano mais tarde. De qualquer maneira, a tarefa se realiza por tateios e um interrogatório que sugere a marcha da ordenação.
Interpretação: Se a multiplicação de relações não é absolutamente contemporânea da multiplicação de classes, é porque a superposição se dá nesta última como um dado configural, enquanto que a seriação de seriações é claramente operatória.